减速 转型 前景

卢中原谈经济转型

卢中原 著

2014年·北京

图书在版编目(CIP)数据

减速　转型　前景——卢中原谈经济转型/卢中原著．—北京：商务印书馆，2014
ISBN 978-7-100-10524-8

Ⅰ.①减… Ⅱ.①卢… Ⅲ.①中国经济—经济发展—文集
Ⅳ.①F124-53

中国版本图书馆 CIP 数据核字(2013)第 321356 号

所有权利保留。
未经许可，不得以任何方式使用。

减速　转型　前景
卢中原谈经济转型

卢中原　著

商　务　印　书　馆　出　版
（北京王府井大街36号　邮政编码 100710）
商　务　印　书　馆　发　行
北京瑞古冠中印刷厂印刷
ISBN 978-7-100-10524-8

2014年10月第1版　　　开本 880×1230　1/32
2014年10月北京第1次印刷　印张 8⅓
定价：35.00 元

目　录

第一章　经济发展新变化、新趋势 …………………… 1

1. 我国经济增速将趋势性放缓 …………………………… 3
2. 经济增速适度放缓有利于推进经济转型 ……………… 6
3. 巩固和扩大应对国际金融危机冲击的成果……………… 15
4. 坚持扩大内需战略，充分挖掘内需巨大潜力 ………… 18
5. 建立扩大消费需求的长效机制 ………………………… 21
6. 保障和改善民生：经济转型的根本出发点和落脚点 ……… 24
7. 中国经济不会二次探底 ………………………………… 27
8. 形势好转更应关注抓改革、调结构、促转型 ………… 30
9. 经济向好可期，转型更需努力 ………………………… 37

第二章　经济转型新机遇、新挑战 …………………… 43

10. 深刻认识加快转变经济发展方式的紧迫性 ………… 45
11. 在应对金融危机中加快经济发展方式转变 ………… 53
12. 中国"十二五"期间的经济发展和转型 ……………… 67
13. "十二五"期间我国产业结构调整及政策取向 ……… 84
14. 加快转变经济发展方式　赢得更大发展机遇 ……… 89
15. 未来五年的经济发展转型和政策取向 ……………… 96
16. 敏锐捕捉新机遇，积极迎接新挑战 ………………… 106
17. 以绿色发展引领经济转型 …………………………… 112

18. 产业结构调整的战略抉择……………………………… 119
19. 用"中国创造"提升"中国制造"……………………… 125
20. 中国经济转型需要企业战略转型……………………… 129
21. 中国企业自主创新应该注意什么……………………… 135

第三章 改革开放新格局、新视野 ……………………… 143

22. 经济转型要求政府加快职能转变……………………… 145
23. 政府职能转变仍是深化改革的重点…………………… 152
24. 改革应实实在在推动经济转型………………………… 156
25. "十二五"期间我国经济社会发展的国际环境………… 160
26. 中国经济转型与新兴经济体的合作…………………… 168
27. 人民币区域化:一个更务实的战略 …………………… 176
28. 机遇同创 互惠共赢 ………………………………… 180
29. 深化市场经济研究,服务改革开放大局 ……………… 184
30. 准确把握中国市场化改革进程的脉搏………………… 187
31. 全球经济治理变革与智库的责任……………………… 191
32. 中国智库的历史担当…………………………………… 194

第四章 区域发展新理念、新图景 ………………………… 199

33. 城市化和城市现代化的国际经验……………………… 201
34. 促进我国城市化的几点思考…………………………… 222
35. 先行先试 再闯新路 …………………………………… 226
36. 新定位、新机遇、新前景 ……………………………… 229
37. 中原经济区:区域经济发展新探索 …………………… 234
38. 城乡一体化的"济源样板"……………………………… 237
39. 变化的步伐……………………………………………… 242

40. 社会治理创新、生活品质与价值观 …………………… 246
41. 多一些人文追求,少一些物欲横流 …………………… 252

结语　立足国情,提炼真知 ……………………………… 259

第一章

经济发展新变化、新趋势

1. 我国经济增速将趋势性放缓

根据对我国经济增长需求面和供给面主要因素的分析,我国经济增速将出现趋势性放缓,企业家们一定要做好准备。但也不用担心经济会大幅下降,因为我国经济增长的潜力仍然很大。我们需要认清我国经济形势变化的新特点,在新特点面前,认真思考我国产业发展应该抓住哪些机遇,迎接哪些挑战。

经济增速趋势性放缓,但不会大幅下降

当前我国国内经济形势变化有三个新特点,即国内经济增速趋势性放缓;结构调整积极效应显现;经济转型内部动力增强,压力加大。国际经济形势变化也有三个新特点,即新技术和产业革命孕育突破;美欧日重振制造业,影响全球分工和市场格局;新兴经济体日趋活跃。

中国经济增速为什么会出现趋势性放缓?这里有经济规律在起作用。从供给面因素看,中长期经济增长的主要动力是劳动力增长、资本增长和效率改进。而我国的新增劳动力在2015年到2016年将停止增长,也就是说新增劳动力对经济增长的贡献从"十三五"的开局将变为零。资本增长带来的贡献也会降低,这主要是考虑到人口老龄化促使消费开支增加、储蓄减少,银行可以调动的资金相应减少,投资率降低。资本增长的贡献和劳动力增长带来的贡献都处于下滑态势。因此,要托住经济增长,一定要增加效率改进带来的贡献。但在经济转型没有实质性进展的情况下,经济增速放缓的态势是不可避免的。

通过对风险情景、基准情景和理想情景三种情景进行分析预测,我们可以比较清楚地看到中国经济增速逐步放缓的趋势。

风险情景,即再来一次国际金融危机或是类似的国际环境恶化,国内改革不到位,技术创新乏力,经济转型也没有进展。在这种情景下,经济增速会严重下滑。

基准情景就是按照现在的情况,我国经济转型、技术创新和经济体制改革等有小幅进展。在此情景下,"十二五"期间中国经济平均增速将近8%是没有问题的;"十三五"期间,年均经济增速将下滑到7%;再往后可能下滑到5%—6%。基准情景是根据国家统计局公布的中国2007年投入产出表做出的测算,是可信的。

那么在经济转型较快的理想情景下,经济增速会呈现怎样的趋势呢?即使在理想情景下,转型进展比较明显,"十二五"期间经济平均增速高于基准情景,但"十三五"期间经济增速照样会下滑。主要原因就是劳动力增长和资本增长对经济增长的贡献难以改变下滑态势,而我国经济还要受到发展阶段和结构等客观条件的制约,效率改进不可能一下子大幅提升。

尽管我国经济增速将出现趋势性放缓,但需求面的基本支撑因素不会削弱,投资和消费两大内需仍将十分旺盛。这主要得益于城市化、工业化、信息化和农业现代化的强劲拉动,得益于城乡居民消费结构由温饱型向小康型升级进程的持续活跃。因此,中国经济增速不会掉得很惨。上述情景分析预测的结果表明,只要我国加快经济转型,"十三五"期间经济平均增速达到7%以上是没有问题的;在基准情景下,也能达到年均7%的水平。

其实,经济增速适度放缓更有利于我国经济结构调整,只要制度改革不断深化,结构优化不断推进,技术创新动力不断增强,我国经济的增长潜力必将被调动起来,我国的经济增速就不会掉到哪去,再掉也不会出现大家担心的经济增速大幅下滑。

产业发展的机遇与挑战并存

国际国内经济形势出现的新变化,给我国产业发展带来了哪些机遇和挑战呢?

我国产业发展、特别是工业发展存在以下五大机遇:即新的区域增长极和产业升级动力正在生成;市场回旋余地大,综合竞争优势明显,新技术和新产业容易形成规模经济;产业组织和布局面临合理调整的机遇;产业分工深化和供应链整合面临新的机会;跟新兴经济体的合作潜力大,前景看好。

在新的经济形势下,我国产业发展也面临极大挑战:经济增速放慢,导致"速度型效益"加速缩水,地方财政风险进一步暴露,需要企业、行业和地方共同创造一种新的盈利模式;国际竞争加剧,市场重心可能转移;"十二五"规划和我国在国际上关于减少碳排放强度的主动承诺,都对高耗能、高排放产业提出更严格的资源环境约束;综合成本上升,外需下降,传统产业盈利空间急剧缩小;行业利润分配严重失衡,挫伤实体经济发展的积极性;挺过经济转型"阵痛期"和追求年度经济稳定的短期目标之间存在矛盾,如何寻求平衡还需做好抉择。

(2012年11月17日在中国企业经营者问卷调查发布暨宏观形势研讨会上的演讲)

2. 经济增速适度放缓有利于推进经济转型

2012年3月份召开的"两会"上,国务院总理温家宝在政府工作报告中将2012年经济增幅确定为7.5%。这是内地9年来首次调低增幅。经济增速放缓意味着什么?投资、消费、出口三驾马车的奔跑速度会如何微调、协调,以实现"软着陆"?对香港会有哪些影响?就这些话题,香港《紫荆》杂志记者专访了国务院智囊机构——国务院发展研究中心的副主任卢中原。

内地经济基本面没有恶化

记者:有一种观点认为,2012年内地经济增长速度调整为7.5%是在"内外交困"中作出的无奈选择,意味着经济基本面的恶化,您对此怎么看?

卢中原(以下简称卢):对于2012年的经济增长速度很可能会放慢,我认为没有什么了不起的,不必过于在意中国经济增长速度的放缓。这是为什么呢?因为中国经济增长的基本面没有太大的变化,而且是非常牢靠的。从工业化、城镇化和服务业发展的进程来看,我国投资和消费两大内需的潜力仍然非常巨大,对经济增长的拉动仍然非常强劲。目前中国的城镇化水平达到51%,而国际经验表明,城市化率在35%—55%之间时是城市化发展最快的时期,达到70%才会稳定下来。同时,我们正处于工业化的中后期,这也是服务业快速发展的时期。"十一五"期间中国的服务业比重没有达到预期的发展目标,确实存在差距,差距也是潜力。而"十二五"期间预期服务业比重要增长4个百分点以上,由43%上升到47%。依据是什么呢?国际经验表明,人均GDP在3 000美元至7 000美元之间时是服务业发展的最快时期,2011年我们人均GDP达到5 400美元,因此对服务业的需求会越来越旺盛,服务业还有很大的发展空间。中国经济发展有这样大的空间和潜力,增长速度即使放慢也不会太低。

要素成本决定经济放缓

记者:您认为导致增长放缓的主要原因是什么?

卢:需要指出的是,经济增长速度逐步放慢又是一个必然的趋势。这是由于中国经济发展的要素成本,主要是劳动力价格、地价、能源和原材料价格、环境污染的治理成本等,全部都在上升。在这种情况下,企业的利润空间缩小和经济增长放缓是不可避免的。还有人口老龄化在发展,它所带来的直接结果就是当年的消费开支会增加而储蓄会相应减少,这必然导致投资率下降,投资对经济增长的拉动则会逐步减弱。这也是客观趋势。因此中国经济增长会逐渐放慢,经济增长的合理区间可能会收窄。比如过去30年经济增长平均速度大概是9%到10%,合理波动范围是8%—12%,未来中国经济合理增长区间可能就比这个区间要收窄一些。

拐点应该在"十三五"期间出现

记者:您刚才说到"未来中国经济合理增长区间可能要收窄",这是否意味着2012年以后中国中长期的经济增长速度将会逐渐下滑?

卢:我认为这个判断偏于悲观,至少2012年不会是这样的拐点,我预计这个拐点应该在"十三五"期间出现,也就是2015—2016年劳动力增长高峰停止的时候,这个拐点可能会出现。当然这个预计没有那么准确,因为技术创新、改革深化、效率提高、民营经济的活力增加、市场进一步活跃和规范等等因素,都有可能形成新的增长动力,这就很有可能使得拐点到来的时间往后推移。

三驾马车态势是"一快两慢"

记者：在增长速度放缓的大环境下，投资、出口、消费三驾马车会各自呈现怎样的变化态势？

卢：预计2012年三大需求增长态势可能是"一快两慢"，即消费增长会比去年快些，而投资和出口增速会慢于去年。我们先看投资和消费两大内需的走势。从投资需求看，预计今年投资增长速度大概在20%左右，慢于去年。这是因为去年以来受欧债危机的冲击，我国出口下滑趋势明显，而且影响到今年。由于我国出口对投资有很大拉动作用，出口的下滑会使投资增速放慢，因此今年全年投资很可能会低于去年的增速。

从消费需求看，预计今年消费的增长有望比去年强劲。这主要是因为"十二五"规划提出就业优先战略，以及居民收入增长与经济增长同步、劳动报酬增长与劳动生产率提高同步的目标，我国城乡居民收入有望持续较快增加，必将有力促进消费的扩大。去年消费的名义增速大概是17%，实际增速在12%左右。如果今年消费的实际增速快于去年，那将是非常好的态势。在今年的投资和出口增长都慢于去年的情况下，那就要靠消费起更大的拉动作用，不然就无法维持适度较快的经济增长速度。

应该继续完善扩大居民消费的政策，来带动投资结构的调整。我们现在需要加快经济结构调整，包括投资结构也是需要优化的。房地产投资增长不会像过去那么快，那么房地产市场还要不要调控？我认为应当坚持调控，主要是继续抑制投资性和投机性购房需求，满足基本生存型和改善型住房需求；进一步在供地和资金等方面支持保障房建设，以改善住房供给结构来引导需求结构的合理调整。在住房消费政策和保障房分配环节，需要不断完善有关税费政策和分配机制，鼓励各地进行积极探索,引导居民在满足基本生存和改善型住房需求方面多支出,少在投机和投资买房上开支。如果住房消费需求和供给方面引导好了,对投资结构调整也会起到合理的拉动作用。

实际经济增幅预计达到 8.5%

记者:一般而言,内地的实际经济增速要快于规划增幅,您预计今年全年内地经济的实际增幅会有多大?

卢:按照我们的宏观经济模型预测的结果,今年的经济增长速度会放慢,预计在 8.5%左右,价格涨幅预计在 4%—5%。还有一种比较乐观的预测结果,预计经济增长速度可达 9%。后一个预测结论的前提是美国经济复苏和进口需求比较强劲,对我国的出口拉动作用比较明显,在这种情况下我们的投资和消费增长也更强劲一些。从目前欧债危机演变的情况和明年世界经济的不确定、不稳定因素看,今年中国的投资和出口需求很可能比去年要弱,在这种情景下我更倾向于 2012 年中国经济增速为 8.5%这个预测结果。

通胀压力犹存不敢加息

记者:国际经济环境目前仍然复杂多变,中国经济应如何应对外部因素影响?

卢:世界经济增长继续分化,不确定和不稳定因素增加。目前发展中国家和新兴经济体增长态势很好,有可能出现新的金砖国家。而美国、欧盟和日本复苏非常乏力,综合起来看世界经济增长会继续分化,但是因为发达国家占世界经济的比重太高,所以整个世界经济下行的风险在加大。目前,欧洲债务危机走势并不乐观,有些评论认为今年会更加严峻;美国经济政策和政治周期带来的影响具有极大的不确定性和不稳定性,特别是美国会不会推出第三轮量化宽松的政策还无定论。

现在国内不敢加息,一个重要原因是防止热钱流入。如果美国再来第三轮量化宽松政策,热钱大量流入中国的话,我们防通胀的压力还会增大。

今年中央政府提出"稳中求进"的经济工作方针,宏观调控政策基调不变,依然实行积极财政政策和稳健货币政策,同时强调加强宏观调控的前瞻性、针对性和灵活性,适时适度进行预调和微调,兼顾好稳定经济增长、促进结构调整和管理通货膨胀预期的目标。我相信,按照上述方针,运用好宏观调控的政策组合,通过深化改革促进经济转型,可以有效应对外部经济环境变化带来的挑战,实现今年中央关于"稳增长、控物价、调结构、惠民生"的经济工作要求。

货币政策传导机制亟需疏通

记者:国际金融危机发生以来,内地许多中小企业面临生存危机。有观点认为增速下调会导致信贷政策保持"稳定",会使中小企业处境更加严峻。您的观点是什么?

卢:现在很多小微企业经营困难,我认为主要不是融资难造成的。假定我们现在放松信贷、放松货币供应,小微企业照样会困难,因为他们从来就没有感到融资环境宽松过。以前经济过热的时候我问过民营企业家,你们面临的最大困难是什么?他们说是资金紧缺、贷款困难!到2009年政府为扩内需、保增长而出台"四万亿"刺激计划,实行信贷扩张以后,结果又怎么样呢?民营企业依然意见很大,说"国进民退"了,因为那些钱主要流向国有企业,民营企业得到的很少。许多民营企业只能向国有企业转贷,贷款利率一下子提高到12%—13%。客观地说,国家的货币政策和信贷政策并没有这样的歧视意图,那么问题出在哪里呢?问题在于宽松的货币信贷政策没有传导到民营经济特别是小微企业里面去,因为传导机制出现了梗阻,多少年来这个梗阻就没有真正疏通过。解决问题的关键是要深化金融改革,构造多层次的资本市场,要发展面向民营企业特别是小微企业的金融机构,疏通这种传导机制,否则货币信贷政策放松以后,小微企业照样会抱怨。

针对小型微型企业的经营困难,最近国务院出台了一系列政策,例如减税、延长优惠政策、清理行政收费等,这就对了。对企业来说,成本上升既需要自身加以消化,也需要政府帮助来消化,这不能简单化为融资的问题。温州、鄂尔多斯等地的民间违规借贷、赌钱、房地产投机、股市投机造成的损失,难道还要国家通过放松信贷去买单吗?

让市场和企业更多地发挥主体作用

记者:现在人们都把增速放缓看作是调结构促转型的好机会,能否谈一下具体的调法、转法?

卢:结构调整面临很难得的机遇,但是压力很大。一般来说,经济增长速度放慢是实行优胜劣汰、由市场机制加速结构调整的最好时机;而在经济"一片大好"的时候,很少有人去关注调结构。如果我们过于关注经济增长速度的下滑而强调保增长,那么又会把调结构的注意力转移了。现在很多人都在提醒不要用短期的刺激政策来延缓中长期的改革,否则会加大中长期结构调整和改革的难度,这个看法是非常正确的。我们要抓住经济增速放缓的时机,让市场和企业更多地发挥主体作用,去决定该淘汰什么,该发展什么。当前世界范围面临新一轮技术革命和产业革命,我国加快结构调整的压力也日益凸显。国际金融危机爆发以来,发达国家提出发展新能源、新一代信息技术、重振制造业等作为国家战略,在这种情况下如果我们不抓紧时机调整结构,国际竞争的制高点又会被人家抢占了。

税制、财政体制和金融体制应利于实体经济

记者：国际金融危机爆发的根本原因是虚拟经济失去了实体经济的支撑，增速放缓对中国的实体经济发展意味着什么？

卢：虚拟经济和实体经济的利润分配严重失衡，导致资金和其他要素的流向很不合理。网上流传很广，一个温州做实业的老板说，我辛苦一年才挣100万，我的老婆在东北炒房地产一下子赚了3 000万。这个例子可能有些极端，但也说明行业利润分配严重失衡，必然导致要素和资金的流向严重不合理。我们的经济形势跟踪分析课题组对行业利润分配情况的综合分析表明，确实存在这样的问题。背后的深层原因之一是现行的财税体制、中央与地方的财权事权关系等一系列的问题没有理顺。为什么辛辛苦苦做实业的企业利润率越来越薄？因为税制、财政体制和金融体制存在不合理之处，竞争环境也不理想，还需要加快改革和改进。国务院最近降低小微企业的税负，延长税收优惠时间，减免行政收费，也有利于解决这方面的问题。相信经过有针对性的改革和改进，能够促使行业平均利润率符合市场竞争的本来面目，不然谁有信心去做实业呢？

客观地说，经济增速放缓对实体经济和虚拟经济都会产生影响。原来依靠高速度才能带来经济效益的"速度型效益"必然暴露出缺陷，亏损企业会增多，投资需求和信贷需求会受到抑制，生产要素的配置和组合将会发生新的重组。要想使实体经济得到正常的发展，就需要在财税体制、金融体制、价格改革和竞争政策等方面切实推进市场化改革，改变行业利润分配严重失衡的局面，让真实而正确的市场信号引导生产要素向实体经济流动。

改革能源供给体系和资源价格形成机制

记者：您刚才说到市场已经有"国进民退"的感观，您认为应从哪些方面着手改善民营企业的生存发展环境？

卢：一个重要的切入点是改革能源供给体系和资源价格形成机制。市场对石油、电力、煤炭等的供应垄断问题反映很强烈，包括地区封锁、市场分割等。我的观点是，在市场准入标准面前应当一律平等，打破所有制界限和地区分割。对能耗、安全、质量、技术、污染等要有严格的准入标准，不达标的不管是国企、外企、民企，统统应当清出或限期整改。达标的不管国企、民企、外企，统统可以进入。资源价格改革关键是要形成合理机制，改革的方向是要反映资源稀缺性、供求关系和环境治理的代价。从什么环节入手还要继续探索，比如说缩短成品油调价间隔时间，以尽可能灵敏地反映国内外市场的变化。在考虑物价控制目标时，也要为资源价格改革留出必要的空间，以便适时推进改革。

对香港的影响

记者：您认为经济增速下调会对香港产生哪些影响？

卢：香港在金融、贸易、航运、现代服务业等多方面有独特优势，中央调低经济增速是为了转变经济增长方式、优化结构，这恰是香港发挥优势、有积极作为的契机。在调整经济结构的过程中，内地将优化对外贸易结构，提升出口商品质量和档次，扩大进口，进一步开放内地市场，这会增加香港的转口贸易量。扩大内需政策会增加居民收入，从这个角度说，会促使更多内地民众赴港旅游，拉动港旅游业产值。内地企业在转型过程中会加大对港技术、设计、管理经验、法规完善方面的借力，为香港的科技企业、服务业企业提供商机。内地在调整经济结构过程中会着力发展新一代信息技术，加强网络基础设施建设，推动三网融合取得实质性进展,大力发展文化产业、高端装备制造、节能环保、生物医药、新能源汽车、新材料等战略性新兴产业。这对香港的优势产业——节能环保、生物医药、新能源技术等——都是良好的发展机遇。

可以说,随着内地经济增长适度放慢、结构调整取得新的进展,以往香港和内地"前店后厂"式的经济合作方式可能发生新的变化,合作层次也会有所提高,合作的领域将更为广阔,形成新的优势互补。

当然,内地经济增长适度放慢会减少一些投资需求,特别是那些能耗高、排放大的传统产业将面临市场萎缩。一些固定资产投资的行业会受到影响,譬如基建、房地产、钢铁、水泥、建材和有色金属等,这就需要香港投资者,不论企业还是购买股票的市民,需要注意选择。

(根据香港《紫荆》杂志 2012 年 3 月访谈整理)

3. 巩固和扩大应对国际金融危机冲击的成果

2010年以来,我国坚持实施应对国际金融危机冲击的一揽子计划,有针对性地加强和改善宏观调控,国民经济由回升向好转为平稳较快增长,宏观调控的主要预期目标可以实现。"十二五"期间特别是前期,我国经济发展面临的内外部环境仍将错综复杂,存在许多制约经济持续平稳较快发展的矛盾和难题,有的还相当突出。如果掉以轻心,前进路上就可能出现新的波折。我们必须保持清醒的头脑,牢固树立忧患意识,防患于未然。

从国内看,突出的问题主要有:经济增长的内生动力不够强劲,持续平稳较快增长的基础还不稳固,中小企业和民间投资活力、技术创新动力仍然不足;自然灾害频发,灾区生产和民生受到严重损害;农业基础仍然薄弱,农民持续增收难度加大;投资和出口增长粗放,质量和效益较低,易受国际市场波动影响,导致产能过剩周期性凸显;劳动力、土地、原材料等成本上升,企业利润空间受挤压;节能减排形势严峻,资源环境压力加剧;楼市存在资产泡沫,大城市房价反弹冲动不容低估;国际收支仍存在较多顺差,人民币升值的市场内在压力不断累积,等等。这些有的是长期积累的体制性和结构性矛盾,有的是经济运行中短期出现的紧迫性问题,无论解决哪一类问题和矛盾,都需要以保持经济平稳较快发展为前提。

从外部经济环境看,世界经济的不稳定、不确定因素仍然很多,未来走势复杂多变。一是国际金融危机还没有结束,新的金融风险还在累积。尽管美国出台了金融改革法,但对违规金融机构缺乏严厉的惩罚措施;而且其金融衍生品花样繁多,仍然潜伏着很大的金融风险。欧洲债务危机表明,美国次贷危机引发的金融机构信用危机已经演化为国家层面的主权债务危机。如果再出现新的私人信用危机,势必雪上加霜。二是世界经济复苏放慢迹象增多。总体看,世界经济复苏势头好于预期,一些国际机构纷纷调高对2010年世界经济增长的预测,但是各国复苏进程差异明显。巴西、印度、韩国等新兴经济体复苏强劲,通货膨胀压力升温成为主要应对难题。美国、日本、欧盟复苏放慢,存在反复的风险。美、日私营经济尚未全面启动,失业率居高不下,经济复苏面临较大下行压力。今年5月欧洲主权债务危机引发金融市场急剧动荡,欧洲各国经济复苏进程明显受阻。美欧日既要防止复苏反复,继续刺激经济,又要避免刺激政策、尤其是化解主权债务危机带来的财政风险,三方在经济刺激政策"退出战略"上出现分化。这也会加大世界经济复苏的不确定性。三是发达国家经济可能陷入长期低速增长,贸易保护主义会进一步抬头。发达国家遭金融危机重创,经济深度衰退,财政状况恶化,运用信贷和财政扩张政策刺激经济增长的能力受到制约,人口老龄化负担沉重,加上新增长点要形成规模还需要一个过程,未来经济增长并不乐观。由于担心发达国家经济复苏乏力,投资者纷纷撤离股市,导致今年8月12日美国股市跌至年初低点。这也会拖累世界经济复苏前景。我国面临的外需环境将会趋紧,国际竞争会更加激烈,针对中国的各种贸易摩擦势必加剧。我们必须早作准备,趋利避害,努力办好中国自己的事情。

"十二五"时期,巩固和扩大应对国际金融危机冲击所取得的成果,要按照党中央和国务院的部署,保持宏观调控政策的连续性和稳定性,把处理好保持经济平稳较快发展、调整经济结构和管理通胀预期的关系作为宏观调控的核心,增强针对性和灵活性,始终把握好政策实施的力度、节奏和重点。坚持深化关键领域改革,标本兼治,激发经济发展的内在动力和活力,促进经济发展方式转变和经济结构调整,推动经济尽快走上内生增长、创新驱动的轨道。坚持远近结合,适应新形势和新情况,提高宏观调控的科学性和预见性,着力解决经济运行中的突出矛盾,为"十二五"时期乃至更长时期内的经济平稳较快发展奠定基础。

(2010年8月)

4. 坚持扩大内需战略,充分挖掘内需巨大潜力

我国具有巨大而深厚的国内市场需求潜力,为中长期经济发展提供了强有力的支撑,这是坚持扩大内需战略最基本的立足点和出发点。新世纪以来,我国进入由初步实现小康到全面建设小康社会的新发展阶段,工业化和城市化快速发展,城乡居民收入水平不断提高,消费升级持续活跃,这些因素构成国内需求潜力的深厚来源。工业化和城市化的快速发展,需要进行大规模基础设施建设,需要大量农村人口向非农产业和城市转移,会扩大服务业发展空间,创造新的就业机会,拓宽收入增加的来源。2009年我国城市化水平达到46.7%,正处于国际经验表明的城市化发展最快时期(即城市化水平在45%—55%之间)。中国城市化水平每提高一个百分点,就意味着增加1 300多万城市人口,这势必转化为巨大的投资需求和消费需求。城乡居民消费升级,突出表现为消费热点由以往吃穿用的改善,上升到居住、出行条件的改善。城市居民收入增加后热衷于买房子、买家庭轿车;农村居民有了钱,则是主要用于拆旧房、建新房。现在仅农村危旧房改造就涉及上亿户农民,以每户平均1万元的建材和装修投入估算,即可拉动上万亿元的农村建房投资和消费开支。可见,充分挖掘我国巨大的内需潜力,不仅符合新发展阶段的客观趋势,也顺应了城乡居民过上更高水平小康生活的新期待。

中国是世界上最大的发展中国家,内部回旋余地十分广阔,坚持扩大内需战略有利于在激烈的国际竞争中赢得主动。经济增长不仅需要旺盛的投资需求和消费需求拉动,还需要有劳动力、资金和自然资源等生产要素的充足供给。我国劳动力众多,居民储蓄率高,社会资金充裕,地域辽阔,具有明显的生产要素组合优势和比较优势,能够基本上

满足调动内需潜力的客观需要。我国各地发展不平衡,可以互促互补,更有加快发展、后来居上的强劲动力。立足于扩大内需促进经济发展,我们既有"东方不亮西方亮、黑了南方有北方"的回旋余地,也有"任凭风浪起,稳坐钓鱼船"的底气。任何大国的经济增长都以内需拉动为主,中国也不例外。改革开放以来,中国经济的外需比例不断上升,但现在内需比例仍然占70%以上,这符合全球化条件下大多数国家、尤其是大国经济的发展趋势。如果剔除国际上对我国外需比例的高估因素,我国内需所占比例实际上超过80%。改革开放以来,我国积极引进外资和增加进口,国内市场扩大对外开放,商品和服务日益丰富多彩,企业竞争力和产品档次显著提高,对满足快速增长和日益多样化的国内需求起到重要作用。因此,即使中国经济发展中的外需贡献逐步增加,但是内需贡献仍然占支配地位,今后我们仍应保持这种以内需为主的经济发展格局。

中国经济与世界经济的联系日益密切,坚持扩大内需战略有利于应对国际经济动荡和危机冲击。我国主动参与全球化进程,发展开放型经济,增强了利用国内外"两个市场、两种资源"的能力,扩大了中国经济的发展空间。同时,世界经济的动荡和危机也不可避免地迅速传到国内,甚至造成严重影响。1998年我国经济受到亚洲金融危机冲击,国家明确提出实施扩大内需方针,采取投资消费双拉动的战略,使整个经济逐步走出通货紧缩和低迷状态。2008年全球金融危机带来的冲击更为严重,世界经济大幅衰退,我国外需急剧下滑,经济增速明显放慢。党和政府再次强调坚持扩大内需战略,迅速采取一揽子经济刺激计划,2009年中国经济在世界范围率先回升,并实现了9.1%的快速增长。这样高的经济增长速度,主要靠投资和消费两大内需支撑,其中投资拉动8.2个百分点,消费拉动4.6个百分点,而净出口拉动作用为负3.7个百分点,拖了经济增长的后腿。正是由于我国坚持扩大内需战略,把巨大的内需潜力调动出来,弥补了外需骤降造成的明显缺口,才取得了堪称一枝独秀的经济增长业绩。实践证明,无论是继续应对今后可能出现的世界经济动荡,还是保持我国经济长期平稳较快发展,扩大内需战略都是我们必须长期坚持运用的制胜法宝。

(2010年8月)

5. 建立扩大消费需求的长效机制

居民消费升级已经成为我国产业结构调整和中长期经济增长的重要动力源,需要因势利导。改革开放30多年来,城乡居民的生活水平经历了由温饱不足到初步小康、再到迈向全面小康的里程碑式变化,消费结构也随之由生存型向改善型和发展型转变。现在的消费热点主要集中在改善居住、出行和交往条件上。除了买房、建房、买车需求迅猛增加,我国服务型消费也急剧扩大,互联网用户和手机拥有量都已居世界第一。城乡居民的新一轮消费升级,至少还将持续一二十年。它所激发的产业结构调整动力是以往不可比拟的。过去以改善吃穿用为主的消费热点,只能拉动轻工业、农业、纺织业等少数行业。现在,新的消费热点可以拉动住宅、建材、装修、钢铁、机械加工、橡胶、化工、电子、旅游等更多的行业,并催生一些新兴服务行业。研究证明,汽车和住房消费是这一轮中国产业结构升级、乃至经济增长的最强劲的支撑和动力。2010年中国人均GDP预计达到4 000美元,进入世界银行划分的中等偏上收入国家行列。国际经验表明这一收入水平正是消费需求层次上升、服务业加快发展的时期。因此,建立扩大消费需求的长效机制,不仅有利于保持我国消费升级的活力,而且将为促进产业结构调整注入新的生机。

我国居民消费增长很快,但是对经济增长的拉动作用相对不足,还需要进一步增强。1990—2008年,中国居民消费年均实际增长8.3%,高于世界平均水平5.4个百分点,比高收入国家更是高出6个百分点,表明我国是全世界居民消费增长最快的国家。这反映了中国人民从改革开放和经济发展中得到的实惠,符合我国向全面小康社会迈进的实际情况,这一点应当充分肯定。同时也要看到,与更快的经济增长和投资增长速度相比,我国居民消费增速明显偏慢。1978—2008年的30年间,我国全体居民消费支出实际增长9倍,GDP增长高达14倍。而且,由于投资增速长期快于居民消费增速,因此投资消费关系失衡,消费对经济增长的贡献相对下降。1990—2008年,我国投资年均增速为22.1%,比居民消费年均增速高出13.8个百分点;同期,投资率(投资占GDP的比重)明显上升,而消费率(居民消费占GDP的比重)则相应降低,从48.8%下降为35.3%。投资率和消费率一升一降的变化,一方面受到我国经济发展阶段的重大影响,即工业化和城市化快速发展,需要大规模投资;另一方面也暴露出我国经济增长"三驾马车"关系不够协调,经济增长主要依靠投资和出口拉动,而消费的拉动作用不足。因此,建立扩大消费的长效机制,对于形成消费、投资和出口协调拉动经济增长的格局,正是对症下药。

消费需求的增长有自身客观规律,受到一些中长期因素的制约,也需要以长效机制来化解。例如,我国处于工业化和城市化快速发展阶段,投资需求旺盛,还会保持较长时间的快速增长,也容易通过刺激政策在年度内迅速扩张起来;而消费需求增长一直比较稳定,年度内提高幅度较小,不太容易在短期内超过投资需求增速。又如,全社会消费包括政府消费(主要指政府日常性开支和公共服务开支)和居民消费两部分,政府消费可以通过增减财政开支直接调节,而居民消费行为属于家庭和个人自主决策,政策刺激作用比较间接。再如,居民消费的增长根本上取决于收入水平和购买力的提高。如果收入分配格局比较合理,居民收入增长与经济增长和劳动生产率增长比较协调或同步,居民消费增长就可以快些;反之,居民消费需求的增加就可能相对慢些。我国最近十多年来存在收入分配格局失衡的情况,工薪收入增长慢于企业利润增长,居民储蓄增长慢于政府和企业储蓄的增长,确实制约了居民消费需求的增长速度。因此,不仅需要完善年度的刺激消费政策,更需要通过健全社会保障体系、完善相关税收制度、合理调整收入分配结构等长效措施,进一步扩大消费需求,并引导全社会形成健康文明的消费方式。

(2010 年 8 月)

6. 保障和改善民生：经济转型的根本出发点和落脚点

加快转变经济发展方式，出发点是贯彻以人为本的核心要求，归根结底是为了保障和改善民生，使发展成果更好地惠及全体人民。这体现了科学发展观的内在要求。科学发展观的第一要义是发展，核心是以人为本，基本内容是全面协调可持续，根本方法是统筹兼顾。实践证明，发展才是硬道理，是解决中国所有问题的关键。发展依靠人民，发展为了人民，发展成果由全体人民共享。无论是强调全面协调可持续，还是强调统筹兼顾，都是围绕以人为本这个核心，寻求符合客观规律的发展途径和发展方式，创造和积累更多更好的物质文化财富，使全体城乡居民能够更加公平地分享发展成果，从而满足人民不断增长的物质文化需求，改善人民不断提高自身素质的发展条件。

民生状况是否得到保障和改善，也是衡量经济发展方式转变成效大小的根本标准。经济发展方式是否合理，主要包括经济发展各个要素如劳动力、资本、土地、技术的组合是否有效，经济发展过程中人与资源环境的关系是否和谐，经济发展中的重大比例关系如产业结构、收入分配结构和需求结构是否协调，经济发展规模和成果是否扩大，以及经济发展成果的分配是否公正公平。我国现有的经济发展方式在这些方面存在一些突出的矛盾和问题。例如，经济规模快速扩大，高速增长时间很长，确实举世公认，但资源环境压力加大、投资消费关系失调、收入分配格局不合理等问题也日益明显。因此，加快转变经济发展方式，就是要从过去不够合理的状况转向更加合理的状况，其中必然包括转变上述不够合理的几个方面，而最根本的转变，还是要落到经济发展成果的公平分配和普惠全民上来。转变经济发展方式，最重要的是不断促进社会财富的真实积累和经济福利水平的真实提高,使人民得到更多的实实在在的好处。经济发展方式越是合理,人民得到的实惠就会越多。

保障和改善民生,是扩大消费内需的深厚源泉,也为促进发展方式转变注入持久活力。保障和改善民生的主要内容,大体包括就业、收入分配、教育、医疗卫生、住房保障、养老和社会救济七大方面,直接涉及居民消费。政府是保障和改善民生的重要责任主体,主要提供基本公共服务和社会保障,起到"兜底"的作用。这种兜底,不仅可以解除人们的后顾之忧,还可对居民消费需求产生巨大的拉动作用。与国际同等收入国家比较,我国政府在提供基本保障方面还有不小的差距,也有潜力可挖。据国务院发展研究中心课题组研究,"十二五"期间若保持年均8%的经济增长,我们可以实现人人享有义务教育、基本医疗、最低生活保障、适当住房救助和基本养老。按此目标测算,到2015年,政府基本保障支出占GDP比重可由2008年的5.4%提高到9.3%,平均每年可拉动居民消费增加1.1万亿元,居民消费率可由35.3%提高到41.1%。这无疑将提高消费需求对经济增长的贡献。

民生保障水平和改善状况,要以经济发展水平和效率提高为前提。只有高效可持续地把蛋糕做大,才能更加公平合理地分好蛋糕。改革开放以来,我国经济持续高速增长,物质条件逐步改善,政府有了更大的政策选择余地,能够把公共资源更多地用于保障和改善民生。但还要清醒看到,我们仍处于并将长期处于社会主义初级阶段,生产力仍然不够发达;我国仍然是世界上最大的发展中国家,尽管今年经济总量达到世界第二,但人均GDP还排在世界100位以后,还有4 000万贫困人口(这是我国的扶贫标准,如果按世界银行划分的每天生活费不足1美元的贫困线,我国贫困人口将多达1亿以上,相当于5个澳大利亚的总人口)。这才是中国的真实国情。因此,我们要在转变经济发展方式上花更大的气力,继续努力提高劳动生产率、能源利用率和更为广义的资源配置效率,为不断提高民生保障水平打下更为雄厚的物质基础。

(2010 年 8 月)

7. 中国经济不会二次探底

2010年上半年,我国经济回升向好的基础进一步巩固。但也有观点认为,一些领先性经济指标的下降预示着我国经济增长将面临下行风险,甚至可能二次探底。这种担心其实是不必要的。

根据我们国务院发展研究中心课题组发布的 DRC 宏观经济景气指数,领先经济运行趋势变化2至3个月的先行指数自2009年12月达到峰值后,已连续5个月下降,但仍在高位运行,5月份为107.04;反映经济运行现实状况的同步指数自今年3月以来也持续下降,但5月份又小幅反弹至111.91。这表明,我国经济运行高位回调,但仍在正常水平100之上,预计经济小幅下行的态势短期内不会改变,但大幅下滑压力尚不明显。经济合作与发展组织公布的对中国经济的最新分析与我们这一结论也是一致的。

造成经济小幅回调有多种因素,例如,去年二季度我国经济增长基数逐步提高;随着经济回暖,我国应对国际金融危机冲击的政策刺激力度比去年有所减弱;此外,今年采取了适度回收流动性、管理通胀预期的宏观调控措施,等等。2008年以来,由于受到国际金融危机冲击,中国季度 GDP 增幅回落的"底部"为6.1%。我们预计,由于2009年各个季度经济增长基数变化等原因,今年经济增长将呈现前高后低的走势,但全年仍将达到9.5%左右,不会出现所谓的二次探底。

从拉动经济增长的"三驾马车"看,今年消费需求仍将保持平稳较快增长,人们主要担心世界经济复苏乏力、特别是欧洲债务危机对我国出口的影响,以及楼市调控对投资的影响。对此,需要进行具体分析。

当前,美欧日经济复苏乏力,消费不稳,失业率趋于上升。然而,世界经济二次探底、急剧恶化的可能性较小,像2008年那样的恶劣局面不大可能在今年重演。这主要是由于亚太地区经济体复苏势头良好,带动世界经济增长的作用比较强劲,各国宏观经济政策的协调性有所增强,发达国家继续采取刺激经济复苏的政策,世贸组织等国际协调机制有助于减少贸易战的发生,发达国家以新能源、绿色革命为主导的新一轮经济刺激计划有望形成新的增长点,等等。当然,对各种不利因素也应有充分准备。

不久前爆发的欧洲债务危机对中国出口至少可能有三重影响:其一,欧盟是我国第一大贸易伙伴,我国对欧出口占全部出口的1/6,欧债危机带来的欧洲市场需求不振和欧元贬值、人民币升值将影响我国对欧出口;其二,欧元贬值、美元升值会影响美国出口甚至其经济增长,进而对中国商品的需求也可能相应减少;其三,若欧债危机继续蔓延导致世界经济恶化,也会制约我出口扩大。

不过,我们经过认真评估认为,欧洲债务危机对中国出口的影响有限,2010年出口增幅仍有望达到10%—15%。这一预计甚至比我们年初的判断更加乐观。虽然人民币对欧元升值,但我对欧出口的主要竞争对手——中国周边国家的货币升值更快,因而中国产品的竞争力依然很强。中国出口产品中相当一部分是日常生活必需品,需求刚性比较大。此外,技术含量较高的制成品比重也越来越大。所以,"中国制造"的生命力很强。

今年对楼市采取的宏观调控对全社会投资需求的影响有多大?房地产投资占全社会固定资产投资比重在18%以上,因此楼市调控可能会影响投资增速,但这种影响并不大。虽然楼市成交量大幅下挫,但似乎并未伤及房地产投资的"元气"。数据显示,今年5月份房地产投资同比增长仍高达43.5%,环比增长19.4%。由于开发商资金充裕、保障性住房投资扩大,房地产投资仍将保持合理的增长态势。看投资需求的后劲,主要看新开工项目投资这一指标。今年1月至4月,新开工项目投资增长31.3%,只低于超常增长的2009年同期,与2005年的26.2%、2006年的32.2%,2007年的18%等正常年份的同期增幅相比,仍处于较高水平,说明投资需求仍将保持强劲增长。

今年中国经济仍将保持平稳较快增长,不会低于2009年,即使增速有所回调,还有利于转变经济发展方式。由于世界经济复苏前景依旧充满变数,我们应当保持宏观经济政策的连续性和稳定性,增强针对性和灵活性,适时灵活地调整政策的力度、节奏、重点,防止恶化人们的预期、加大经济下行压力。

(原载《人民日报》2010年7月5日)

8. 形势好转更应关注抓改革、调结构、促转型

一、经济增势趋强,短期调控相机抉择

2009年,我国成功地应对国际金融危机和世界经济衰退带来的巨大冲击,经济增长达到8.7%的速度,明显超过了年初制定的保8%的预期目标。2010年我国的经济走势会好于去年,企稳回升的势头能够延续下去。中国经济内部增长潜力巨大,尽管未来经济增长速度会放缓到10%以下,但潜在增长率仍可保持在9%左右。综合考虑国内经济增长潜力、去年出台的经济刺激计划在今年的延续作用,以及世界经济复苏的势头,结合国务院发展研究中心宏观部的模型预测,预计2010年我国经济增长至少将回升到9%以上,出口增长10%左右,居民消费价格指数可以控制在3%。如果世界经济复苏更为有力,中国经济增长速度很可能超过10%。

由于当前世界经济还有许多不稳定、不确定的因素,我国经济回升也存在不稳固、不平衡、不全面的情况,所以去年年底中央经济工作会议明确指出,2010年要保持宏观经济政策的连续性和稳定性,继续实行积极的财政政策和适度宽松的货币政策,同时强调加强针对性和灵活性,以适应国内外经济形势的新变化。这个政策基调是非常清晰的。其实,宏观调控本身一个很重要的特点就是相机抉择,即使总的政策基调不变,也需要根据短期经济形势变化适时调整宏观调控的节奏和力度。如果经济形势发生很大变化甚至是转折性变化,那就需要及时改变宏观调控方向,也就是改变政策基调。最近两年来的宏观调控取向变化,就体现了短期内相机抉择的特点。2008年的年初,宏观调控政策基调还是"两防"(防过热、防通胀),到7月份变成"一保一防"(保增

长、防通胀),到了11月份明确改为"一保"(保增长)。2009年的宏观调控基调,进一步明确为"保增长、扩内需、调结构、惠民生",实施一揽子经济刺激计划,迅速调动出投资和消费两大内需的巨大潜力,弥补了出口急剧减少造成的明显外需缺口,超额完成了中国经济增长"保8"的预期目标。这是我国及时、有效调整宏观经济政策的成功范例。

今年我国宏观经济总的走势是企稳回升,随着各个方面的数据继续向好,而且比较平衡,那么经济刺激政策就可以放松力度,逐渐地淡化。对于2008年11月开始的货币信贷猛增势头,很多人担心这样会导致后续的通货膨胀压力和银行呆坏账风险。调控当局也一直在关注事态发展,密切监测市场的流动性和价格指数,随时通过发行中央银行票据回收货币流动性。2009年6月以后,随着我国经济回暖逐步明朗,当月贷款增加额也大幅度减少;到了11月,国务院明确提出既要保持宏观经济政策的连续性和稳定性,又要注意管理通货膨胀预期。最近一段时间,人民银行采取了连续发行央票、提高央票利率,以及提高存款准备金率和贷款拨备率等措施,这一系列调控措施仍属于管理通胀预期的动态微调,而不是宏观经济政策基调的转变,并不表明宏观调控重点转到抑制通胀上来。在把握政策基调的同时,及时预调,动态微调,并使之常态化,这也是宏观调控的题中应有之义。

二、后危机时期应当更加关注抓改革、调结构、促转型

考虑到今年我国内外部总的经济形势明显改善,上升势头好于去年,我们在继续促进和保持经济稳定回升的同时,应该抓住经济回升而且比较稳定的时机,更多地关注抓改革,调结构,促转型。去年为了应对危机冲击,我们在保增长、扩内需方面取得了明显成效,但是在调结构、促转型方面取得的成效相对差一些。经济生活中存在的投资增长粗放、结构矛盾突出、资源环境压力加大等问题,在有些地区或是被忽

视,或是被掩盖起来。中央提出的调结构的要求,在不少地区落实得不够理想。具体表现为能耗高、排放大的项目重新上马,近期一些新兴行业盲目扩张。危机冲击也暴露出我国金融体系存在缺陷,特别是为小企业提供金融服务的制度建设严重滞后,信贷扩张对小、微型企业支持不够。一些大城市房价回升过快,楼市调整不到位,存在通货膨胀和资产泡沫隐忧。在危机冲击下,我国经济发展方式粗放的矛盾进一步暴露。经济长期高速增长导致生产要素成本上升,利润空间缩小。前些年投资和出口增长速度高,但效率低,在国内外需求收缩的背景下,产能过剩问题凸显出来。

还应该清醒地看到,后危机时期世界经济正在发生深刻而重大的调整,经济复苏后的绿色发展、低碳经济和可持续发展备受关注。以绿色、智能和可持续发展为特征的新一轮技术革命和产业革命正在孕育着突破。发达国家和跨国公司从应对危机开始,就已经做出跨越危机的先导性战略安排,力图立足于新能源和低碳经济等领航产业,在先进技术方面抢占先机,同时在国际竞争和道德评判中占领制高点,形成后危机时代的竞争新优势。中国责任论和威胁论也会不断花样翻新,西方国家要求我们减少碳排放、减少出口、加快人民币升值的压力会不断加大。这些势必给我们的经济发展带来新的机遇,同时也势必带来严峻挑战。

有鉴于此,我们确实应当加强紧迫感,进一步审视经济发展中存在的不协调、不平衡、不可持续的种种缺陷,加快经济发展方式的转变。我们要密切关注后危机时代世界经济的新动向,谋划跨越危机的新举措,在调结构、促转型上下更大的功夫,在新一轮国际竞争中争取主动。我们要善于抢抓新一轮技术革命和产业革命带来的市场机遇和发展空间,推进自主创新步伐,积极发展战略性高技术产业和新兴产业,努力形成战略高起点,在新能源、清洁能源、循环经济和低碳经济方面走出符合中国国情的发展道路,切实推进优胜劣汰和结构升级。我们也要善于利用国际企业重组并购成本降低的时机,有效吸引多种外部资源和要素来提升我国企业竞争力。我们还应当促进国内区域合作与合理布局,形成地区优势互补,增强整合国内外两个市场、两种资源的能力,扩大我国应对未来世界经济震荡的回旋余地。

鼓励用信息技术和节能减排技术改造传统制造业,应当成为传统产业改造升级的主要技术路线,也应当成为调结构的重要着力点。这对我国这样一个制造业大国促转型、培育新增长点来说,具有突出重要的意义。我国能源禀赋结构以煤炭为主,资源枯竭地区和老工业基地众多,促进经济转型和发展接续产业的任务紧迫而繁重。同时,我国制造业实力较强,基础设施和产业配套体系比较齐全,熟练技工资源充裕,又处于工业化和城市化双加速的发展阶段,具有巨大的发展潜力。加快用信息技术和节能减排技术改造传统制造业,可以把我国在市场需求、成本、规模和人力资源等方面的有利条件组合起来,形成新的优势,培育出新的经济增长点,也将极大地提升我国制造业的竞争力,在新一轮国际竞争中赢得主动权。

调结构、促转型要想取得预期的成效,务必抓紧改革和体制创新。我们要加大关键领域改革的力度,在财政税收体制、金融体制、资源价格体制、统计考核评价体系和技术创新激励机制等主要方面,应当科学民主地设计改革方案,凝聚改革共识和动力,使各项改革措施协调推进。可以考虑的改革举措有:发展多层次金融机构和资本市场,疏通货币政策传导机制和金融机构反应机制;激活社会自主投资,改善创业环境,加大支持中小企业的力度,特别是要尽快完善对小型、微型企业的金融服务体系;加快改革资源价格形成机制,推进资源环境税和流转税改革;完善稳定楼市的政策,加快相关制度建设,抑制资产泡沫,等等。

去年价格总水平很低,为今年推进资源价格体系的改革调整扩大了空间。如果不趁着这个时候加快改革,就会坐失良机。刺激技术进步,推动结构调整靠什么?很重要的是把扭曲的要素信号校正过来,让真实的市场信号来起基础性引导作用。否则,靠行政性的推动总是不能长久,甚至引起进一步的信号失真和导向失误。我们应当通过抓改革、促进结构调整和发展方式转变,使经济增长的制度基础、技术基础和结构基础更加合理、更加坚实一些。

三、内需潜力巨大,消费政策仍需完善

无论是着眼于短期内应对外部经济危机冲击,还是着眼于在长期内实现全面协调可持续发展,中国作为一个发展中大国,都只能也必须依靠内需主导型战略来发展自己。改革开放以来,中国坚定不移地发展开放性经济,经济的对外开放度(从另一个角度也被称作对外依存度)不断提高,引进外资和扩大进口对于满足内需作出了很大贡献。世界银行数据表明,近40多年来世界大多数国家都是内需比例下降,外需比例上升。目前有十多个国家,包括德国、俄罗斯和加拿大等发达国家,其内需比例与中国(2007年内需比例仍高达73%)类似,这反映了经济全球化的客观趋势。2005—2007年中国出口的外部环境较好,经济增长连续三年高达10%以上,其中净出口的贡献也不过两个多百分点;而2008年净出口的贡献仅为0.8个百分点,2009年则为负数。也就是说,2009年中国经济高达8.7%的增长速度,全部是由投资和消费两大内需拉动的。中国政府一揽子经济刺激计划之所以能够迅速见效,这两大内需不可估量的潜力才是根本依托。

2010年世界经济会进一步复苏,但不稳定、不确定的因素仍然不少,很难预期未来2—3年再出现2005—2007年那样好的外部经济环境。因此,我们仍然要把立足点放在继续扩大内需上,同时决不放弃争取外需。预计今年的投资需求仍会保持比较强劲。去年实施的刺激计

划带来投资需求的巨大增长,会保持其惯性。今年刺激投资需求的计划仍会带动 2 万亿元投资规模,加上社会投资逐渐活跃,再考虑到结构性减税和加强对小企业的金融服务等改革措施,会促进技术进步和结构升级的投资,那么今年投资需求会呈现比较正常的快速增长。

扩大消费需求一直是我们多年的努力方向,并且取得了明显成效。上世纪 90 年代以来,中国城乡居民消费开支的年均增长速度高达 7.6%,是全世界最快的。2008 年、2009 年我国社会消费品零售总额实际增幅分别为 15% 和 17%,都明显高于国内生产总值的增长速度。当然,消费增长也存在值得关注的问题,主要是居民消费开支的年均增长慢于 GDP 增速,最终消费增长慢于投资增长,因而导致投资率高企而消费率下降。短期原因在于,应对危机的措施使得投资增长更快。长期原因在于,收入分配政策不够合理,工薪收入增长慢于利润增长,居民储蓄增长慢于政府和企业储蓄增长,导致收入分配结构失调;我国经济发展处于工业化和城市化双加速阶段,也对投资和消费关系产生重大影响。还要看到,消费决策属于个人和家庭行为,根本上取决于现期收入和未来收入预期所决定的预算约束,刺激消费不像刺激投资那样见效快,因此需要设计针对性和导向性更强的政策组合。

为继续扩大消费需求,应当坚持行之有效的一系列消费政策,例如家电下乡、摩托车下乡和农用车下乡等。此外,还需要研究和再出台一些鼓励和引导消费的新政策:

——是结合小城镇规划和乡村规划,支持农村危旧房改造和农民自建住房。国家宜采取补贴政策,支持建材和装修材料下乡、下小城镇。在城乡居民消费结构由温饱型向小康型升级的过程中,城市居民的消费热点主要是买房子买轿车,而农村居民则主要是盖房子、装修,改善居住条件。农民这方面的需求潜力极为巨大,要远远大于家电、摩托车和农用车下乡,亟待调动和满足。这是一项力度更大、影响深远的鼓励消费政策，不仅刺激消费，还拉动生产、就业和投资，不仅涉及农村，还会扩散到小城镇，影响城乡统筹和城镇化进程，因此应当注意做好相关规划。

二是可以考虑把国有企业上交红利的一部分转化为居民可支配收入，主要用于保障性住房建设和低收入群体困难补贴。此类补贴可采取消费券的形式发放。目前虽然已规定一部分减持的国有股纳入社会保障基金，但是这并不能直接转化为居民短期消费。因此应当拓宽思路，让国有企业上交红利的一部分通过增加政府公共服务开支，直接用于支持居民短期消费，而不宜再纳入社保基金。

三是研究调整奢侈品税收政策，兼顾好刺激消费和引导绿色消费的目标。追求奢侈品消费，是收入水平提高、消费结构升级和需求多元化的客观趋势，与其让大量购买力流往境外，不如把它们留在境内，为拉动消费作出贡献。降低奢侈品税率或许有助于做到这一点。同时也需要考虑，通过环境税的配合来抑制奢侈品消费带来的资源环境损失。我们既要鼓励消费，也要引导居民形成健康、绿色、可持续的消费习惯。

(原载《人民日报》2010年3月15日，标题有改动)

9. 经济向好可期,转型更需努力

2011年以来,我国进一步巩固和扩大了应对国际金融危机所取得的成果,经济社会发展总体保持良好态势。同时,欧美主权债务危机等世界经济中的不确定和不稳定因素增加,我国经济发展中不平衡、不协调、不可持续的矛盾依然突出,影响经济稳定运行的不利因素仍然较多。面对复杂的经济形势,我们既要通过加强和改善宏观调控,防范外部风险,保持即期经济平稳较快增长;又要通过深化改革、推动结构调整和经济转型,进一步释放中长期经济增长潜力,提高经济发展的质量和效益。

一、经济增长短期回调处于正常范围,全年仍可高达9%以上

一般来说,经济增速在一个由增长潜力决定的合理区间内波动,高一点低一点都没有关系。根据改革开放30多年来的经济增长趋势和波动范围推算,中国经济增长的趋势线大约为9%—10%,合理波动区间大约在8%—12%。中国不断完善宏观调控的体系和手段,包括采取适当的财政货币政策,并结合中长期规划的指导,有能力使年度经济增长速度维持在这个合理区间内,避免大起大落,更不会突破合理区间的上限或下限。所谓"硬着陆"之类的担心其实是不必要的。

今年中国经济增长适度放慢,有利于控制价格总水平上涨,有利于推动经济结构调整,减少能耗和排放,符合宏观调控意图。前三季度中国经济增速高达9.4%,处在增长潜力决定的合理区间,预计全年经济增速仍将超过9%,是全世界增长最快的经济体之一,对拉动世界经济复苏,避免世界经济二次探底,起到重要的支撑作用。

二、中国经济基本面可靠，要素组合较优，但成本上升将导致经济增速逐步放慢，必须在转型中增强新的发展动力

决定中国经济发展潜力的基本面有许多有利因素：从需求方面看，工业化、城市化处于快速增长期，以住房和汽车为热点的居民消费升级持续活跃，新的区域增长极不断涌现，投资和消费需求旺盛，市场规模和回旋余地都很巨大；从供给方面看，长期紧缺的资金已经变为比较宽裕，劳动力总量巨大的优势还会持续一段时间。可以相信，中国经济发展的要素组合优势仍然存在，在国际贸易中能够转化为比较竞争优势。但是不可否认，劳动力、土地和其他资源环境的使用成本正在上升，人口老龄化将导致人口红利逐步丧失，传统的低成本竞争优势正在弱化。

最近几年来，中国东部地区一些省份的经济增长速度已经放慢，而中西部地区的投资和经济增长速度都在后来居上。当然，中西部经济发展速度的这种赶超趋势有利于维持中国经济整体的较快增长，但是东部地区发达省份在全国经济中的份额较大，工业化和城市化程度都较高，它们经济增长速度的率先放慢预示着整个中国经济增长的速度必然会逐步减缓。可以预见，从"十二五"后期开始，中国经济增长潜力的合理区间可能会比前30年收窄，要保持平稳较快的经济增长速度，除了继续充分利用基本面中的有利因素外，还需加快经济发展方式转变，强化技术进步、管理创新、劳动者素质提高等更加持久的增长动力。

根据国务院发展研究中心课题组的分析预测，如果加大改革力度，加快转变经济发展方式，培育新的增长动力，例如提高全要素生产率，加大人力资源投资形成新的人口红利等，未来5年平均经济增速仍会相当高（8%以上），尽管其后5年经济增速会逐步放慢。更重要的是，居民消费率会显著提高，城乡收入差距会逐步缩小，服务业比重会明显

上升,高耗能产业比重会下降,如果结构调整进展比较明显,我国单位GDP的能耗强度和碳排放强度将比目前有较大幅度下降。这正是我们所要努力达到的比较理想的经济发展结果。

三、解决中国发展中的问题需要保持合理的速度,但不必过于在意速度的放慢,而更要看重增长质量、协调性、可持续性和包容性

由于中国工业化和城市化的历史任务还没有完成,经济增长方式还比较粗放,往往要靠较快的增长速度才能产生较高的经济效益。而且,中国会长期存在较大的就业压力,即使适龄劳动人口增长正在放慢、甚至到2015年后将会停止,在一定期间内城镇新增就业人口每年也将有800万—900万的庞大基数,因此需要保持适度较快的经济增长来创造就业岗位。在中国目前的发展阶段和客观条件下,需要保持合理适度的较快增长速度,但是再要长期保持9%—10%的经济增长速度势必越来越难,这是我们应当正视的客观现实。

考虑到上述因素,不必过于在意经济增长速度的放慢,未来也不宜将宏观调控的预期目标定得较高。我们更应当注意投资效率和企业利润率是否提高,投资与消费两大内需的比例是否合理,产业结构是否得到优化,城乡居民实际收入增长是否和经济增长同步,劳动报酬增长是否和劳动生产率提高同步,地区差距和收入差距扩大的趋势是否得到抑制,单位GDP能耗强度和排放强度是否降低等等。也就是说,只要增长质量、协调性和可持续性提高,人民得到更多实惠,更加公平地分享发展成果,即使经济增长速度放慢,中国经济发展也可以说是成功的。"十一五"期间,我国劳动者报酬占GDP的比重上升了4个百分点,初次分配状况有一定改善;2010年,农村人均纯收入实际增长11%,比城市居民人均可支配收入实际增幅高3个百分点,城乡居民收

入差距由 2006 年的 3.28∶1 缩小为 3.23∶1。尽管收入分配状况改善的幅度还不大,但这种改善趋势是值得肯定的,在"十二五"期间应当着力巩固和扩大成果,防止反弹。

四、中国经济发展面临诸多风险挑战,加快改革和经济转型迫在眉睫

首先,世界经济增长继续分化,美国欧盟复苏曲折,美国量化宽松政策始终是影响全球经济的一个重大变数,中国经济发展的外部环境仍存在较多不确定因素。

其次,通货膨胀压力加大。由于国内外货币流动性偏多、成本上升和国外输入型因素产生的综合影响,中国即使管住自己的货币流动性,成本上升和国外输入型因素导致的中长期通胀压力仍然不可忽视。对过高房价和房地产市场泡沫也需完善长效应对机制。

第三,国内油荒、电荒凸显相关改革的紧迫性。今年 4 月,在尚不到用电高峰的时期,全国陆续出现油荒、电荒,现在南方多省电荒仍层出不穷。这突出反映了结构矛盾、增长方式粗放,根本原因是资源价格、能源供给体系等关键性改革不到位,电价虽经调整,但资源价格形成机制仍不够合理。

第四,小型微型企业经营环境趋紧。小微企业目前最大的难题是成本上升,加上融资难题再次浮现,它们的生存发展更加困难。

第五,结构调整机遇难得,时不我待。经济增速放缓一般是调结构的最佳时机,同时我们面临新一轮技术革命和产业革命的机遇和挑战,加快结构调整的压力和动力进一步加大。

第六,地方财政金融风险开始显露。最近,社会各界对地方政府融资平台和债务风险心生疑虑,中央政府正在加以规范和清理。中国财政整体状况健康,有能力处理好地方债务问题,关键在于完善中央和地

方财政良性循环机制。

此外,有些境外上市公司质量需要提高,人民币汇率形成机制也需要按照主动、渐进、可控的原则进一步合理化。为了有效解决这些国内经济问题并应对外部挑战,既需要加大工作力度,更需要加快改革步伐,创造更适宜的制度条件,以增强经济肌体的抗风险能力。

五、短期宏观调控应继续加强和改善,中长期改革和经济转型更需抓紧

短期看,明年经济政策的取向可以考虑:宏观调控基调不变,但应增强针对性和灵活性;财政政策和货币政策相互协同,控价格,调结构,稳增长,惠民生;完善扩大居民消费的政策,带动投资结构调整;注重发挥竞争政策的作用,推动金融改革,切实改善小型微型企业融资环境;改革能源供给和资源价格体系;继续实施"引进来、走出去"战略,稳定和改善进出口政策和对外投资政策,以开放促改革、促转型、促发展。

中长期内保持中国经济的健康发展,根本上要靠推进改革开放和经济转型,完善市场经济体制,形成全面、协调、可持续的经济发展方式。中国"十二五"规划强调以科学发展为主题,以加快转变经济发展方式为主线。并且明确提出推进经济转型的5个要点,即:坚持把经济结构的战略性调整作为主攻方向,坚持把科技进步和创新作为重要支撑,坚持把保障和改善民生作为根本出发点和落脚点,坚持把建设资源节约型和环境友好型社会作为重要着力点,坚持把改革开放作为强大动力。这是对中国多年来实践经验的总结,反映了我们在认识上的深化,对解决中国经济面临的深层次矛盾具有很强的针对性和指导性。

未来经济转型的主要目标应更加突出环境约束和民生改善。为了使结构调整和经济转型有一个较为宽松的宏观经济环境,"十二五"期间平均经济增长速度的预期目标下调为7%,低于"十一五"规划7.5%

的预期目标。同时,为了使发展成果更好地用于改善民生,"十二五"期间城乡居民实际收入增幅预期大于7%,与经济增长速度大体同步,这比"十一五"规划5%的预期目标明显提高。此外,结构调整还有一系列重要目标,主要包括:居民消费率上升,服务业比重和城镇化水平提高,城乡区域发展的协调性增强,经济增长的科技含量提高,单位GDP能源消耗和二氧化碳排放大幅下降,主要污染物排放总量显著减少,生态环境质量明显改善。"十二五"开局之年很快就要过去,今后4年必须加大改革开放和结构调整的力度,才能确保实现这样的奋斗目标。

(在2011年9月28日国务院新闻办吹风会上的讲话,
发表于《人民日报》2011年10月24日,略有改动)

第 二 章

经济转型新机遇、新挑战

10. 深刻认识加快转变经济发展方式的紧迫性

国务院发展研究中心是国务院直属的政策研究和咨询机构,集聚了一大批研究国民经济、社会发展重大问题的著名经济学家和高素质的专家。为了推动党的十七届五中全会精神的贯彻落实,《紫光阁》杂志记者专程采访了党的十七大代表,曾多次参与党中央、国务院有关文件起草,长期研究我国宏观经济和中长期发展战略的国务院发展研究中心副主任卢中原。

把握国内外形势新变化新特点

问:"十二五"规划建议对当前经济社会发展的国内外环境做出精辟概括。提出:综合判断国际国内形势,我国发展仍处于可以大有作为的重要战略机遇期,既面临难得的历史机遇,也面对诸多可以预见和难以预见的风险挑战。请把您在这方面的研究和思考介绍给读者。

答:"十二五"时期国内环境的要点是:

一是国内环境的有利条件。主要是发展潜力和回旋余地大,要素组合优势比较明显,微观经济活力和宏观经济调控能力增强,政治稳定,党和国家驾驭复杂局面的能力有所提高。

二是内部挑战也很突出。主要是资源环境压力加大,投资消费关系失调,城乡、区域和收入差距明显,农业基础依然薄弱,就业总量压力和结构性矛盾并存,国际收支不平衡,社会矛盾复杂多发,制约科学发展的体制障碍仍然较多等。其中两个问题比较突出。

其一,投资消费关系失调。2009年投资拉动对当年GDP增长贡献8个点,消费拉动的贡献是4.6个点,这是1986年以来消费对当年

GDP 贡献最大的一年,进出口贡献的是负 3.7 个点。2008 年、2009 年我国的消费实际增幅是 16%—17%,剔除价格上涨因素,用了 10 年的时间才翻了一番。而投资一年就可以增长几十个点。所以在应对经济短期波动时,要想扩内需,最见效的就是投资,但这给投资消费关系的调整带来了新的挑战。"十二五"期间我们要努力使二者的关系更为平衡一些。

其二,就业总量压力和结构性矛盾并存。我国人口学界的测算结果显示,到 2015 年、2016 年我国的适龄劳动人口增长高峰结束,但由于我国人口的基数很大,在拐点出现之后每年仍有 700 万—800 万新增劳动力要就业。

现在很难雇佣到熟练技工,随着产业的转移,这种问题还会进一步出现,比如东部的制造业转到中西部,中西部的农民工就不到东部去打工了,这就使劳动力结构性矛盾更加突出。根据 2006 年国务院发展研究中心农村部对东、中、西三大地带 2 700 个村的调查,**74% 以上的村已经没有青壮年劳动力可以再向外转移了**。劳动力结构性矛盾突出意味着以往靠低成本劳动力推动经济增长、也就是吃人口红利的增长模式要转型。

"十二五"时期国际环境的要点是:

一是和平发展合作仍是时代潮流。

其一,经济全球化不可逆转。国际金融危机爆发以后,许多西方政治家都在担忧经济全球化的逆转停顿。很多国家出台了贸易、投资保护的政策,但事实证明并没有影响到经济全球化的进程。1. 全球产业转移在加速,投资规模在扩大。2009 年年底国务院发展研究中心外经部对 1 500 家在华外资企业进行问卷调查得出的结论是:**国际金融危机冲击使一些低端制造业从中国向周边低成本国家地区转移,但向中国转移的高端制造业和现代服务业在增加**。2. 区域经济一体化进程在加快。联合国贸发会议统计预测 2010 年年底全世界将有 400 个区域经济一体化协议签署,其中 90% 以上是自由贸易协定。3.科技革命导致了技术和资本流动加速。

其二,世界经济政治格局出现新变化,多极化趋势更加明朗。在当今国际经济版图中,发展中国家、特别是新兴经济体占的份额明显上升,这些国家的话语权也在提升。

其三,科技创新和产业发展孕育着新的突破。现在很多国家组成战略联盟,联合研发新技术新产品,这样做是为了规避风险,同时加强了合作,促进了全球化的发展。

二是国际金融危机影响深远,外部经济环境复杂多变。

其一,世界经济复苏曲折坎坷,增长放慢。虽然去年很多国际组织对世界经济复苏的预期调高了,比如国际货币基金组织去年年初的预期是增长 3.2%,7 月份调高到 4.5%,最近又调高到 4.8%。但发达国家如美日欧盟三大主要经济体的复苏出现了反复,尤其是 5 月份的欧洲债务危机导致了欧盟经济增长严重放慢,美日的失业率居高不下,必然导致世界经济未来增长速度的放慢。

其二,全球供给结构和需求结构发生明显变化。**美日欧盟主要经济体提出了振兴制造业、扩大出口等计划,扶持本国制造业出口。**美国提出五年内将出口翻一番,成为世界第一出口大国。日本也提出制造业振兴计划。中国制造要保持自己的市场优势,必须进行发展方式的转变。

其三,气候变化、资源和公共安全等全球性问题更加突出。一些别有用心的国家动不动就把这个祸水引向中国,说中国是第一排放大国,能耗也越来越大,国际能源和粮食价格高就是由中国和印度这些发展中大国的需求增加而导致的。不要以为我们壮大就安全了,恰恰相反,越壮大别人越打压。如果我们的发展方式继续粗放下去,就会越来多地授人以柄。

其四,世界经济面临诸多不确定和不稳定因素。主要从四个方面来分析。

1. 国际金融危机尚未结束。一些不良资产和有毒资产还没有完全暴露出来,水有多深我们还不知道并且很难预见。

2. 国际货币体系缺陷明显。美元作为一个国家的主权货币成为全世界各国的结算工具和储备货币,一国货币主导其他国家主权的局面没有改变。中国现在面临的问题就是美元资产贬值,这将是"十二五"时期以及更长一段时间内不得不面对的严峻问题。

3. 多极化趋势存在变数。我们要与发展中国家团结在一起,争取发展中国家的权益,同时也扩大我们的发展空间。但发展中国家的价值观不一致,国家体制也不一致,很难在国际政治中形成一个声音。

4. 国际市场震荡频繁,并且迅速地传导到中国国内,有些我们可以预见,有些我们没法预见。

把握"十二五"规划的主题和主线

问:您曾多次指出:"十二五"规划建议明确提出以科学发展为主题、以加快转变经济发展方式为主线的指导思想,是最鲜明的特征。以往的规划建议中是否有这种提法?其产生的背景有哪些?

答:"九五"计划建议的突出特征是鲜明地提出了两个根本性转变,即经济体制由计划经济向社会主义市场经济转变,经济增长方式由粗放型向集约型转变。"十五"计划建议提出以发展为主题,以经济结构战略性调整为主线。"十一五"规划建议中则没有这样鲜明地提出主题、主线,但是贯穿着以人为本、加快转变经济发展方式的精神。

当前提出以科学发展为主题、以加快转变经济发展方式为主线主要是基于以下几点考虑。

一是环境所迫,形势所逼。目前,我国像石油等一些战略性资源主要依靠海外市场,我国陆上石油50%是从中东运过来的,海上石油90%的运输得经过马六甲海峡,这两个通道一旦出了问题,我们就只能回到煤炭时代。最近京藏高速公路堵车20多天,被堵车辆绵延上百公里。这是我国经济增长方式太粗放的一个例证。**这次金融危机不仅是对我国经济增长速度的一次冲击,更是对我国经济发展方式的严重冲击,暴露出非常深刻的结构性矛盾。**

二是人民期待,全党共识。我们现在遇到住房、教育、看病、养老、交通、生活环境等很多关系到人民切身利益的问题,也是人民热切期盼政府解决的问题。为了使人民的小康生活水平更高、生活质量更好,我们的发展理念、思路应该切实按照科学发展的主题和加快转变发展方式的主线来部署和推动。在"十二五"规划建议起草之前中央发了一个调研提纲,让我们到各省、各地区去调研,从各省调研反馈的情况来看,已经形成全党共识。

三是实践昭示,行动指南。近两年全国各地开展学习实践科学发展观活动成效显著。**过去要关停污染大、能耗高的项目时,一些领导担心关停之后,本地的就业税收出问题,但通过学习实践活动领导班子思想高度统一。**

我们要看到,改革开放以来中国经济增长速度是全世界最快的,同时能源利用效率和污染物排放下降幅度也达到了世界中等水平。

问:请您将"十二五"规划建议提出的以科学发展为主题、以加快转变经济发展方式为主线的内涵和重要意义,做比较精辟的概括。您带领并参与的研究团队主要思考了哪些问题?

答:温家宝总理曾对科学发展为主题做出四点说明:

一是坚持以经济建设为中心,紧紧扭住发展不放松。现在社会发展的矛盾比较突出,社会领域不如经济领域发展快。今后的发展,包括经济、社会、政治、文化、生态等方面的协调推进。

二是牢牢把握重要战略机遇期。我们现在面临的挑战很多,但机遇也前所未有,总体判断是机遇大于挑战。能不能抓住重要的战略机遇期,直接关系到2020年能不能完成全面建设小康社会的战略构想。

三是更加注重以人为本。"十二五"规划建议中的许多目标、措施、任务都是围绕科学发展观"以人为本"的核心要求部署的。

四是更加注重全面协调可持续。邓小平当年讲过,发展起来以后可能比不发展时的问题还要多。现在发达地区遇到的问题比欠发达地区遇到的问题更为复杂。在当代中国,坚持发展是硬道理的本质要求,就是毫不动摇地坚持科学发展。

我们要充分认识到加快转变经济发展方式是刻不容缓的,因为,这次金融危机对我国经济的冲击,让我们不得不反思以下四个问题:

一是投入结构太粗放。过去,我国主要依赖物质资源的投入推动经济增长。这次金融危机后,土地、劳动力、环境成本都在上升,利润空间受到挤压。在金融危机的冲击下,外需骤降,内需回调,这两者的叠加作用使中国经济增长一下跌到6%,同时暴露出产能过剩等问题。

二是内需结构不协调。不是消费自身增长太慢,而是投资增长太快,经济增长也太快。经济增长快于消费增长意味着收入分配格局出了问题,发展的成果没有更普遍、公平地被全民分享。但客观地说,中国老百姓的消费是全世界增长最快的。1990年到2008年中国老百姓实际消费年增8.3%,而同期全世界消费增长平均只有2.9%,发达国家才2.3%。我们的问题就是相对于增长快的投资和GDP速度,消费增速相对慢。

三是收入分配结构失衡。**这是导致内需结构失调的重要原因,发

展成果的普惠共享程度不够。大家知道现在居民收入在国民收入再分配当中所占的比重低于政府和企业的比重，工资收入增长低于企业利润增长，这是初次分配和再分配结构都出现了比较大的失衡。规划建议提出：居民收入增长和经济增长同步，工资增长要和劳动生产率提高同步。这"两个同步"就是一种政策导向。

四是出口增长太粗放。我国出口增长粗放的集中表现是附加值低，国际分工地位低下，能耗高、排放量大。几亿件衬衫才换一架波音飞机。我们必须加快转型升级，努力提升出口增加值率，形成新的比较优势和竞争优势。

我们要正确认识中国内外需之间的关系。中国的内外需比例与许多国家的发展趋势相当类似，即全球化导致各国内需比例下降，外需比例上升。中国出口不仅拉动投资，也拉动消费。

把握落实全会精神的基本要求

问："十二五"规划建议指出：加快转变经济发展方式是我国经济社会领域的一场深刻变革，必须贯穿经济社会发展全过程和各领域，并提出了五个"坚持"的基本要求，请您将起草者的有关思考介绍一下。

答：一是坚持把经济结构战略性调整作为加快转变经济发展方式的主攻方向。党的十七大报告提出了三个转变：第一是经济增长由主要依靠投资和出口转向消费、投资、出口协同拉动，第二是经济增长由主要依靠第二产业拉动转向一、二、三产协同拉动，第三是经济增长由主要依靠物质资源的消耗转向依靠技术进步、管理创新和劳动力素质的提高。这三个转变概括来说就是需求结构、产业结构和要素投入结构的转变。"十二五"规划建议提出的把经济结构的战略性调整作为主攻方向涵盖了这三个结构性的转变，同时还包括了城乡结构、地区结构的转变。

二是坚持把科技进步和创新作为加快转变经济发展方式的重要支撑。

三是坚持把保障和改善民生作为加快转变经济发展方式的根本出发点和落脚点。这是第一次做这样的概括,过去我们讲发展方式、增长方式的转变一般不落到改善民生上来,特别是讲经济增长方式转变的时候与改善民生的联系比较少。现在我们讲经济发展方式的转变,强调以人为本,其中包括收入分配要公平,让老百姓分享改革发展的成果,而衡量转变发展方式成功不成功,一个根本标准就是看民生保障和改善的状况。

四是坚持把建设资源节约型、环境友好型社会作为加快转变经济发展方式的重要着力点。其中包括节能减排,发展循环经济、绿色经济、低碳技术,提高生态文明水平等。中国的能源结构是以化石能源为主,70%是煤炭,现在让我国减碳排放的绝对量是很难的。如果中国要减碳排放绝对量,征碳关税,那就等于是作茧自缚。

五是坚持把改革开放作为加快转变经济发展方式的强大动力。

这五个坚持是转变经济发展方式的五条脉络,比十七大提出的三个转变又有了新的进展,体现了突出重点、攻坚克难,跨越危机、引领未来,协调发展、惠民利民,强化动力、助推转型的特点。

(原载《紫光阁》杂志 2011 年第 1 期)

11. 在应对金融危机中加快经济发展方式转变

2008年爆发的国际金融危机,不仅对我国经济增长带来极大冲击,导致增长速度明显放慢,大批企业停产,失业骤增,大量农民工回流等,而且更深刻地暴露出我国经济发展方式的内在缺陷,不协调、不全面、不可持续的问题日益凸显。这就进一步突出了加快转变经济发展方式的重要性和紧迫性。我们应当在应对危机中切实推动经济发展方式转变,并通过经济发展方式的实质性转变,为跨越危机、实现长期又好又快发展打下坚实基础。

一、危机冲击:发展方式粗放问题凸显

(一)投入结构粗放。长期以来我国经济高速增长主要依靠物质资源、劳动力和资本投入,而这必然导致要素成本上升,利润空间缩小;在2008年国际金融危机冲击下,我国出口外需骤降和国内需求周期性回调叠加在一起,导致产能过剩突出;为应对危机冲击,在扩内需、保增长的过程中调结构的要求落实不理想,高能耗、高排放的投资项目大量重新上马。

(二)内需结构不协调。投资和消费两大内需比例关系失衡,近些年投资率(投资占GDP比重)一直上升,而消费率(消费占GDP比重)相应明显下降,特别是其中的居民消费率在2008年下降到35.5%的历史最低点。这里既有我国工业化和城市化快速发展需要较高投资率的客观原因,也有收入分配格局不合理、消费增长相对偏慢的政策原因。准确地说,我国投资增长和GDP增长都快于消费增长,而不是消费增长太慢或消费需求不足。1990—2008年中国居民消费实际年均增长8.3%,而同期世界平均为2.9%,发达国家仅为2.3%,可见中国

居民消费增长在全世界是最快的。但是相对于我国增长更快的投资和经济总量扩张,居民消费增长显得偏慢。

(三)收入分配格局不合理,发展成果尚待普惠共享。当前收入分配格局失衡,在初次分配领域主要表现为工薪收入增长慢于企业利润增长,在国民收入再分配领域主要表现为政府和企业储蓄比重上升而居民储蓄比重下降。一些应对危机冲击的短期举措如刺激投资扩张、暂不提高最低工资标准等,既有利于保增长、保就业,但也加大了调整投资消费关系、调整收入分配格局的难度,与转变发展方式的中长期努力方向可能产生新矛盾。经济发展方式转变的出发点和落脚点在于保障和改善民生,而收入分配格局不合理,既影响扩大消费,也影响人民从经济发展中得到更多实惠。

(四)出口增长粗放。我国制造业在国际产业分工中的地位低下,出口产品附加值不高,通俗的说法是出口几亿件衬衫才能换一架波音喷气客机;出口结构不合理,货物出口比重高而服务贸易出口比重低,加工贸易出口比重大,占全部出口的一半多;出口产品的能耗高、排放大,资源利用效率差。我国经济发展方式粗放的一个重要表现是外贸出口增长过于粗放,而不是经济发展过于依赖出口或外需。

二、正确认识中国内外需的关系,找准发展方式转变的着力点

近些年来特别是国际金融危机爆发以来,有一种流行的看法认为中国经济增长过于依赖出口,中国经济增长应当转向主要依赖内需特别是消费需求的拉动。这种看法其实似是而非,对此加以客观分析有助于准确把握中国的问题所在,进而才好对症下药。

(一)在拉动中国经济增长的投资、消费和净出口"三驾马车"中,净出口从来不占主导地位(见表1)。从内需和外需对中国经济增长的拉

动作用看,中国经济的高速增长主要是靠内需而不是外需。

表1　消费、投资和净出口对中国经济增长的拉动(百分点)

	2001	2002	2003	2004	2005	2006	2007	2008	2009
最终消费	4.1	4	3.5	3.9	4	4.2	4.4	4.1	4.6
资本形成	4.2	4.4	6.4	5.6	3.9	4.3	4.3	4.1	8
净出口		0.7	0.1	0.6	2.5	2.2	2.7	0.8	-3.9

来源:根据国家统计局资料计算。

为避免"净出口"的概念可能低估外需对经济增长的拉动,我们用可以反映部门联系的投入产出分析法来测算一段时间内出口贡献的平均值,结果为:2000—2008年,我国经济年均增长10.1%,其中消费、投资和出口分别贡献3.4、4.3和2.4个百分点。出口或外需对我国经济增长的拉动仍然分别小于消费和投资,更远远小于两大内需之和(见表2)。再看表3"全部出口对中国经济增长的拉动",尽管表3与表2中各年出口对经济增长的具体拉动程度不同,但两张表格的基本结论大体一致,即出口对我国经济增长的贡献不占主导地位,我国经济增长主要是靠内需拉动的。

表2　消费、投资和全部出口对中国经济增长的拉动(百分点)

	2001	2002	2003	2004	2005	2006	2007	2008	2009
最终消费	3.9	2.8	1.1	1.6	3.1	3.6	5.4	4.4	—
资本形成	3.9	4.1	5.5	4.9	3.9	4.4	5	5.4	—
出口	0.5	2.2	3.3	3.6	3.4	3.6	2.6	-0.2	-2.8

来源:国务院发展研究中心宏观部任泽平用投入产出法计算。

表3　全部出口对中国经济增长的拉动

	1990	1992	1995	1997	2000	2002	2005	2007
GDP增长率(%)	3.8	14.2	10.9	9.3	8.4	9.1	10.4	13.0
出口拉动经济增长(百分点)	1.9	1.8	2.6	2.4	2.4	1.8	5.1	3.6

来源:国务院发展研究中心发展部李善同等人用投入产出法计算,数据来源与表2不同。

(二)中国的内外需比例与许多国家的发展趋势相当类似,即全球化导致各国内需比例下降,外需比例上升(见表 4)。世界上只有美国、印度、日本、巴西等几个大国的内需比例高达 80% 以上或 90% 左右,如果剔除对我国出口的重复计算和高估部分,我国外需比例将下降,内需比例与这些大国的差距会缩小,甚至不相上下。

表 4　部分国家内需占总需求比例的变化趋势(%)

	1965	1970	1975	1980	1985	1990	1995	2000	2005	2006	2007	2008
中国	—	97	96	90	91	84	82	81	72	71	69	73
印度尼西亚	95	88	80	72	82	79	79	69	74	76	77	77
韩国	93	89	80	77	75	78	78	72	71	71	70	66
芬兰	85	81	83	76	78	82	72	67	69	68	68	—
德国	—	—	86	85	84	80	80	81	75	70	68	67
俄罗斯	—	—	—	—	—	85	77	64	71	72	75	—
埃及	86	88	86	79	85	85	82	87	77	77	78	74
伊朗	86	84	68	88	92	88	81	81	73	74	74	73
加拿大	84	81	82	78	78	79	72	67	72	73	—	—

来源:根据世界银行数据库整理。
注:(1)所有比例都是用本国货币现价值计算而来;(2)为了增加可比性,我国的数据也用世界银行提供的数据,与我国统计年鉴有些微差异。

(三)中国出口不仅拉动投资,也拉动消费。出口是缓解中国就业压力、承接农村劳动力转移、增加城乡居民收入和扩大发展空间的重要载体。我国每年新增适龄劳动人口 800 万到 900 万,到 2015 年达到增长高峰,发展出口和劳动密集型产业是符合国情的战略选择。

(四)中国出口依存度高有复杂的客观原因。出口额不是增加值,而中国出口的加工贸易比重大、增加值率很低,出口额存在重复计算的缺点,导致中国出口依存度(出口额/GDP)被高估。据美国学者估计,中国出口依存度大约被高估 35%—50%。据国务院发展研究中心宏观部估算,也是被高估 50% 左右。此外,还有国际产业分工、我国要素禀赋特征、比较优势、发展阶段制约、海外投资少等多种因素影响。据国务院发展研究中心外经部的最新研究,中国经济的综合对外开放度与其他国家相比并不高。综合开放度是指货物贸易开放度、服务贸易开放度、资本流出开放度和资本流入开放度分别与世界平均水平相比后,加权而成的指数,反映一个国家经济的开放程度。据我们的计算,2006年中国综合开放度指数在世界128个经济体中排在最不开放的前5位。

(五)中国出口价值占世界比重低,加工贸易对拉动国外GDP的贡献远远大于国内。据国务院发展研究中心宏观部计算,我国1元加工贸易增加值拉动国内GDP仅为0.3元,而拉动国外GDP高达0.7元,加工贸易的大部分增加值是在国外实现的。在全球化条件下,中国制造实为世界制造。

(六)世界经济失衡的根本原因在于南北发展不平衡,即现行国际金融经贸体系下发达国家和发展中国家之间的巨大发展差距,而不是中国出口太多,更不是人民币估值过低。

(七)中国出口强劲主要是由于制造业具有国际竞争优势,而不是由于国内消费不足才导致中国依赖出口转移过剩产能。中国的产能过剩既有发展方式粗放的原因,也有经济波动周期和国际产业分工的客观影响。外需不可能被内需完全替代,中国不可自废武功,但粗放的出口增长模式代价很高,也迫切需要加快转型升级。应清醒认识传统低成本优势正在弱化的趋势,努力提升出口增加值率,形成新的比较优势和竞争优势。

(八)中国出现"双顺差"(国际收支平衡表中的经常项目和资本账户都是净流入)既有积极合理的一面,也带来新的难题。中国并不刻意追求贸易顺差,确实也应当努力转变顺差过大的失衡状况,以缓解通货膨胀和人民币升值的内在经济压力。但是不能简单靠压缩出口解决顺差过大的难题,而应通过外资政策、外贸政策、汇率政策、资源价格和税费改革、强调企业社会责任等综合措施,促进出口增长方式升级;通过推行"走出去、引进来"战略,改善国际收支状况。

三、后危机时期世界经济新动向:机遇和挑战

(一)后危机时期世界经济新动向

世界经济格局发生深刻调整。发展中国家特别是新兴市场经济体发展加速,地位上升,"再集团化"出现。国际金融体系的"美元困境"和世界经济结构调整仍将产生新动荡。

全球供给和需求结构出现新变化,世界经济进入中低速增长期。发达国家振兴制造业和出口,鼓励储蓄而抑制过度消费,市场重心可能转移,加剧全球产能过剩、国际竞争和贸易磨擦。

发达国家和跨国公司做出跨越危机的先导性战略安排。应对气候变化成为国际政治博弈和经济竞争的焦点。发达国家力图在领航产业和先进技术方面抢占先机,在国际竞争和道德评判中占领制高点。中国责任论和威胁论会花样不断翻新。

以绿色、智能和可持续为特征的能源革命和科技创新将成为未来经济发展的新引擎。发达国家正在形成竞争新优势。

高端制造业和现代服务业加速对华转移。据国务院发展研究中心对外经济研究部2009年年底对1 500家在华外资企业的问卷调查,其中大多数外资企业将要继续在华投资,并有相当多的外资企业明确表示要把地区总部和研发中心搬到中国来。它们主要看重中国的市场潜力、基础设施和产业配套条件、管理技术人员等组合竞争优势,而不仅仅谋求低成本优势。跨国公司在华经营战略正在出现市场本土化、制造本土化、研发本土化的调整。

新的挑战十分严峻,更蕴育着新的机遇。我国发展的战略机遇期可以争取。

(二)后危机时期世界经济新动向对我国的积极影响

1.有利于发挥我国生产要素组合方面的比较优势,例如市场潜力大、人工成本低、居民储蓄率高等等。

2.有利于打破我国某些产业的瓶颈制约,发展战略性新兴产业,实现某些领域和环节的跨越式发展,促进产业结构优化升级。

3.有利于我国引进资本、营销网络、先进的技术、经营方式和管理经验,增强我国企业和产业的竞争力。

4.有利于发展开放型经济,"引进来、走出去",扩大我国在全球配置资源的回旋余地。

5.有利于促进我国加快改革和体制创新,提高经济运行的法制化、规范化程度。世界银行和国际金融公司联合发表的《2008年全球经商环境报告》称,2006至2007年度,中国经商环境便利化程度大大改善;中国在法规制度方面的改革成果居东亚太平洋地区首位,并跻身全球前十位;中国经商环境的总排名由2005年的第92位跃升到第83位。

6.有利于我国参与制定国际经贸规则,并运用相关规则和机制维护国家利益,争取发展权益。

(三)后危机时期世界经济新动向带来的挑战

1.造成我国某些领域的技术依赖,固化我国制造业低端分工地位。

2.带来高能耗、高污染企业和产业,增加我国转变发展方式的难度。

3.可能产生某些行业的外国垄断,在某些领域影响国家经济安全。

4.外部经济环境的不确定因素增加,国际市场波动和经济风险会迅速传导到国内。

5.国内宏观经济调控的难度加大,货币政策选择空间受到挤压。

6.发达国家主导的国际经贸规则对我国的压力日益增大。主要有:人民币升值压力,贸易摩擦(反倾销、反补贴、保障措施、绿色壁垒),

减排义务,市场经济地位争议,知识产权纠纷等。

四、转变经济发展方式紧迫而艰巨

(一)新发展阶段改善生存环境和加速建设的矛盾日益尖锐

新世纪以来,在初步实现小康的基础上,中国已经进入全面建设小康社会、工业化和城市化双加速的新发展阶段。

居民消费结构将进一步升级,城乡居民对改善生活质量和生存环境的要求将日益强烈。消费结构升级既是产业结构升级的新动力,也对经济发展方式转变带来新的压力。这迫切要求使建设规模、经济发展与资源环境承载能力相适应,与群众提高生存质量的要求相适应。只有这样,才能从目前低水平、发展很不平衡、环境脆弱的小康,走向生活更加宽裕、环境更加良好、可持续的全面小康社会。

工业化和城镇化的阶段性特征将持续加大资源消耗和排放总量。工业化进程由加速到稳定,将呈现重化原材料工业以及重制造业相继加快发展的特征。城镇化由加速到稳定,将比工业化持续更长时间。这些因素决定了:即使资源消耗和污染排放的强度可以降低,但消耗和排放的总量仍会在一段时期内继续上升。

(二)经济高速发展的资源环境代价过高,能源禀赋结构挑战严峻

改革开放30年来,我国经济保持了年均9.8%的高速发展,但是,在粗放的经济发展方式下,土地、淡水、矿产资源和生态环境的承载能力越来越脆弱。未来我国经济持续快速发展必将加剧自然资源的供求矛盾,导致经济运行成本上升。

以煤炭为主的能源禀赋结构具有长期制约性。在中国2003年发电量中,煤炭发电占比为79.4%,比1990年提高8.2个百分点。2003年世界各国发电量中煤炭发电量所占比重为40.1%。中国的能源生产和消费结构决定了能源的物理利用效率偏低,环境保护和治理的难

度偏大。

（三）区域发展格局不合理加大资源环境压力

区域产业特色不突出。在钢铁、电解铝、水泥、电石、炼焦等高耗能、高污染产业领域，存在严重的低水平重复建设。不仅造成资源配置效率低下，而且恶化了一些地区的生态环境。

经济活动在一些地区过度集中。在京津冀、长三角、珠三角等经济密度较大地区的个别地方，出现了过度发展的迹象。人口和经济活动向这些地方的集中带来一系列环境和生态问题。

地区之间竞争秩序混乱。经济发达地区资源和环境压力逐步增大，有些地区成为资源高消耗地区和生态脆弱区。经济欠发达地区产业升级缓慢，高投入、高消耗和高排放的发展方式削弱了本来就脆弱的资源环境承载能力。

（四）劳动力、土地等要素成本快速上升

在劳动力供给总量过剩格局并未根本改变的情况下，结构性短缺矛盾日益突出。城市熟练技术工人供不应求，局部地区开始出现普通劳动力短缺现象，劳动力价格快速上涨。

中国传统的"人口红利"正逐步减弱。据国务院发展研究中心农村部2006年对分布在全国17个省的2 749个村（其中东部1 151个，中部759个，西部839个）的调查，有近一半农村劳动力从事非农产业，其中本地非农就业和外出打工各占一半。74.3%的村认为本村能够外出打工的青年劳动力都已经出去。

工业化、城市化和农村发展的土地供给都趋于紧张，土地成本不断上涨的趋势将长期维持。这些都迫切要求实现经济发展的集约化。

（五）人口老龄化超常加快

我国在人均GDP水平较低时，即迈入了老龄化的门槛。发达国家进入老龄化社会时，人均GDP大致为5 000—10 000美元；发展中国家进入老龄化社会时,人均 GDP 大约在 2 000 美元;而中国进入老龄化社会时,人均 GDP 只有 1 000 美元左右。

我国人口老龄化的发展速度超常。根据国外有关机构资料,65 岁以上老年人比重从 7% 升到 14% 所经历的时间,法国为 115 年,瑞典为 85 年,美国为 68 年,而中国估计只要 27 年。人口老龄化既会降低国民储蓄总水平,也会提高人口赡养负担,影响社会财富的发展。

中国这种"未富先老"的人口结构变动态势,对加快转变经济发展方式提出了紧迫要求。只有努力提高劳动生产率以及高附加值产业的比重,才有助于解决人口老龄化带来的诸多问题。

(六)关键领域改革不到位,粗放的经济发展容易反弹

政府职能转换迟缓,仍然过多干预资源配置,考核体系不科学,注意力往往因经济短期波动而转移。

资源和要素价格形成机制不完善,比价关系不合理,刺激了对资源的过度消耗。

财税体制不健全,不利于消除行政力量干预经济发展的利益动因,难以抑制地方和部门的低水平扩张冲动和非理性竞争。

土地管理体制改革滞后,土地市场发育不足,土地价格形成机制不合理,地方政府过度依赖土地转让收益及土地融资,导致土地征占过多,利用粗放,城市低效扩张。

技术创新和成果转化的激励机制不完善,企业尚未真正成为创新主体,自主创新能力不足。

五、世界视角的一些启示

(一)技术进步、结构升级、可持续发展对优化发展方式的作用日益重要

经济发展方式的转变和优化,表现为质量效率因素和制度政策因

素对经济发展的贡献超过数量扩张因素。

在发达国家和新兴工业化经济体,全要素生产率对经济发展的贡献率,明显高于增加资本和劳动等生产要素投入的贡献程度。据世界银行计算,1960—1987年间,一些发达国家全要素生产率对经济发展的贡献率分别为:美国50%,日本59%,英国和法国为78%,德国87%。

台湾地区和韩国经济增长的来源分析也很能说明问题。1955—1998年的44年间,台湾年均GDP增长8.39%,创造了经济增长奇迹。1970年代末之后,产业升级和技术进步因素在台湾经济增长中的贡献率逐渐提高(见表5)。韩国1960—1990年经济增长平均为8.6%,其中要素投入的贡献大大高于要素生产率提高的贡献,亦即经济增长主要靠要素投入来驱动;1990—1997年韩国经济增长速度平均为7.2%,要素生产率提高的贡献已经超过要素投入,经济增长主要依靠要素生产率的提高来驱动(见表6)。

表5 台湾地区经济增长中的要素贡献率变化(%)

	资本积累	劳动增长	广义技术进步
1961—1982	74.4	23.2	2.1
1983—1993	33.2	18.1	48.7

表6 韩国经济增长要素贡献(%)

	年均经济增长率	要素投入增加贡献	要素生产率提高贡献
1960—1990	8.6	86	14
1991—1997	7.2	44.7	55.3

与台湾地区和韩国同期相比,我国经济增长速度高于这两个经济体,但是根据国内一些学者计算,我国要素生产率提高对经济增长的贡献却低于它们。我国经济增长靠要素投入驱动的特征仍然比较明显,

这也是我国经济发展方式粗放的一个重要表现。

（二）优化发展方式促进了社会财富和福利水平的提高

发达国家和新兴工业化经济体的经济发展方式不断优化,明显提高了财富结余的真实价值和社会福利水平。而发展中国家产业结构不够合理,经济发展方式粗放,其财富结余的真实价值和社会福利水平要打较大的折扣(见图1)。

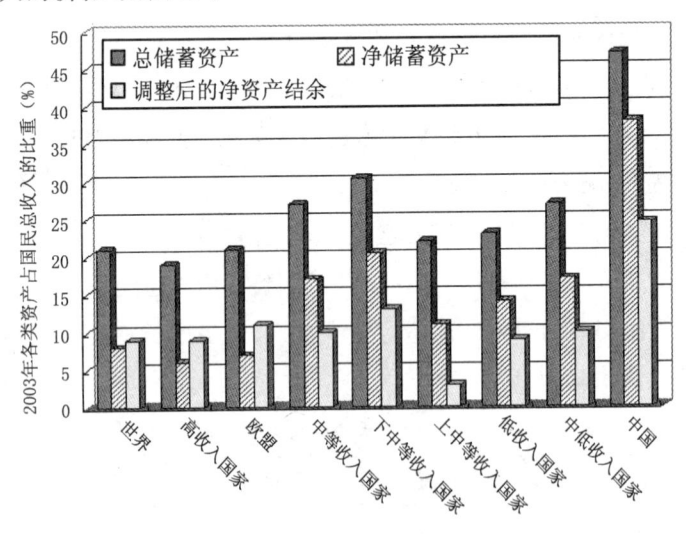

图1:各国真实资产结余水平

来源:世界银行。

六、加快转变经济发展方式的战略抉择

（一）加快转变发展方式的基本方向和主要途径

1. 以经济结构战略性调整为主攻方向。按照党的十七大报告提出的要求,实行三个转变:促进经济增长由主要依靠投资、出口拉动向依靠消费、投资、出口协调拉动转变;促进经济增长由主要依靠第二产业带动向依靠第一、第二、第三产业协同带动转变;促进经济增长由主要

依靠增加物质资源消耗向主要依靠科技进步、劳动者素质提高、管理创新转变。

2. 以技术创新为内在支撑,完善自主创新的激励政策。供需双管齐下,重在创造自主知识产权,遵循产业发展和技术经济规律。

3. 以节能减排为切入点,推进"资源节约和环境友好型社会"建设,落实"十二五"规划的主要约束性指标。

4. 以深化关键领域改革、发展开放型经济为根本动力,推动中长期制度创新,形成加快发展方式转变的体制保障。

5. 在年度经济工作中务求取得实效,避免因短期经济波动而转移注意力。

(二)协调推进关键改革,构筑加快发展方式转变的体制保障

1. 推进行政管理体制改革,进一步转变政府职能。加强社会管理和公共服务职责。建设法治型、责任型、服务型和诚信政府。改进经济调节方式,加强市场监管。减少行政审批和直接干预,建设社会信用体系,维护市场秩序。坚持依法行政和科学民主决策。加快建立健全新型的统计指标体系和考核评价体系,促进树立正确的政绩观。

政府转型面临新的课题,即政府"闲不住的手"(意指"看得见的手"干预不当、干预过多)应当在哪儿闲不住?我认为应当实行以下转变:由市场上的运动员转为裁判员、监管者和设计师;由注重一般经济建设转向注重社会领域和生态文明建设,由注重缩小经济差距转向注重公共服务差距,促进基本公共服务均等化;由注重账面财富积累转向注重真实福利水平提高;由注重物质资本投入转向优先投资于人的发展,主要包括基础教育、公共卫生、社会保障等。

提供公共服务也要善于利用市场这只"看不见的手"。公共服务供给者要尽可能社会化、专业化、多样化;公共服务标准和进入资格应当

明晰化;以经济方法促进公共服务供给者降低成本、提高效率;基本公共服务的主要责任在中央政府,但依然可以引入竞争机制,也要完善地方政府间的补偿机制;最终应当使大多数人应有的公共服务得到改善。

2.深化财税体制改革。完善财政政策和税收体系,改革资源环境税和流转税,支持技术进步、结构调整和可持续发展。健全公共财政体系和转移支付制度,提高公共服务均等化水平,增强区域政策整合能力。合理划分中央和地方的事权、财力,形成规范的收入来源,满足正常的公共开支需要。

3.深化土地管理体制改革。制定国土整治规划和跨行政区划的、按主体功能划分的区域发展规划;严格保护耕地;完善地价形成机制;健全土地税收制度和收益分配制度,合理调整土地收益分配格局;保障农民土地合法权益,探索农村集体土地使用权有偿流转机制。

4.改革资源价格形成机制。要使资源价格能够反映资源稀缺性、市场供求关系和环境污染成本;推进垄断行业改革,引进竞争,对自然垄断业务加强监管,促使其改善服务、降低成本,而不能一味提价;实行资源有偿使用制度,并对非经营性利润征收暴利税或特别收益金。

5.完善配套政策。主要包括:完善功能引导性产业政策,以市场为基础,强化社会性规制,走新型工业化道路;制定在经济、社会、环境三方面可持续的贸易发展战略,转变粗放型外贸增长方式;完善有利于扩大消费和引导健康消费的政策;完善有利于全民共享发展成果的分配政策。

(本文根据2010年3月、6月在中国浦东干部学院的讲课提纲整理)

12. 中国"十二五"期间的经济发展和转型

一、中国经济发展和转型：主要脉络、目标和任务

（一）以科学发展为主题

"十二五"规划建议和纲要中明确提出：以科学发展为主题，以加快转变经济发展方式为主线，并且强调，以科学发展为主题是"十二五"规划最鲜明的特征。每一个五年规划都会有一个主题主线（尽管有时并没有明确写出主题和主线这两个字眼）。例如，1996年的"九五"计划提出两个根本性的转变，即经济体制要由计划经济转变为社会主义市场经济，经济增长方式由粗放式转变为集约型；"十五"规划中则明确概括了主题和主线：以经济发展为主题，以经济结构的战略性调整为主线；"十一五"规划中也有一条鲜明的红线贯穿其中，这就是发展转轨，把经济和社会各个方面的发展切实转到科学发展的轨道上来。

温总理对"十二五"规划建议进行了说明，坚持科学发展为主题，可从四个方面来理解：第一，坚持以经济建设为中心，紧紧扭住发展不放松；第二，牢牢把握重要战略机遇期；第三，更加注重以人为本；第四，更加注重全面协调可持续。关于第一点我认为需要强调一下，以便深化认识。

自中国共产党2003年提出科学发展观以来，社会上、学术界不断有人提出，党的工作中心应该由经济建设转到社会建设上来，因为经济社会发展所出现的偏差就是以GDP论英雄，追逐经济规模、经济速度。这种理解是不准确的，至少是模糊的。坚持经济建设为中心，是针对新中国成立到十年动乱这三十年间，以阶级斗争为纲而言的，全党工作中心转到经济建设上来，是一次具有决定意义的伟大转折，是不能动

摇的。"十二五"规划的顶层设计必须以此为依据。

坚持以经济建设为中心,并不是工作布局层次上的"中心",更不是忽视社会领域的建设。中国特色社会主义的总体布局最初概括为经济建设、政治建设、社会建设、文化建设。后来在十七大报告中对全面小康社会提出了五点新要求,第五点就是构建生态文明,也就是生态建设。此外,再加上新时期党的建设,总共包括六大建设。这六大建设是协调推进的,不宜简单地说在工作层面上以某一领域的建设为中心,这样才符合全面、协调、可持续的科学发展观。

紧紧扭住发展不放松,既不是一味追求速度,也不是人为地把发展停下来,而是要在发展中促转型,在转型中谋发展。这也是针对一些地方领导特别是中西部领导,对调结构、转方式的疑虑而言的。转变经济发展方式是涉及全社会各个领域的一场深刻变革,目的是为了提高经济发展的全面性、协调性、可持续性。需要调动中央和地方两个积极性共同去推动结构调整、经济转型和改革,以加快发展和改革的办法解决前进中的问题。"只有科学发展才是硬道理",这就比"十五"规划提出的"以发展为主题"进了一步。

(二)以加快转变经济发展方式为主线:经济转型的五条脉络

经济增长方式研究的主要问题是:投入要素的成本和产出的比较、经济增长的速度、规模、结构、动力等。而经济发展方式研究的问题除了这些以外,还包括经济增长成果的分配是否公平公正、经济发展的结构是否平衡、经济社会自然的关系是否协调等。根据多年来的实践,"十二五"规划明确了未来5年经济转型的主要脉络:

1. 坚持把经济结构战略性调整作为主攻方向

经济结构调整包括的内容很多,主要应当抓住需求结构、产业结构和要素投入结构三个方面的调整:经济增长由过去主要依靠投资和出口拉动转向消费、投资和出口协调拉动;由主要依靠第二产业拉动转向

一、二、三次产业协同拉动;由主要依靠物质资源投入转向主要依靠技术进步、管理创新和劳动者素质提高。

2.坚持把科技进步和创新作为重要支撑

坚持把科技进步和创新作为经济转型的重要支撑,也是跟企业直接相关的。科技进步和创新如何为经济建设服务,是过去长期解决不好的"两张皮"。中国的科技进步体制和技术创新激励机制不尽完善,要想经济转型,就一定要构造出技术进步的合理机制。全球范围正在发生以绿色、智能、可持续为特征,以现代信息技术和新能源为主导的新一轮技术革命和产业革命,我们面临着巨大机遇和挑战。

中国的七大战略新兴产业在"十二五"规划中已经确立,第一位现代信息技术,第二位节能减排。战略新兴产业要为节能减排做出贡献。抓住科技进步和产业突破的历史机遇,推动创新,我们应当有所作为。

3.坚持把保障和改善民生作为根本出发点和落脚点

这是对经济发展方式转型的新的概括。要使发展成果的分配更加公正公平,更加普遍地惠及中国城乡的普通老百姓,到2020年实现全面小康。现在的小康,还是不全面、不平衡、低水平的小康。当2000年中国进入初步小康社会时,人均GDP仅为900美元,有1/4的城乡居民、尤其是中西部偏远农村地区的人没有达到小康标准。今后衡量经济发展方式转变成效的标准,根本上应当是民生得到保障和改善的程度。

"十二五"规划中提出很多的原则和新的举措,例如居民收入增长和经济增长同步、劳动报酬增长和劳动生产率增长同步的"两个同步"原则,还包括政府公共服务的加强、收入分配结构的调整等,要使经济发展和城乡人民获得实惠的步伐相协调,发展成果的分配要和财富的创造相协调。

2006年中国的城乡差距是3.28∶1,由于2010年农村的收入增长快于城市,当年城乡收入差距缩小为 3.23∶1,比"十一五"期初下降。但是公众对此了解得并不多,因为宣传更多的是 2007 年、2008 年、2009 年三年的城乡收入比例高达 3.3∶1。此外,近几年中国的劳动报酬在 GDP 中所占的比例上升了 4 个百分点,这种好的态势值得巩固和发展,因为这个比例还是偏低的。

邓小平所讲的衡量我们工作成败得失的"三个有利于"标准中,有利于人民生活水平提高才是最为根本的。衡量地方经济发展方式、增长方式转变的成效大小,不应仅仅看当地 GDP 或人均 GDP 的排位,而是更要看人民生活水平是否切实提高。

4. 坚持把建设资源节约型和环境友好型社会作为重要着力点

把建设"两型"社会作为经济转型的重要着力点,主要包括发展循环经济、绿色经济、低碳技术,继续推进节能减排,树立低碳发展意识,形成可持续发展的长效机制,这些最终都要落实到重点行业、重点企业、重点地区。2010 年,为落实"十一五"期间单位 GDP 能耗下降的目标,实施了主要领导和有关领导责任制,这无疑体现了政府的负责精神。但也存在一定的问题,比如当时用行政手段拉闸限电,社会上担心电耗会反弹,2011 年果真出现了电荒、油荒的现象。这说明经济发展方式转型还没有一套科学完备的促进机制,今后需要下大力气解决。

5. 坚持把改革开放作为强大动力

中国提出经济转型的目标和理念已经十多年了,为什么公众总是不满意?应该说,问题确实很多,有的非常严重;此外,也可能是对所取得的进展宣传不够。比如城乡收入差距有所缩小,劳动者报酬在 GDP 中占比增加等,国内外对此了解都甚少。再有,我国单位 GDP 消耗的标准煤下降到世界平均水平,单位 GDP 碳排放的密度和主要污染物的密度达到了世界中等收入国家的控制水平,而做到这些的时候我国人均 GDP 仍属于中等偏下行列。如果我们及时把这些进展如实公之于众,既可以增强推动经济转型的信心,也有利于我国在国际上赢得主动。2010年我国在国际应对气候变化的坎昆会议上得到较为积极的评价,就是一个明证。

我认为,加快经济发展方式转变有三个最根本的体制要改:第一,财税体制。第二,政绩考核体系。第三,资源价格体系。现存的价格机制存在不合理之处,资源价格信号是扭曲的,应把价格的形成放给市场。当然一些战略性资源价格,由于涉及国家安全和民生,不能轻易放,应有一套合理的调整机制。通过资源价格改革,形成准确灵敏的市场信号,构造结构调整的市场基础、企业主体地位、市场导向机制。这三个体制不改,经济发展方式的转变就是纸上谈兵。此外,还要继续扩大对外开放,用开放所形成的倒逼机制,来促改革、促转型、促发展。

(三)"十二五"期间的主要目标和任务

1.目标突出"两个衔接"、环境约束、民生改善

"十二五"规划提出了五个方面的主要目标:经济保持平稳较快增长;经济结构战略性调整取得重大进展;城乡居民收入普遍较快增加;社会建设明显加强;改革开放不断深化。具体指标26项,其中包括12项约束性指标,比"十一五"规划多了4项,主要体现在环境约束和民生改善两个方面,涉及资源环境的约束性指标有8项,涉及民生改善的约束性指标有4项。

"十二五"期间的目标有三个突出:第一,突出"两个衔接";第二,突出环境约束;第三,突出民生改善。

关于"两个衔接"。第一个衔接是与应对国际金融危机的重大部署相衔接。虽然全球经济最困难的时候已经过去,但当前欧美的复苏过程比较曲折,对国际金融危机再次反复的担忧增加,全球经济增长的不确定和不稳定因素值得高度关注。对整个"十二五"期间国际形势的判断,宁可立足于有新的危机出现,以使自身的工作和政策储备更加主

动。第二个衔接是与全面建成小康社会的战略目标相衔接。到2020年要全面建成小康社会,党的十六大报告中提到一些定性的要求:生产更加发展,生活更加富裕,社会更加进步,政治更加文明,生态更加良好,基本实现工业化,城市化水平显著提高,等等。根据我们课题组的测算,届时,劳动人口中农业人口所占的比重将大幅下降;城市化率可望达到55%—60%;人均GDP达到7 000美元以上(按照2008年不变美元计算)。经过"十二五"期间的奋斗,再有5年就到2020年,我们要为"十三五"期间打好更为坚实的基础。

关于经济结构调整和环境约束。未来5年居民消费率应当上升,虽然并没有提出定量的预期指标,但这是一个明确的方向;服务业比重提高,预期指标是要由目前的43%上升到47%;城镇化水平提高,预期要由现在的47.5%提高到51.5%;城乡区域发展的协调性增强;经济增长的科技含量提高,预期单位GDP的研发费用比重由原来的1.8%提升到2.2%。关于资源环境方面的约束性指标主要有:单位GDP能源消耗下降17%,非化石能源比重上升达到11.4%;单位GDP的二氧化碳排放降低16%;主要污染物排放总量显著减少;生态环境质量明显改善,耕地面积保持稳定,森林面积和覆盖率增长,等等。

关于民生改善。"十二五"期间努力实现居民收入增长和经济发展同步,具体预期目标是经济增长7%,城乡居民实际收入增长大于7%,让老百姓尽可能多地分享发展的成果;全国三十多个省、市、自治区大体上按这个原则制定了本地的规划目标。关于劳动报酬增长和劳动生产率提高同步,国家的规划没有提具体指标,但它是一个不可忽视的原则。未来5年,低收入者收入将明显增加,城镇最低工资年均增长13%,最低生活保障标准年均最低增长10%,与物价挂钩;中等收入群体持续扩大;贫困人口显著减少;人民生活质量和水平不断提高。涉及民生改善的约束性指标主要是:建设3 600万套保障性住房,覆盖20%

城镇低收入群体;城镇参加基本养老保险的人数扩大1亿,等等。

2."十二五"规划的主要任务

第一,坚持扩大内需战略,保持经济平稳较快发展。扩内需、促消费不是靠政府的积极性,而是要靠经济杠杆合理化和经济参数市场化,确立企业主体地位,完善市场导向机制和消费环境。此外,扩大内需包括投资合理增长和调整结构。投资结构调整不是有政府部门去审批每一个微观经济指标,比如成本收益、规模经济,而是要突出用地、环保、安全、质量、能耗这些涉及社会公益性的指标,来规范、引导地方政府和企业的投资行为。

第二,推进农业现代化,加快新农村建设。

第三,发展现代产业体系,提高产业核心竞争力。包括改造传统产业,发展战略性新兴产业和服务业。战略性新兴产业中的第一位是现代信息产业,应把它与传统产业结合起来,战略性新兴产业中的第二位是有利于节能减排的产业,它是改造中国传统产业的一个重要依托。作为世界制造中心的中国,应用现代信息技术和节能减排技术改造传统产业是前途无量的。中国制造,从某种意义上讲是中国组装。因为我国的一般贸易出口占一半,加工贸易出口占另一半,且加工贸易主要都是低端的组装。所以发展现代产业体系,重要的是怎样把中国现有的雄厚的制造基础及其产业配套体系提升到国际分工的中端、高端,真正成为中国制造,而不是中国组装。

第四,促进区域协调发展,积极稳妥推进城镇化。"十二五"期间中国城镇化的思路是强调城市群和大中小城市合理的体系,而不是片面强调发展小城镇。在国际上,城市规划者有个共识,就是通过技术手段解决"大城市病"是有极限的,因此要有一个分流需求的思路,主要是发展中等城市和小城市。现在我国区域发展有一种跨行政区划的新趋势,比如广西泛北部湾地区、长株潭、成渝、武汉城市圈、中原经济区、关中—天水经济区、环渤海经济区等。这里起指导作用的是国土空间规划的新理念。不同地区主体功能的划分和定位，主要依据资源环境承载能力、现有开发深度和未来发展潜力。当然这是动态的、相对稳定的，比如说技术革命、要素流动，可能使原有的资源环境承载能力得到提升，在现有的开发基础上又有可能扩大发展空间。

第五，加快资源节约型、环境友好型社会建设，提高生态文明水平。

第六，深入实施科教兴国和人才强国战略，加快建设创新型国家。

第七，着力保障和改善民生，建立健全基本公共服务体系。

第八，推动文化大发展大繁荣，提升国家文化软实力。过去仅仅把文化当作事业来发展，现在认识到它既是事业，又是产业，要提升文化产业在 GDP 当中的比重。那么文化产业应该如何发展呢？它有自己特有的规律，例如具有超脱物质基础和经济发展水平的相对独立性，因此要尊重它的这些规律。

第九，完善社会主义市场经济体制。以更大的勇气和决心全面推进各项改革，主要包括坚持和完善基本经济制度，改革行政体制、财政体制、金融体制、资源价格、社会事业体制。

第十，实施互利共赢的开放战略，进一步提高对外开放水平。近年来，西方批评中国过于依赖外需出口，而美国则过于依赖消费。西方有一个典型的论调：中国、美国是这一轮世界经济再平衡的最主要的两个大国。中国内需不足，尤其是消费不足，且产能过剩，于是向世界倾销。美国则是依赖中国廉价的消费品，且偏好不储蓄和过度消费，美国没有钱进行投资，于是就通过中国买美国国债，维持美国这种失衡的经济。因此，美国要鼓励老百姓多存钱，减少过度消费。中国应鼓励老百姓多消费，减少储蓄和出口，整个世界经济就会实现再平衡了。

中国没有过于依赖外需，在投资、消费和内需中，内需其实占非常重要的地位，而出口的贡献非常小。问题在于，中国处于国际分工的低端,外贸出口过于粗放,过于依赖加工贸易,能耗和排放非常高,且都留在国内,赚少许的加工费。全世界的外贸货运量中国占比25%,但是货值量仅占5%。我们既要积极扩大内需特别是消费,也要稳定和拓展外需,加快转变粗放的出口增长方式,这是转变经济发展方式的主要组成部分。

二、中国经济转型与增长前景预测

根据国务院发展研究中心课题组的研究,到2030年我国经济发展的前景可以分三种主要情景进行展望[①]。

（一）基准情景

基准情景是以现有发展特征、发展方式为基础,考虑人口、产业结构和技术等最有可能的变化而推导出的可能趋势。在基准情景下,预计"十二五"期间经济增速为7.9%左右,2016—2020年7%左右。2015年以后适龄劳动人口会停止增长并逐步下降,老龄人口会增加,当年的储蓄会减少,而消费会相应上升。消费增加当然是好事,但是储蓄的减少会影响投资,资本对经济增长的贡献会随之下降。通过以上分析,经济增长三大动力资本、劳动力和效率改进中,资本和劳动力两个要素的贡献都会逐步下降。那么中国未来的经济增长靠什么？答案是越来越靠效率的提升。

如图1所示,最近20年来,我国经济增长主要靠劳动力和投资拉动,生产率的贡献相对较小。而劳动力的贡献越来越小,资本的贡献一度提升,但逐步也在下降,生产效率的提升是我国经济增长方式转变的正确举措。发达国家最好的情况是生产率贡献高达80%以上。

---

① 本部分的预测结果主要参考了李善同、刘云中等：《2030年的中国经济》,经济科学出版社2011年版。

图 1 促进中国经济增长的供方因素

资料来源：经济合作与发展组织（OECD）估计数据。

表1 2008—2030年经济增长率及其源泉（基准情景）

	2008—2010	2011—2015	2016—2020	2021—2025	2026—2030
GDP 增长率（%）	8.7	7.9	7.0	6.6	5.9
增长源泉（百分点）					
劳动力增长贡献	0.2	0.2	0	0	-0.1
资本增长贡献	7.6	5.7	5.0	4.7	4.0
全要素生产率增长贡献	0.9	2.0	2.0	1.9	2.0

数据来源：李善同、刘云中等：《2030年的中国经济》，经济科学出版社2011年版。

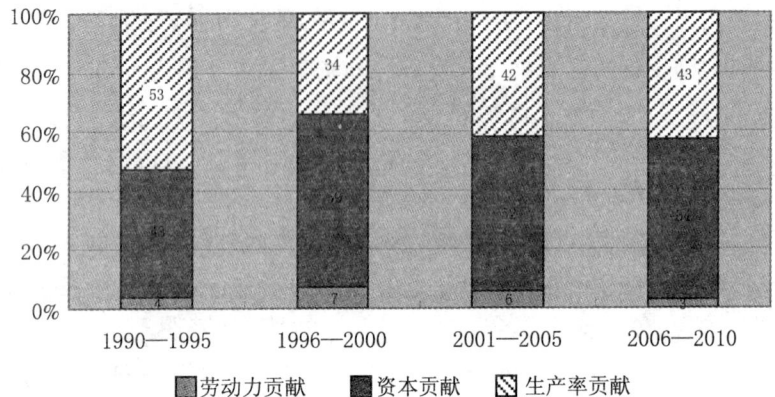

如表1所示，"十二五"以后，我国经济增长中劳动力的贡献将会降为0，甚至为负，资本的贡献也逐渐下降。因为老龄人口的增多导致储蓄率下降，资本的贡献也会随之逐步下降。"十二五"期间如果要保持8%左右的经济增长速度，全要素生产率的贡献就要由现在的1个百分点左右提升到2个百分点。此后随着资本和劳动力的贡献逐步减少，而效率改进的贡献保持稳定，我国经济增长速度势必逐步放慢。

1.基准情景下经济总量和人均水平

到2015年，按2008年价格计算，中国经济总量将达到7.46万亿美元,人均 GDP 为 5 371 美元,2020 年超过 7 000 美元(全面小康),2030 年为 1.23 万美元(跨过现在的高收入国家门槛)。2007 年,美国和日本的 GDP 分别为 13.75 万亿美元和 4.38 万亿美元,人均 GDP 在 4 万美元左右。

2. 基准情景下居民收入和消费增长

到 2015 年,城市人均收入将达到 3.35 万元,农村人均纯收入将达到 7 200 多元,城乡收入差距仍将继续扩大。预计居民消费率由 2008 年的 35.3%提高到 40%以上,主要依据是收入分配政策调整和老龄化趋势有助于居民消费率上升。

3. 基准情景下的产业结构变化

制造业内部高能耗产业和低能耗产业的比重将长期基本稳定,2010、2015、2020 年大体维持在 44.2∶55.8。第三产业比重提升会较慢,再过 10 年才能与第二产业持平。预测一、二、三次产业构成的变化是:2010 年为 10.4∶48.8∶40.8;2015 年为 7.8∶47.3∶44.9;2020 年为 5.7∶47.1∶47.2。这种变化趋势并不合意,主要是第三产业发展太慢,落后于我国经济发展水平。中国现在人均 GDP 已达 4 300 美元,而国际经验显示,人均 GDP 在 3 000—7 000 美元这个区段是第三产业的快速发展期,中国第三产业发展的供需条件已经明显改善,因此没有理由不加快发展。

4. 基准情景下能耗和碳排放

2015 年单位 GDP 能源消费将从 2005 年的 1.23 吨标煤/万元降低到 0.95 吨,但能源消费总量仍将从 2010 年的 30.2 亿吨增加到 2015 年的 41.25 亿吨。"十二五"期间,能源消费总量约增长 36.6%。2005 年至 2020 年,单位 GDP 碳排放将从 3.07 吨/万元下降到 2.01 吨/万元,下降 34.5%,与我国在国际上的主动承诺(亦即下降 40%—45%)有较大差距。

(二)发展方式转变较快情景

这种情景假设关键领域改革快速协调推进,市场配置资源的基础性作用得到充分发挥,效率改进的贡献增加,经济结构战略性调整力度加大,经济发展方式转变取得重要进展。而且国际环境不发生重大变化。在这种情景中,经济发展的速度较快,质量和效益较好,协调性和可持续性增强,人民得到的实惠更多。

表2 2008—2030年经济增长率及其源泉(发展方式转变较快情景)

	2008—2010	2011—2015	2016—2020	2021—2025	2026—2030
GDP增长率(%)	8.7	8.4	7.2	6.6	5.8
增长源泉(百分点)					
劳动力增长贡献	0.2	0.2	0	0	-0.1
资本增长贡献	7.6	5.5	4.5	4.1	3.3
全要素生产率增长贡献	0.9	2.7	2.7	2.6	2.6

数据来源:李善同、刘云中等:《2030年的中国经济》,经济科学出版社2011年版。

从表2可以看出,劳动力和资本的贡献将持续下滑,但经济增长速度仍高于基准情景。关键在于全要素生产率提高幅度较大,对经济增长贡献为2.7个百分点左右,比基准情景高出0.7个百分点。

1. 发展方式转变较快情景下的经济增长预测

在这种情景下,预计"十二五"期间增长速度可达8.4%,经济总量和人均GDP都比基准情景高。全要素生产率的贡献高于基准情景,综合反映了技术创新、生产效率、能源资源利用效率和人力资本的提升等各种因素的贡献加大。

2. 发展方式转变较快情景下的居民收入和消费增长

在这种情景下,由于收入分配政策改进力度较大,因此农村收入水平提高快于城市,城乡收入差距逐步缩小,显著低于基准情景。居民消费增长更快,对经济增长的拉动作用更大。2015年居民消费率上升到45%左右,高于基准情景5个百分点。

3.发展方式转变较快情景下的产业结构变化

高能耗产业比重将逐步下降,尽管下降的幅度不大,低能耗产业比重相应上升,二者之比 2010 年为 44.2∶55.8,2015 年为 44∶56,2020 年达到 43.6∶56.4。第三产业比重会较快提升,到"十二五"期末即可超过第二产业,预计一、二、三次产业构成的变化是:2010 年为 10.4∶48.8∶40.8;2015 年为 8.2∶45.0∶46.8,这里预测的第三产业比重和"十二五"规划提出的 47% 的预期目标几乎是一样的;预计到 2020 年三次产业构成将为 6.1∶43.1∶50.8,第三产业比重将明显超过第二产业,这个预测结果比较符合产业结构变化规律和我国经济发展趋势。

4.发展方式转变较快情景下的能耗和碳排放

"十二五"期末,预计能源消费总量为 35.5 亿吨标准煤,比基准情景减少 5.7 亿吨。2015 年碳排放强度将由 2010 年的 2.44 吨/万元 GDP 下降到 1.80 吨,到 2020 年排放强度将降低到 1.36 吨/万元 GDP,比 2005 年下降 55.7%,下降幅度将明显高出我国的国际承诺,大约高出 10—15 个百分点。到那时,我国在国际上再争取自己的发展权益和空间,就有了更多的话语权,也可以站在道德的制高点上。

(三)风险情景和预测结果

风险情景的主要设定是:城市化放慢,国际环境恶化,改革和技术创新乏力,效率改进的贡献减弱。

预测结果为:由于投资率和全要素生产率下降,经济增长放慢,慢于基准情景。产业结构调整缓慢甚至恶化,第三产业增长慢于基准情景,制造业中高能耗产业比重上升,低能耗产业比重下降。城乡居民收入差距拉大,居民消费增长慢于基准情景,经济增长的协调性较差。尽管经济增速放慢,但由于能源利用效率较低,能源消费总量增长却较快,能耗和碳排放的强度都显著高于发展方式转变较快的情景。我们千万要避免这样的结局。

三、积极扩大内需,稳定和拓展外需

(一)正确认识中国内需与外需的关系

中国经济高速增长主要是靠投资和消费两大内需拉动,出口从来不占主导地位。如表3、表4所示。

表3 消费、投资和净出口对中国经济增长的拉动(百分点)

	2001	2002	2003	2004	2005	2006	2007	2008	2009
最终消费	4.1	4	3.5	3.9	4	4.2	4.4	4.1	4.6
资本形成	4.2	4.4	6.4	5.6	3.9	4.3	4.3	4.1	8
净出口		0.7	0.1	0.6	2.5	2.2	2.7	0.8	-3.9

数据来源:国家统计局。

中国出口不仅拉动投资,也拉动消费。中国出口依存度高有复杂原因。出口额不是增加值,前者存在重复计算,导致出口依存度高估,我们测算约高估50%—60%,美国学者估计约高估35%—50%。此外还有国际产业分工、比较优势、发展阶段、海外投资少等因素影响。据国务院发展研究中心外经部的研究,2006年我国综合对外开放度在最不开放经济体中列前5位。中国出口价值占世界比重低,加工贸易对拉动国外GDP的贡献远远大于国内。据我们课题组计算,我国1元加工贸易增加值拉动国内GDP仅为0.3元,而拉动国外GDP高达0.7元,加工贸易的大部分增加值是在国外实现的。实证分析表明,中国制造实为世界制造。世界经济失衡根本原因在于南北发展不平衡,而不是中国出口太多,更不是人民币估值过低。

为避免净出口的概念容易低估外需对经济增长的拉动,我们用可反映部门联系的投入产出法来测算一段时间出口贡献的平均值,结果为:2000—2008年,我国经济年均增长10.1%,其中消费、投资和出口分别贡献3.4、4.3和2.4个百分点。出口或外需对我国经济增长的拉动仍然分别小于消费和投资,更远远小于两大内需之和。详见表4。

表4 消费、投资和出口对中国经济增长的拉动(百分点)

	2001	2002	2003	2004	2005	2006	2007	2008	2009
最终消费	3.9	2.8	1.1	1.6	3.1	3.6	5.4	4.4	
资本形成	3.9	4.1	5.5	4.9	3.9	4.4	5	5.4	
出口	0.5	2.2	3.3	3.6	3.4	3.6	2.6	-0.2	-2.8

数据来源:国务院发展研究中心宏观部用投入产出法计算。

图2是亚洲经济数据库和经济合作与发展组织计算的消费、投资和净出口对中国经济增长的贡献,也表明中国经济增长主要是由投资和消费两大内需拉动的,出口的贡献逐步缩小,最近几年来尤其如此。

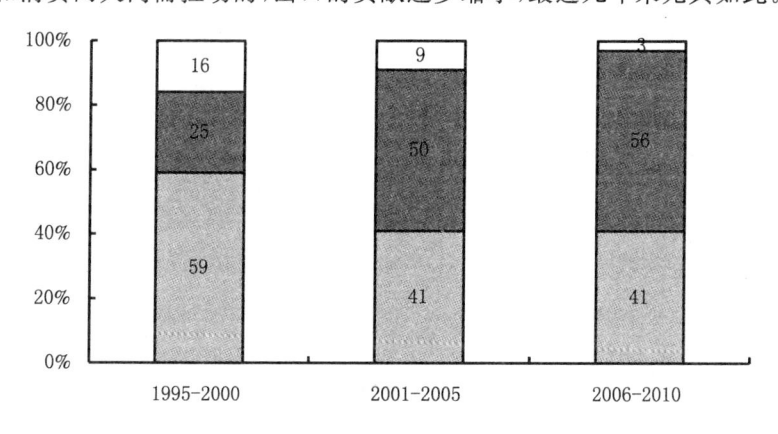

图2 不同需求因素对中国经济增长的贡献

资料来源:亚洲经济数据库和经济合作与发展组织计算数据。
注:消费包含公共和私人支出。

(二)中国内外需比例变化符合全球化趋势

根据世界银行的数据,中国的内外需比例与许多国家的发展趋势相当类似,主要原因是经济全球化导致各国内需比例下降,外需比例上升,如表6所示。

表 6　部分国家内需占总需求比例的变化趋势(%)

	1965	1970	1975	1980	1985	1990	1995	2000	2005	2006	2007	2008
中国		97	96	90	91	84	82	81	72	71	69	73
印度尼西亚	95	88	80	72	82	79	79	69	74	76	77	77
韩国	93	89	80	77	75	78	78	72	71	71	70	66
芬兰	85	81	83	76	78	82	72	67	69	68	68	—
德国	—	86	85	84	80	80	81	75	70	68	67	—
俄罗斯	—	—	—	—	—	85	77	64	71	72	75	—
埃及	86	88	86	79	85	85	82	87	77	77	78	74
伊朗	86	84	68	88	92	88	81	81	73	74	74	73
加拿大	84	81	82	78	78	79	72	67	72	73	—	—

数据来源：世界银行。

表面上看，世界上只有美国、印度、日本、巴西等几个大国的内需比例高达80%以上或90%左右。如果剔除对我国出口的重复计算和高估部分，我国外需比例将下降，内需比例与这些大国的差距会缩小，甚至不相上下。

(三)加紧培育竞争新优势

中国出口强劲主要是由于制造业具有国际竞争优势，而不是由于国内消费不足，必然依赖出口转移过剩产能。中国的产能过剩既有发展方式粗放的原因，也有经济波动周期和国际产业分工的客观影响。外需不可能被内需完全替代，中国不可自废武功。符合中国国情和国家利益的战略应当是积极扩大内需，稳定和拓展外需，两者不可偏废。

也要清醒看到，粗放的出口增长模式代价很高，传统低成本优势正在弱化，必须加快转型升级，努力提升出口增加值率，形成新的比较优势和竞争优势。

(四)多管齐下缓解"双顺差"

中国的国际收支出现经常项目和资本项目"双顺差"，既有积极合理的一面,也带来新的难题。我们并不刻意追求贸易顺差,但确实也应当努力转变顺差过大的失衡状况,以缓解通货膨胀和人民币升值的内在经济压力。

不能简单靠压缩出口解决顺差过大的难题,而应多管齐下,通过外资政策、外贸政策、汇率政策、资源价格和税费改革、强调企业社会责任等综合措施,促进出口增长方式升级;通过推行"走出去、引进来"战略,改善国际收支状况。

(原载《高级经理培训研究》2011年第3期)

13. "十二五"期间我国产业结构调整及政策取向

国际金融危机爆发以来,世界经济环境发生很大变化,国际经济格局正在深刻调整,出现许多新的动向,例如美国、法国和日本等发达国家提出重振制造业的发展战略,世界范围孕育着新一轮技术革命和产业革命。近些年由于我国沿海地区劳动力成本上升,有一些外资制造业迁移到中国的周边国家和地区,特别是越南、老挝、柬埔寨这样的低成本国家。最近富士康员工跳楼事件出来以后,又有相当多的人在议论,说要把低成本的制造业从中国大陆移到东南亚,因为预计中国会出现新一波劳动力成本的上升。这些变化给我国的产业结构调整带来了新的机遇和挑战。

现在跨国公司也有一个新动向,就是把高端制造业和现代服务业加速向中国转移。根据国务院发展研究中心对外经济研究部对近500家在华外国企业的问卷调查,它们大多数的选择是继续向中国大陆投资,但主要不是转移低端的制造业,而是转移区域研发中心和高端制造业,还有为此服务的现代服务业。这个结果应该说有相当大的代表性。它们在选择对华投资战略的时候,第一位看重的仍然是中国巨大的国内市场,这是它们最大的理由。第二位是中国的规模经济优势。这主要是指巨大的国内市场可以使技术创新和新产品迅速推广,转为大批量生产并推动成本降低。即使劳动力成本在提高,但仍然可以通过其他途径来消化,也就是通过开发巨大的市场潜力,使生产达到规模经济水平,从而总体上把成本保持在较低的水平。第三位是中国的产业配套体系相当完整。零部件配套能力、成套设备制造能力、基础设施和生产性服务业都有很好的基础,并在不断完善。从供应链分工的角度看,中国仍然有很强的国际竞争力，跨国公司觉得中国还是继续投资和产业转移的重要地点。

我认为，跨国公司投资战略有三个趋势是需要我们注意的，可以叫做市场本土化、研发本土化、制造本土化。过去它们向中国投资和转移产业，是把中国作为桥头堡，向世界市场进军，现在实行中国市场本土化战略，就是要占领中国市场。所谓研发本土化，是指它们调整自己的国际市场开发战略，把区域研发中心移到中国来，不是为了满足世界市场需求去研发，而是为了打开中国市场而设立本土化研发中心，研发的产品是中国市场需要的。比如说他们知道中国人喜欢车子长一点，就加长小轿车的轴距，这样来适应中国人的消费观。所谓制造本土化，是指它们不再为了主打中国以外的市场去生产，而是使生产制造环节面向本地市场需求，与研发本土化、市场本土化形成一个整体。这是非常重要的动向。我希望我们的企业家和政府要注意这个动向，积极思考怎么样培养我们本土的竞争优势。跨国公司实行本土化战略，我们本土的企业和政府怎么办？对于中国的产业结构调整，特别是中西部省份包括安徽要承接产业转移，会面临哪些新的机遇和挑战，希望大家从我报告的第一手调研成果中，得到有益的启示。

"十二五"期间我国的产业结构调整应该有什么思路和目标？根据国务院发展研究中心课题组的研究，我国产业结构调整的思路和主要目标大体上可以按两个阶段来考虑：

第一个阶段从现在起到"十二五"期末，产业结构调整可以包括以下目标：从各个产业关系看，一是我国第三产业和第二产业的比重应当大体持平。现在我们三次产业比重的排序是"二、三、一"，即第二产业比重最大，其次是第三产业，第三位是第一产业，这是增加值比重。如果按照劳动力就业比重，我们三次产业的排序是"一、三、二"，即第一产业就业比重最大，这样衡量的话我们中国还不是一个真正的工业化国家,而是一个农业工业国,第二产业的劳动生产率比较高。我们的产业结构如果不转换成现代工业化国家的"三、二、一"的排序,中国永远完成不了工业化。因此,到2015年,我们确实应当努力争取达到三产和二产比重大体持平,略有超过更好。二是预计届时现代服务业和先进制造业的比重也要上升,战略性新兴产业要初具规模。从综合角度看,我国区域产业布局要有序合理重组,全要素生产率贡献要上升,能源利用率要明显提高。这些预期目标可以看作未来5年产业结构调整主要思路的具体化。

第二个阶段是2015年到2020年,我们预期第三产业比重将明显超过第二产业,三次产业比重变成"三、二、一"的排序,现代服务业和先进制造业要占主导地位,战略性新兴产业竞争力增强,区域产业布局合理化,能源消耗密度和二氧化碳排放密度明显下降。我们国家在国际上已经作出主动承诺,到2020年单位GDP碳排放(即碳排放密度)比2005年下降40%到45%。这对我国加快转变经济发展方式提出了新要求,对我们产业结构调整的主要目标也是一个重要的约束条件,需要作出坚持不懈的、甚至是艰苦的努力,才能达到比较理想的效果。

什么是合理的产业结构?根据我国的实践经验和教训,我给大家概括这么五点:第一,符合专业化和市场化的产业发展规律;第二,能够充分发挥要素禀赋优势和比较优势;第三,适应发展阶段的变化;第四,具有国际竞争力;第五,能够促进资源节约和环境友好。我认为这五个方面对衡量什么是合理的产业结构可能具有一定的针对性和代表性,既可表明经济规律的客观要求,也反映了时代变化所引起的认识升华。根据我们中心课题组的定量预测,到2015年,我国一二三产业的比重大约会是8%、45%、47%,三产比重略大于二产;到2020年一二三产的比重可能分别为6%、43%、51%。从服务业内部比重看,到2015年生产性服务业可能达到45%左右,生活性服务业达到55%左右,到

2020年生产性服务业可能达到48%左右,生活性服务业达到52%左右。这些预测的结果只是一个参考,表明未来的变化趋势,并不一定精确。总的看,中国产业结构调整既是紧迫的任务,又是一个艰巨的过程。

"十二五"期间,我国产业结构调整的主要任务是什么?根据我的研究,并结合我们发展中心课题组的研究成果,有关建议如下:第一,以节能减排和信息技术大力改造传统产业,对中部和西部省份尤其重要,老工业基地改造转型的任务十分繁重。第二,要着力发展生产性服务业和现代服务业,提升传统服务业。第三,以技术进步和体制创新为主线,带动各个产业增强竞争力。第四,要以国土规划,专业化、市场化原则促进产业布局合理重组。大家一定要注意,这里国土规划排在第一位,近年来产业布局的调整越来越强调以此为指导,必将打破传统的行政性区域分工,特别是行政区划所设想的产业布局。第五,积极培育战略性新兴产业。大家一直在讨论战略性新兴产业到底是什么标准?我觉得以下一些方面是值得认真考虑的:一是技术上要有突破性。技术不具有突破性的不能称之为战略性新兴产业,这是最核心的一条。如果把某些产业标榜为战略性新兴产业,但在技术上并没有什么实质性突破,而是低水平重复,就离题万里了。二是市场需求稳定,发展前景广阔,并且有良好的经济效益。三是能够带领一批产业的兴起。四是具有资源节约和环境友好的功效。我要强调的是,发展战略性新兴产业,特别要注重采取原始创新、集成创新和消化吸收再创新等多种创新形式,在绿色、智能和可持续发展方面争取技术突破,掌握国际竞争主动权,维护国家经济安全。

下面,我点一点促进产业结构调整的政策建议:第一,产业结构调整一定要坚持企业为主体,市场为基础,以体制创新和对内对外全方面开放来推动。第二,要以改革资源价格和环境税费、实施劳动合同法为契机,有序地放开要素价格。第三,要消除不利于服务业发展的体制障碍。现在我国人均 GDP 达到 4 000 美元,进入服务业发展的快速期(人均 3 000—7 000 美元),发展服务业有了良好的供给和需求条件,但是存在准入门槛高、税负较重等体制障碍,需要尽快消除。第四,要完善鼓励技术创新的经济政策。特别要注意供给面和需求面刺激政策双管齐下,千万不可单纯地注意供给面的刺激,否则就会严重脱离市场需求和社会需要,技术创新难以转化为现实成果,产品和产业素质难以提高。那么技术创新的重点在哪里?应当是关键技术、核心技术、共性技术及其产业化。还要努力支持对传统产业进行大规模的技术改造,注重创新型和技术型人才的引进和培养。这对我们的产业转型和提升是极其重要的。第五,强化功能引导性的产业政策,弱化部门选择性的产业政策。我们要通过能耗、环境、质量、技术、安全等涉及公共利益的约束性标准,加强对产业结构调整的公共管理,减少对微观经济指标的审批和干预。第六,正确发挥政府和行业协会的作用。制定科学的调整规划和考评体系,发布行业信息,维护竞争秩序,规范产业链生态,培育市场需求,设立新型准入标准,保护知识产权。

最后我想重申的是,上面所说的这些政策建议,通通都不涉及政府对微观经济指标的干预。而过多干预微观经济活动、依靠审批微观经济指标来推动产业结构调整,恰恰是需要深入改革的多年来的习惯做法。目前,在发展战略性新兴产业方面又开始出现政府主导、过多干预企业和市场机制的倾向。我们应当注意防止这种倾向蔓延和强化,按照客观经济规律创造条件,让产业结构调整能够顺利地进行下去。

(在 2010 中国国际徽商大会上的演讲,2010 年 6 月)

14. 加快转变经济发展方式赢得更大发展机遇

以科学发展为主题,以加快转变经济发展方式为主线,是党的十七届五中全会通过的《中共中央关于制定国民经济和社会发展第十二个五年规划的建议》最鲜明的特征,这是人民期待,全党共识,实践昭示,行动指南。

一、提出主题和主线是《建议》最鲜明的特征

以科学发展为主题,是时代的要求,关系改革开放和现代化建设全局。为什么要鲜明地提出以科学发展为主题？发展是硬道理,在当代中国,坚持发展是硬道理的本质要求,就是毫不动摇地坚持科学发展。首先,要坚持以经济建设为中心,紧紧扭住发展不放松,我国不是经济发展过快,而是发展不足,尤其是中西部欠发达地区更要加快发展。其次,要牢牢把握重要战略机遇期,更加注重以人为本,更加注重全面协调可持续。

"十二五"时期的国际环境方面,机遇与挑战并存,但机遇大于挑战。一是国际金融危机影响深远,外部经济环境复杂多变。世界经济复苏曲折坎坷,增长放慢。2010年7月国际货币基金组织把全球经济增长率调高到4.8%,复苏比预期要好,但仍然比较复杂,其中,发达国家拖了世界经济复苏的后腿。全球供给结构和需求结构出现明显变化,气候变化、资源和公共安全等全球性问题更加突出,世界经济面临诸多不确定、不稳定因素。所以,我们要不断增强忧患意识、危机意识。二是经济全球化没有扭转,也不可逆转。西方学者担心经济全球化扭转、停顿,金融危机以来有的国家采取的投资和贸易保护等措施会影响

全球化进程,但实际上,金融危机发生以后,国际产业转移速度加快,投资规模扩大,越来越多的企业把高端制造业和地区研发中心转移到中国,实施市场本土化、研发本土化、制造本土化,而不是以中国为桥头堡,大进大出,两头在外。同时,区域贸易自由化、经济一体化趋势加强,今年将有400个经济贸易协定签订,这是经济全球化的表现。三是世界经济政治格局出现新变化,多极化趋势更加明显,发展中国家的话语权在上升。四是科技革命导致资本要素流动不可逆转,科技创新和产业发展孕育新突破。

"十二五"时期加快科学发展,在国内环境方面面临着诸多有利条件,发展潜力和回旋余地大,要素组合优势明显,微观活力和宏观调控能力增强,政治稳定,各级政府应对复杂局势的能力明显提高。但同时,我们面临一系列突出的挑战,资源环境压力加大,投资消费关系失调,城乡、区域和收入差距明显,农业基础依然薄弱,就业总量压力和结构性矛盾并存,国际收支不平衡,社会矛盾复杂多发,制约科学发展的体制障碍仍然较多。

以加快转变经济发展方式为主线,是推动科学发展的必由之路,符合我国基本国情和发展阶段性特征。加快转变经济发展方式是我国经济社会领域的一场深刻变革,必须贯穿经济社会发展全过程和各领域,必须提高发展的全面性、协调性、可持续性,坚持在发展中促转变,在转变中谋发展,实现经济社会又好又快发展。

我国经济遭受国际金融危机冲击以来,经济发展方式粗放问题凸显。主要表现在:一是投入结构粗放,要素成本上升,利润空间缩小;在外需骤降和内需收缩下产能过剩突出;调结构的要求落实不理想。二是内需结构不协调,投资增长和GDP增长都快于消费增长,而不是消费增长太慢或消费需求不足(1990—2000年我国居民消费实际年均增长8.3%,而世界平均为2.9%,发达国家仅为2.3%)。三是收入分配结构失衡,发展成果尚待普惠共享。一些短期应对举措与中长期努力方向可能产生新矛盾。四是出口增长粗放,附加值低,结构不合理,加工贸易比重过大,国际分工地位低下,能耗高、排放大,而不是过于依赖出口或外需。

转变经济发展方式的基本要求,十七大概括为"三个结构调整",十七届五中全会进一步提出"五个坚持",即坚持把经济结构战略性调整作为转变经济发展方式的主攻方向,坚持把科技进步和创新作为转变经济发展方式的重要支撑,坚持把保障和改善民生作为转变经济发展方式的根本出发点和落脚点,坚持把建设资源节约型和环境友好型社会作为转变经济发展方式的重要着力点,坚持把改革开放作为转变经济发展方式的强大动力。五个坚持突出重点,引领未来,惠民利民,助推转型。

《建议》提出经济社会发展的主要目标是:经济平稳较快发展,经济结构战略性调整取得重大进展,城乡居民收入普遍较快增加,社会建设明显加强,改革开放不断深化。总之,使我国转变经济发展方式取得实质性进展,综合国力、国际竞争力、抵御风险能力显著提高,人民物质文化生活明显改善,全面建成小康社会的基础更加牢固。《建议》所提出的"十二五"时期发展的主要目标,突出体现了与应对国际金融危机冲击的重大阶段性目标紧密衔接、与2020年全面建设小康社会的奋斗目标紧密衔接的特点。既体现了对"十二五"时期国内外环境的正确判断,又体现了人民群众的新期待和全党的意志,对今后五年的经济社会发展具有很强的指导性。

二、我国经济增长前景预测

(一)基准情景

这是以过去和当前的发展特征、发展方式为基础,并考虑到最有可能的一些变化,包括人口、产业结构变化和技术进步等,推导出来的可能情景。它反映了经济发展的可能趋势,也提供了与其他情景比较的参照系。

在基准情景的各项设定下,我国今后仍将保持较快的经济增长速度。"十一五"期间平均经济增速预期接近10%,预计"十二五"期间经济增速为7.9%左右,2016—2020年为7%左右。

我国人均GDP在2014年接近5 000美元,2015年超过5 000美元,2020年超过7 000美元,2025年接近1万美元,2030年约为1.23万美元。

到"十二五"末,城市居民人均收入将达到3.35万元,比2007年增长近70%,农村居民人均纯收入将达到7 200多元,比2007年增长近60%。

收入分配政策调整产生积极效果,到2015年,预计居民消费占GDP比重由2008年的35.3%提高到47.5%,到2020年居民消费比重提高到48.3%。

第三产业比重到2020年与第二产业基本持平,可能为5.7∶47.1∶47.2。

单位GDP能源消费从2005年的1.23吨标煤/万元持续降低到2015年的0.95吨标煤/万元和2020年的0.89吨标煤/万元。

(二)发展方式转变较快情景

假设关键领域改革快速协调推进,市场配置资源的基础性作用得到充分发挥,效率改进的贡献增加,经济结构战略性调整力度加大,经济发展方式转变取得重要进展,国际环境不发生重大变化。在这种情景中,经济发展的速度较快,质量和效益较好,协调性和可持续性增强,人民得到的实惠更多。

在发展方式转变较快情景下,我国仍然可以维持较高的增长速度,预计"十二五"期间可达 8.4%,比基准情景高 0.5 个百分点。

全要素生产率的贡献高于基准情景,综合反映了技术创新、生产效率、能源资源利用效率和人力资本的提升等各种因素的贡献加大。

在发展方式转变较快情景下,农村居民的收入水平提高快于城市居民,城乡居民收入比从 2010 年的 4.29 先提高到 2015 年的 4.39 和 2020 年的 4.45,城乡收入差距显著降低。

居民消费增长更快,对经济增长的拉动作用更大。居民消费占 GDP 的比重由 2010 年的 40.1% 上升到 2015 年的 49.7% 和 2020 年的 51.9%。

高能耗产业比重将逐步下降,低能耗产业比重相应上升,2010 年为 44.2∶55.8,2015 年为 44∶56,2020 年达到 43.6∶56.4。

第三产业比重会较快提升,到"十二五"期末即可超过第二产业,一、二、三次产业构成 2010 年为 10.4∶48.8∶40.8,2015 年预计为 8.2∶45∶46.8,2020 年将达到 6.1∶43.1∶50.8。

"十二五"末期,预计能源消费总量为 35.5 亿吨标准煤,比基准情景减少 5.7 亿吨标准煤。到 2020 年和 2030 年,能源消费总量分别为 40.39 亿和 51.1 亿吨。

三、积极扩大内需,稳定和拓展外需

(一)正确认识中国内外需的关系

我国经济高速增长主要是靠内需,出口从来不占主导。当然,我国出口依存度高有复杂原因。出口额不是增加值,重复计算导致依存度高估,此外还有国际产业分工、比较优势、发展阶段、海外投资少等因素影响。我国出口价值占世界比重低,加工贸易对拉动国外 GDP 的贡献远远大于国内,我国 1 元加工贸易增加值拉动国内 GDP 仅为 0.3 元,而拉动国外 GDP 高达 0.7 元,加工贸易的大部分增加值是在国外

实现的。从这方面说,中国制造实为世界制造。世界经济失衡根本原因在于南北发展不平衡,而不是我国出口太多,更不是人民币估值过低。

为避免净出口低估外需对经济增长的拉动,我们用可反映部门联系的投入产出法来测算一段时间出口贡献的平均值,经测算,2000—2008年,我国经济年均增长10.1%,其中消费、投资和出口分别贡献3.4、4.3和2.4个百分点。出口或外需对我国经济增长的拉动仍然分别小于消费和投资,更远远小于两大内需之和。

(二)我国内外需比例变化符合全球化趋势

我国的内外需比例与许多国家的发展趋势相当类似,即全球化导致各国内需比例下降,外需比例上升。世界上只有美国、印度、日本、巴西等几个大国的内需比例高达80%以上或90%左右,如果剔除对我国出口的重复计算和高估部分,我国外需比例将下降,内需比例与这些大国的差距会缩小,甚至不相上下。

(三)加紧培育竞争新优势

我国出口强劲主要是由于制造业具有国际竞争优势,而不是由于国内消费不足,导致我国依赖出口转移过剩产能。其实,我国的产能过剩既有发展方式粗放的原因,也有经济波动周期和国际产业分工的客观影响。必须指出的是,外需不可能被内需完全替代,不可自废武功;积极扩大内需,稳定和拓展外需,两者不可偏废。粗放的出口增长模式代价很高,传统低成本优势正在弱化,必须加快转型升级,努力提升出口增加值率,形成新的比较优势和竞争优势。

(四)多管齐下缓解"双顺差"

我国出现"双顺差"(国际收支平衡表中的经常项目和资本账户都是净流入)既有积极合理的一面,也带来新的难题。我国并不刻意追求贸易顺差,确实也应当努力转变顺差过大的失衡状况,以缓解通货膨胀和人民币升值的内在经济压力。但不能简单靠压缩出口解决顺差过大难题,而应多管齐下,通过外资政策、外贸政策、汇率政策、资源价格和税费改革、强调企业社会责任等综合措施,促进出口增长方式升级;通过推行"走出去、引进来"战略,改善国际收支状况。

(原载《前线》2010 年第 12 期)

15. 未来五年的经济发展转型和政策取向

未来5年是"十二五"规划时期,再经过5年即"十三五"规划的现代化建设,我国就要完成到2020年全面建成小康社会的奋斗目标。可以说"十二五"时期是我国经济发展和转型的关键时期,将为全面小康社会打下更加坚实的基础。我理解,"十二五"规划最鲜明的特征是提出一个主题,一条主线,也就是以科学发展为主题,以加快转变经济发展方式为主线。

一、以经济建设为中心,是最高的顶层设计,这个全党的工作重心决不能动摇

"十二五"规划当中鲜明提出以科学发展为主题,强调发展要更加注重以人为本,更加注重全面协调可持续,此外我觉得还有两点值得引起注意。

第一点就是坚持以经济建设为中心,紧紧扭住发展不放松。认清这一点是非常重要的。现在有不少人说,我们面临着经济社会发展失衡,人口和资源环境失衡,矛盾非常突出,应该把以经济建设为中心的提法改为以社会发展为中心,以人和自然协调发展为中心。这个认识是模糊的、不准确的。

"十二五"规划明确提出要搞好改革的顶层设计。我到欧洲访问时,驻外使馆的同志问我,党中央国务院文件里第一次出现"顶层设计"的提法,大家感到很新鲜,如何理解它的意思?我理解,以经济建设为中心,就是我们党在改革开放的历史时期作出的最顶层设计,它表明党的大政方针和工作重心的转移。在新中国成立到"文革"结束之前的30年中,我们党的工作重心是以阶级斗争为纲。大家千万不要忘了,

1978年年底我们党实施改革开放,全党的工作重心转移到经济建设上来,是针对以阶级斗争为纲的工作重心而言的,这是扭转中国历史方向的一个重大决策。如果再想到一个具有里程碑意义的事件,那就是邓小平南巡讲话,确立市场经济改革方向。如果没有这两个重大决策,中国现代化大门无法打开,现代化进程也不能真正启动。

尽管自孙中山以来无数仁人志士就进行过探索,但是真正启动中国现代化航船、打开现代化大门的,是改革开放,是扭转我们党以往的工作重心。这是决定中国历史命运的顶层设计,这一点是不能动摇的。1979年李先念针对用极左思想指导经济建设及其恶果,曾尖锐指出,不能再左右摇摆,我们再也经不起折腾了。上世纪80年代党实现工作重心转移以后,鲜明提出要聚精会神搞建设,一心一意谋发展。除非遇到大规模的外敌入侵和极其严重的天灾,否则以经济建设为中心是决不能动摇的。因此,去年胡锦涛总书记再次强调我们要不动摇,不懈怠,不折腾,引起了全场的热烈掌声。

党在"十二五"规划建议中提出以科学发展为主题,我认为最核心、最要紧的一点就是坚持以经济建设为中心不动摇,紧紧抓住发展不放松,这个发展是指科学的发展,包括经济、社会、政治、文化、生态环境各个方面比较平衡的发展。"以 GDP 论英雄"不是以经济建设为中心导致的恶果。相对于全党工作重心而言,我们党还提出建设中国特色社会主义的总体布局,包括经济发展、社会发展、政治发展、文化发展、生态文明建设,还有党的建设,新世纪党的建设的伟大工程等。我理解,这些都是工作布局层次的内容。而最高层次的全党工作重心,不宜在工作布局的层次上转来转去。这一点需要进一步明确认识。

其次,以科学发展为主题,还要牢牢把握和争取重要战略机遇期。中国在新世纪第二个十年要实现全面小康,国内有不少人提出疑问,今后十年我们发展面临的机遇大还是挑战大?怎样认识和把握新世纪头二十年的战略机遇期？个别大国的某些前高官和中国学者面对面讨论的时候说，中国以前十年的战略机遇期是我们给你们的，未来十年中国战略机遇没有了，我们不会再给你们了。这个话说得非常直白。我们需要思考，中国发展的战略机遇期是靠别人恩赐给我们，还是靠我们自己争取和主动营造？我们能不能通过加快经济发展方式的转型，通过一心一意谋发展，去争取一个有利于中华民族复兴的外部环境？比如说，我们在加快转变经济发展方式上取得实质性进展，中国应对国际金融危机还有其他政治、军事各种各样动荡的冲击时，就会有比较大的回旋余地、比较强的抗风险能力。中国和平发展的重要战略机遇期，确实有外部客观因素，我们应当善于把握；同时，我们也应当通过自己多方面的努力，加快经济转型，推动创新发展、绿色发展和协调发展，促进社会和谐，主动营造有利于和平发展的内外部环境。所以我想，"十二五"提出以科学发展为主题，有很深的含义。

二、加快经济转型有五条主要脉络

以加快转变经济发展方式为主线，是对最近十多年经济增长方式转变的实践和理论作出的新的重要概括。"九五"计划提出，我国经济体制要由计划经济转向社会主义市场经济，经济增长方式要由粗放型转向集约型，这是两个带有根本意义的转变，人们将其简称为两个根本性转变。也就是说，中国主动转变经济增长方式，是在1996年"九五"计划中明确倡导的。经过十几年的实践，转变经济增长方式取得了一定进展，例如能源利用效率有所提高，产业结构调整和技术进步都有积极成效，但除了这些进展以外，很多矛盾也越来越突出。2007年党的十七大报告里对全面建设小康社会提出五点新要求，第五点就是要构建生态文明，即形成有利于资源节约和环境友好的生产方式、产业结构和消费模式,要在全民中牢固树立生态文明的理念。十七大报告鲜明提出要加强生态文明建设,丰富了中国特色社会主义总体布局的内容,由过去包括经济建设、政治建设、社会建设和文化建设的"四位一体",变成包括生态文明建设"五位一体"。同样,我们对转变经济发展方式的探索和认识,也在不断丰富和深化。

"十二五"建议和规划纲要当中,对加快经济发展方式转变提出"五个坚持",也可以说是中国经济转型的五条脉络。

第一,坚持把经济结构战略性调整作为主攻方向。经济结构可以有许多内容,例如包括所有制结构,城乡结构,地区经济结构等等,我们需要抓住"牛鼻子"。最主要的是促进需求结构、产业结构和要素投入结构的调整。需求结构包括消费、投资、出口三大需求,过去我国经济增长主要依靠投资和出口拉动,现在要转为"三驾马车"协调拉动。这是需求结构的调整。从产业结构调整的角度看,经济增长应当由主要依靠第二产业拉动转向一、二、三次产业协同拉动。从要素投入结构调整的角度看,经济增长应当由主要依靠物质资源投入转向主要依靠技术进步、管理创新和劳动者素质提高。这三个转型是十七大报告做的概括。"十二五"规划把这三个转变概括在经济结构战略性调整当中,至于城乡结构、区域结构等等都在战略性调整里面。为了突出重点,我认为首先要抓好需求结构、产业结构、要素投入结构这几个关键领域的战略性调整。

第二,坚持把科技进步和创新作为重要支撑。未来5年,我们必须坚持把科技进步和创新作为重要支撑,这是转变经济发展方式的第二条脉络。世界正在孕育新一轮技术革命和产业革命。技术方面突出表现为以绿色、智能和可持续为特征的新一轮革命,而产业革命主要表现为现代通信技术突飞猛进和新能源产业的巨大潜力。我国概括七大战略性新兴产业时反复地探讨,最后定的第一位是现代通信技术,第二位是节能减排技术。看来比较符合世界趋势。

在技术进步和产业发展面临着突破的背景下，如果我们抓住这个机遇，推动自己的技术创新和发展方式转型，就可能在国际竞争当中争取主动。比如在太阳能、风能和清洁能源方面，中国在产能、市场规模以及技术领先性方面都走在世界前沿。欧盟对这一点看得非常清楚。他们认为中国上上下下如果形成一致目标以后会迅速行动起来，而且中国市场规模巨大，先进技术和产业能够迅速降低成本，从而得到推广。而在欧盟 27 个成员国，若有一票反对的话，新技术就无法在欧盟市场内部推行。我们用新技术推动经济转型，确实有很大的机遇，例如可以在几个省甚至更大范围内推行新能源技术，促进节能减排；但挑战也非常严峻，除了国内相关体制政策还不完善外，发达国家纷纷提出各种各样的国家战略，力图占领国际竞争制高点。我们必须加强紧迫感。

第三，坚持把保障和改善民生作为根本出发点和落脚点。这是对加快经济发展方式转变的新概括。以往我们解读经济增长方式的转变，更多关注投入产出对比关系，结构优化，技术进步，劳动者素质提高，效率增长等。对于民生的保障和改善，经济增长的成果如何由全民更加公平的分享等，关注的不够。

在"十二五"规划当中，鲜明提出经济发展方式转变的根本出发点和落脚点在于民生的保障和改善。我理解，要衡量一个地方经济发展方式转变的成败得失或成效大小，根本上要看民生改善的程度。现在社会矛盾越来越复杂，有的还很尖锐，民意诉求也越来越强烈，特别是对收入分配差异、地区差异、城乡差异等等议论很多。强调发展方式转变的出发点和落脚点都是为了改善民生，就是要实实在在做出一些努力，使发展成果让全体人民更加公平地分享。

"十二五"规划没有公布之前，国内外媒体猜测其中是不是突出幸福指数、幸福感还有包容性增长等概念。事实上，规划纲要用我们中国人的语言习惯表达了类似的理念和内容。例如我们提出就业优先战略等等。因此德国议员对我说,中国的"十二五"规划是很酷的规划,表明他们认可我们的理念和措施。

第四,坚持把建设资源节约型和环境友好型社会作为重要着力点。未来5年,为了切实推进经济发展方式转变,我们应当在建设资源节约型和环境友好型社会方面下更大的功夫。我们需要完善相关体制和政策,抓好用好新技术革命和产业革命带来的机遇,推动中国企业去发展绿色经济、循环经济,发展低碳技术等,鼓励生产建设和社会消费各个领域广泛运用节能减排技术,以此形成支撑可持续发展的先进的理念、先进的手段和切实可行的路径。当然,国家层面设计适宜的财税政策,推进资源价格体系改革等等,这些也都是十分重要的着力点。

第五,坚持把改革开放作为强大动力。经济转型要想取得实质性进展,必须以更大的决心和勇气推进改革开放,依靠体制创新推动经济转型,依靠扩大开放倒逼改革,促进发展和加快转型。为推动发展方式转变,主要应当抓什么改革?根据我个人理解和研究,十几年经验证明,有三个体制必须加大改革力度,包括财税体制、资源价格体制和政府的政绩考评体系。

以资源价格改革的紧迫性为例。现在大家看到,今年4、5月份还没有到夏季用电高峰,不少地方就反映出现了油荒和电荒。最根本的原因是价格不合理,本质上是需要改革价格形成机制,而不仅仅是行政性调价的改良,例如缩短调价时间之类。最重要的是要使资源价格合理反映资源稀缺性,反映市场的供求变动,反映环境治理的代价,这是已经确定的改革方向。现在的难题是既要稳定物价总水平,又要推动结构调整和经济转型,改价格会加大短期价格上涨压力,不动价格则缺乏调结构的内在动力。去年出现拉闸限电,很多人批评说今年用电一定会反弹,因为没有合理的价格机制,电荒果真来临了。

中长期的经济增长和价格总水平之间应该有一个合理关系,这个关系和短期的年度宏观调控目标是有区别的。比如说在 5 年期间,要稳定物价总水平,促进结构调整,为资源价格改革留出空间;在短期的年度宏观调控中,可能需要更多地考虑社会承受力。稳定物价水平和改革价格机制需要慎重权衡。从中长期看,如果不深化价格改革,这些结构障碍我们跨不过去,会周而复始遇到经济波动。我国调结构和促转型亟待建立有效的体制支撑,这只能诉诸改革的深化。

三、"十二五"规划的主要目标体现了"三个突出"

为指导我国未来 5 年的发展和转型,"十二五"规划制定了关于经济发展、科技教育、资源环境、人民生活四个方面的主要目标和 28 项重要指标,包括 12 项约束性指标和 16 项预期性指标。我认为这些目标和指标的特点可以概括为"三个突出"。

第一个突出是强调"两个衔接",一个衔接是指要与继续应对国际金融危机的重大部署相衔接。虽然国际金融危机最困难的时期已经过去,但还不能说完全结束,后续影响还在发酵。西方私人金融机构的有毒资产还没有完全暴露和清理,欧洲主权债务危机频发,美国债务水平突破警戒线,这些风险和挑战对中国未来 5 年的平稳发展可能造成新的冲击。因此,我们要按照国家的重大部署,做好继续应对危机的充分准备。第二个衔接,是指要与我国到 2020 年建成全面小康社会的战略目标相衔接。那么,什么是全面小康社会?十六大报告里面有一些概括,定性地说,就是生产更加发展,生活更加富裕,社会更加进步,政治更加文明,生态更加良好,发展成果惠及十几亿人口的小康社会。"十二五"规划结束后再过 5 年,我们就要回答这些奋斗目标达到没有。前 5 年的基础打得更加坚实,后 5 年的形势就会更加主动。

第二个突出是强调资源环境的约束。在12项约束性指标中,关于资源环境的占了7个。明确提出单位GDP能耗和二氧化碳排放(分别简称为能耗强度和碳排放强度)明显下降,前者下降16%,后者下降17%,清洁能源比重由2010年的8.3%上升到2015年的11.4%;耕地保有量维持在18.18亿亩,单位工业增加值耗水下降30%,等等。要达到这些约束性指标并不是很容易,需要作出极大努力。考虑到我国各地区发展阶段、结构特征、资源禀赋、环境容量等方面存在的差异,对于中西部一些生态环境、资源承载能力比较脆弱的省份来说,完成这些约束性指标可能要付出更大的代价。

因此,"十二五"规划提出的约束性指标怎么样合理分解到各地,科学地考评它们,调动中央和地方推动改革、调整结构、加快转型的积极性,也是我们面临的一个重要课题。例如,全国要完成能耗强度和碳排放强度下降的总目标,对不同省份需要进行合理的分解。完成同样的约束性指标,上海和江浙等东南沿海发达省份可能没有大问题,但是对中西部河南、山西、内蒙这样的煤炭大省会带来很大压力。如果不加区别地分解指标,可能导致这些地区大量企业倒闭、关停并转,还有职工下岗失业。因此,既要维护各地的发展权利,扩大它们的发展空间,让当地的全体人民都能过上更加宽裕的小康生活;又要督促各个地区在发展中促转型,在转型中谋划好更加科学的发展蓝图。

第三个突出是强调民生的改善。"十二五"规划当中明确提出就业优先的战略,关于民生改善的约束性指标有4个,包括要建设3 600万套保障性住房,覆盖20%城镇低收入群体;城镇参加基本养老保险人数增加1亿人,等等。这些约束性指标的提出,要求中央和各地政府落实必要的土地、资金,完善政策措施和保障机制。这里我着重说明一下"十二五"规划提出的两个同步。一个同步是居民收入增长要与经济发展同步,第二个同步是指劳动报酬增长与劳动生产率增长同步。这两个同步体现了调整收入差距、使发展成果更好地让全体人民共享的政策导向。

关于第一个同步，国家定的预期目标是"十二五"期间经济增长7%，城乡居民实际收入增幅分别大于7%，这是非常好的导向。而"十一五"期间国家定的预期目标是经济增长7.5%，城乡居民实际收入增幅分别为5%。这和"十二五"规划的指标存在明显差距。现在各个省都按照国家"十二五"规划的要求在制订本省的第一个同步目标，城乡居民的实际收入增幅要与GDP增幅基本一致。

第二个同步即劳动报酬增长与劳动生产率增长同步，这是一个非常重要的目标和要求，我觉得它有点被忽视了。前不久，社会上传闻政府部门提出未来5年职工工资要年均增长多少，达到收入倍增目标云云。一些民营企业家很担心，说他们面临的成本上升压力很大，利润空间很小，如果按照这样的工资增长要求，干脆不要经营，死掉算了。事实上，"十二五"规划纲要并没有规定职工工资年均增长目标，而是明确提出最低工资年均增长13%，城乡低保标准年均提高10%，城镇低保标准跟物价挂钩。这些都是政府定的保障性目标，与职工工资性质不同。

我认为，职工工资包括的范围很广，政府应当规定的是公务员的工资，连国有企业职工的工资都不能强行规定。因为企业的工资是由市场决定的，企业职工工资提高多少是由劳动生产率、市场竞争和劳动力供求关系来决定的。应当强调，"十二五"规划纲要提出的是两个同步，第二个同步现在解释和注意得不够。若没有第二个同步，我们靠什么来保障和改善民生、提高人民生活水平？不宜过多关注蛋糕的分割，而忽略了蛋糕的创造。这两个方面应当取得合理的平衡。

"十二五"规划的制定和公布，不仅是指导中国经济社会发展和转型的重要文件，而且对于我们主动营造有利于和平发展的外部环境，也具有非常积极的作用。前不久我到欧盟介绍中国的"十二五"规划，直接感受到欧盟议员和官员对中国"十二五"规划的高度关注和热烈反响。事实上，这是一次相互交流和借鉴的积极互动。欧盟制定了2020年发展战略，提出三个新的增长理念，一是以知识创新为基础的智慧型增长，二是以绿色低碳为支撑的可持续增长，三是有利于扩大就业的包容性增长。这三个理念和主要目标，和我们"十二五"规划的一些理念是非常类似的。比如他们讲包容性增长，我们讲就业优先的战略，等等。规划纲要用我们中国人的语言习惯表达了符合世界发展趋势的理念和内容，制定了达到目标的政策思路和措施，这有利于世界更为客观地了解中国面临的挑战和努力，也有利于中国维护自己发展的权益，扩大发展的空间。

(本文系作者在 2011 年 5 月第二届中欧私人投资论坛上的演讲，删节后原载《瞭望东方周刊》2011 年第 34 期)

16. 敏锐捕捉新机遇,积极迎接新挑战

最近两年,中国经济发生新的变化,出现一些新特点,最突出的是经济增长速度呈现趋势性放缓,经济结构调整的积极效应正在显现,经济转型的内部动力增强,压力加大。世界经济也在发生一些变化,对我国产业结构调整影响比较大的变化主要有:美欧日等主要经济体实施重振制造业战略,影响全球产业分工与市场格局;新兴经济体发展态势强劲,在全球经济中的份额明显上升;新一轮技术创新和产业革命孕育着突破,等等。下面从国内外经济形势的这些新变化切入,来看看我们中国产业结构调整新一轮的机遇和挑战。

一、我国产业结构调整面临哪些新机遇?

第一个机遇,产业升级动力增强,新的区域增长极正在生成。在经济增速放缓的背景下,我国经济增长的动力来源其实正在发生一场"静悄悄的革命"。现代生产性和生活性服务业发展相当活跃,近两年非制造业商务活动指数一直处于扩张期,2013年以来这种态势仍然明显延续。中西部承接东部产业转移的效果凸显,新的区域增长极正在形成。在东部工业增加值、出口利润和财政收入等指标明显下滑时,中西部一些省份和城市的这些指标却逆势上扬,甚至大幅度上升。产业迁移促使要素流动,有利于矫正扭曲的市场价格和效益分布状况,催生技术创新和产业升级的新动力。制造业技术创新和转化应用能力有所增强,资本技术密集型行业的全要素生产率逐步提高。同时,全社会就业总量并未减少,相反还在扩大,去年经济增速慢于8%,但城镇新增就业超过年初预期目标366万人。正是由于产业结构、区域布局和增长动力的这些新变化,我国才能在经济增速放慢的情况下扩大就业容纳量。

第二个机遇,我国的市场回旋余地广阔,综合竞争优势仍然明显。根据我们中心外经部对约 900 家中外企业的两次调查,过去 5 年我国传统的低成本优势(劳动力、土地、水、电等)明显下降,但一些新的成本优势(如交通、电信、产业配套等)逐步提升,且劳动力素质、市场环境、生活环境、社会环境和政府服务等因素显著改善。在新兴经济体中,我国投资环境及前景评分位居榜首,仍具有较突出的综合竞争优势。评价时间段分为过去、现在、未来,各是五年,满分为 10 分。结果对中国的评分高达 8.5 分,其他新兴经济体 6.5 分,评分曲线都是上扬的,我们中国的上扬比它们高 2 分。未来,更多的企业将把中国定位为重要的目标市场、研发基地和高端制造基地。无论是改造传统产业,还是培育战略性新兴产业,都必须有足够大的市场需求规模,以迅速降低成本,形成规模经济,才能使传统产业扩大生存空间,使新技术转化为商品乃至产业。中国不仅市场规模极为巨大、劳动力十分充裕,更重要的是劳动力素质和政府服务效率等条件也在不断改善,势必有利于吸取技术外溢效应,促进先进制造业和现代服务业发展,进而形成新的"人口红利"和"制度红利"。

虽然我国劳动力数量增长速度放慢了,甚至绝对量减少了,但是这么多企业肯定并继续看好中国劳动力素质的提高。可见,不能简单说年轻劳动力减少,人口红利就消失了;劳动力素质提高是我们新的人口红利来源。在全要素生产率提高对经济增长的贡献当中,劳动力素质提高是很重要的一个因素。我国的市场规模和回旋余地这么大,又有这样明显的综合竞争优势,我们应该利用好这些积极因素,推动产业结构调整。

第三个机遇,地区分工和产业布局将展开新的重组。我国坚持扩大内需方针,工业化、城市化、信息化和农业现代化汇成四股潮流,居民消费结构由温饱型向小康型升级的进程持续活跃,投资和消费两大内需十分旺盛。中西部和东部的差距,也是巨大的经济发展潜力。中西部正在形成新的区域经济发展格局,一些资源型城市加快产业转型,新的市场需求和后发优势孕育积累,产业梯度转移的战略纵深不断拓展。"十二五期间",突出环境约束、民生改善和创新驱动的转型导向日益鲜明,支持结构优化、实体经济发展和有利于构建生态文明的财税金融改革、资源价格改革,以及鼓励竞争的改革,亦将陆续配套推进。我国经济发展的区域分工、市场需求、产业关联、制度环境等都将继续发生新的变化。

第四个机遇,产业组织和供应链将发生新的整合。在新技术和新市场的引导下,原有的工业门类可能演化为生产性服务业,传统的服务业可能整合为新型的服务业,制造业的核心业务可能越来越趋向于精、专、强,而原来的非核心业务可能越来越独立为新的经营实体,甚至发展为新的产业形态。产业分工形式、上下游供应链、产业组织和产业生态环境都可能发生新的调整重组,进而影响企业到哪里去投资,以及用什么样的商业模式和赢利模式来应对这样一些变化。谁能够认清转型过程的客观趋势、经济技术规律和体制变革方向,从中发现机遇,把握好产业的市场定位和分工定位,顺势而为,谁就能在转型中成为领航产业或行业领头羊。

第五个机遇,新兴经济体合作前景看好,我国企业"走出去、扎下根"大有可为。经过多年快速发展,新兴经济体活力增强,经济基础与科技实力正在改善。它们内需潜力大,新技术的市场空间广阔,在传统技术和工业上的沉没成本小,人口红利明显,创新所需的人力资源潜力不可小视。新兴经济体完全可以成为第三次产业革命的生力军。在区域和双边活动中,新兴经济体的比较优势和国际竞争力各具特色,以自由贸易区为主要方式的区域合作方兴未艾。在应对危机中,它们主动加强合作,倡导贸易自由和投资便利等规则,积极参与国际组织活动,争取话语权,逐步改善自身处境,也有利于形成稳定的全球经济格局。形势比人强,发达经济体姿态有所调整,逐步支持新兴经济体间的合作和完善全球治理结构。

我国经济与其他新兴经济体有很强的互补性,我国工业对它们的市场适应性和就业包容性也有突出优点。以往我们强调"走出去"比较多,而对如何"扎下根"想得不够,经验也不足。今后,亟待加强与新兴经济体之间的区域性和双边合作,探索多样化合作方式,拓展产业间、大中小企业间多维度、多渠道的合作领域。既要继续走出去,更要通过落地投资、拉动就业、带动市场、完善避险机制等方式,在当地扎下根。这样做,有利于我国企业突破某些发达国家的投资贸易壁垒,扩大我国经济转型的外部市场,有利于我国和其他新兴经济体共同用好第三次产业革命带来的机遇,也有利于维护共同的发展权益,扩大发展空间,实现多元互利共赢。

二、我国产业结构调整面临哪些新挑战?

第一个挑战,经济增长速度放慢导致"速度型效益"大幅缩水,传统盈利模式捉襟见肘,加剧财政金融风险。这可能导致不少地方和企业原有的赢利模式被冲垮,原来占有的市场中心或盈利的主要来源,现在可能整个被打乱。"速度型效益"加速缩水给地方政府带来的挑战十分严峻。一些地方原有的财政收入来源不再可靠,例如土地批租收入急剧下滑,又没有新的利税来源,特别是正常可持续的税收来源,经济高速增长期间掩盖的财政窟窿明显暴露,产业发展生态严重恶化。

第二个挑战,国际竞争加剧,市场重心可能转移。美欧日实施重振制造业战略,会影响中国传统优势市场,我们如果进行同构同类竞争,就要考虑在技术水平、产品研发投入方面有没有竞争力,我们怎么样通过品种或市场布局的调整,来形成差异性竞争,保持我们原有的竞争优势。跨国公司仍然看好中国市场,并实施研发本地化、制造本地化和市场本地化的新战略,在我们家门口形成直接竞争压力。现在发达国家的投资贸易保护措施名目繁多,除了反倾销、反补贴、技术壁垒,还攻击中国搞国家资本主义,进行不公平的竞争,等等,跟着抛出相应的贸易投资规则,对我国产业发展形成新的牵制。

第三个挑战,产业结构调整面临的资源环境约束明显增强。我国在国际上承诺,到2020年单位GDP碳排放强度要比2005年减少40%—45%,"十二五"规划也对减少单位GDP能耗和碳排放规定了必须完成的约束性指标。突出环境约束,是"十二五"规划的一个鲜明特点,对我国产业结构的调整提出新的约束条件,高耗能、高排放产业的市场势必受到压缩,落后产能必须加快淘汰。中西部地区传统产业比重大、资源密集、环境脆弱,面临的转型压力更大。

第四个挑战,综合成本上升,外需收缩,传统产业的盈利空间急剧缩小。这和"速度型效益"缩水是密切相关的。大家都感同身受,地价、水电价、资源价格、治理污染的代价、劳动力成本和融资成本都在上升,压力有增无减,这是企业反映最大的难题。由于世界经济增长放慢,外需下降,传统产业原来靠出口能够盈利的空间也受到挤压。所以,社会上关于减税的呼吁很强烈。现在推出的"营改增",逐步扩大营业税改为增值税的范围,正是在考虑减轻企业税赋,增强企业活力和技术改造发展后劲,鼓励服务业发展,引导产业结构调整。当然这方面还有很大的政策空间,并不是说到此为止了。

第五个挑战,行业利润分配严重失衡,实体经济发展动力不足,导致产业结构调整方向混乱。近些年来,许多加工制造企业纷纷"转型",转到股市、楼市去投机,美其名曰"经营模式创新"。不愿意做实业、特别是加工制造业的人越来越多。这种畸形的要素流动,根本上是行业利润信号严重扭曲导致的。要改变这种局面,涉及完善竞争政策、财税政策、金融政策,还有改革资源价格。至少这四个方面的政策要协调推进,才能校正行业利润信号,正确引导产业结构调整的方向。

最后一个挑战,挺过"阵痛期"与追求短期目标的矛盾。在我国经济增长态势放慢的过程当中,原来没有暴露的问题都会暴露出来,这就像一段"阵痛期"。比如"速度型效益"严重缩水、导致财政金融风险暴露,又如利润分配严重失衡、导致没人愿意去发展实业,在经济高涨的时候它们都被掩盖起来。同样,经济高涨时人们也不觉得产能有什么过剩,该淘汰的落后产能还在开足马力。而在经济增速出现趋势性放缓的情况下,原有的深层次矛盾必然会水落石出。这个时候要考虑,我们能否挺过这段"阵痛期",借这个机会把该淘汰的都淘汰掉,奠定更好的后续发展基础。经验表明,短期目标很容易被追求,优胜劣汰的时机很容易被延宕,该淘汰的很容易死灰复燃。为了克服积重难返、尾大不掉的难题,我们始终需要面对如何远近兼顾,作出更为积极的选择。

(原载《人民日报》2013 年 1 月 7 日,
《北京日报》2013 年 6 月 3 日,根据两文修改)

17. 以绿色发展引领经济转型

绿色发展,正在成为国内外日益重视的发展新理念和行动指南。党的十七大报告对全面建设小康社会提出构建生态文明的新要求,即要建立有利于节约资源和保护环境的生产方式、产业结构和消费模式。我国"十二五"规划鲜明提出以科学发展为主题,以加快转变经济发展方式为主线,强调以建设资源节约和环境友好型社会为重要切入点;规划突出了资源环境约束和民生改善的要求,并在主要约束性指标中有明确体现。2010年4月,我率领中国共产党友好代表团访问欧盟和德国,向他们介绍中国"十二五"规划并进行研讨。他们对"十二五"规划尤其是资源环境章节的评价甚高,认为规划的制定团队很强大,理念很先进,措施也很得力,他们称这是一个"很酷的规划"。这从一个侧面反映了他们对中国注重环境保护、可持续发展、绿色发展的肯定和积极评价。中国在这些方面的先进理念越是深入人心,实践成效越是显著,越是可以推动经济转型取得实质性进展,越是有利于营造和平发展的外部环境。

同时我也了解到,欧盟制定的2020年发展战略提出了以创新支持的智慧型增长、以扩大就业为目的的包容性增长和绿色增长三大理念,来推动欧盟经济发展和转型。当今世界,各国共同面对以绿色、智能和可持续为特征的新一轮技术革命,以新一代信息技术和新能源技术引领的产业革命,也在孕育着突破。谁抓住这些先机,加快经济转型,谁就能在国际竞争中赢得主动。我们加强对绿色发展的总体研究和专题研究,是很有必要的。例如,关于战略性信息产业引领绿色发展、我国食品安全困局与出路、推动绿色经济背景下的核电、绿色金融发展展望、道家思想和绿色发展、民间组织与绿色发展等专题研究,可以反映我国面临的新挑战和新领域的实践进展,可以促进中国优秀传统理念和当代世界前沿理念的融合,有利于中国同世界良性互动;对于中国在世界上争取话语权、维护发展权益、扩大回旋余地,无疑也会起到积极作用。

从统计指标体系和社会评估的角度入手,对我国绿色发展的现状、进展和问题加强相关研究,并及时向社会公布,无疑是一件有积极意义的事情。从2010年开始,北京师范大学课题组连续多年公布《中国绿色发展指数报告》,这些研究成果无论从学术价值,还是从引导舆论、完善政策、促进转型的实践价值看,都是值得肯定的。我觉得《中国绿色发展指数报告》有以下几个突出的特点:

一、为促进经济发展方式转变提供了定量评估的重要参考指标。报告提出的绿色发展指数包括三大类一级指标,即经济增长绿化度、资源环境承载能力和政府政策支持度,以下又分9个二级指标和50多个三级指标,形成比较完整的评估绿色发展的指标体系。多年来,我们讨论如何衡量经济发展方式转变的进展或程度,主要集中于质量、效益、结构、能耗、排放等方面,考虑全要素生产率、技术进步贡献率和能源利用率等指标,近年来又特别注意单位GDP二氧化碳排放或曰碳排放密度等指标。绿色发展指数的指标体系不仅包括了这些方面的一些重要指标,也丰富了新的内容,例如鲜明提出绿色增长效率指标,考虑了三次产业的相关指标,以及资源环境承载潜力的相关指标等。这样就使评估经济发展方式的转变进程有了绿色发展的新角度,有了比较具体而明确的切入点和定量标准,可以帮助人们看清哪些方面取得了进展,哪些方面进展缓慢甚至倒退,进而找到努力方向和解决办法。

二、突出了绿色发展的政府责任,有助于引导政府正确行使公共管理和服务职能。报告把政府政策支持度作为绿色发展指标体系三大一级指标之一,包括绿色投资指标、基础设施和城市管理指标、环境治理指标3个二级指标和十多个三级指标,涵盖了农村和城市,涉及城乡居民生活如用水、垃圾处理等内容。我赞同这样的设计。转变经济发展方式的命题是中国政府倡导的,但并不等于政府包办一切,而是应当找到正确的切入点和着力点。政府推动经济发展方式转变和促进绿色发展的作用,应当属于公共管理和服务职能,主要涉及维护公共利益,重点解决市场机制不能解决和私人投资不愿解决的问题。这方面的研究成果和涉及内容很多,为便于集中评估绿色发展方面的政府责任,报告选取的环保和科教文卫支出占财政支出比重,农村人均改水、改厕的政府投资等十多项三级指标,是符合我国国情的,反映了农村和城市面临的一些突出问题,也顺应了城乡居民过上更好生活的新期待。希望通过对这些指标的评估,能够对政府正确行使公共管理和服务职能、促进绿色发展起到积极作用。

三、对绿色发展进行省际和城市间比较,不仅是相关研究的深化,而且有利于引导各省、市地方政府理清发展思路。报告把绿色发展的评估从国家总体层面深入到省和城市,这样的研究工作量会更大,对引导各地绿色发展的实践也更有参考价值。近些年来,我国学术界对市场化程度的研究、对城市竞争力的研究以及对省域竞争力的研究等表明相关研究由定性分析向定量分析深化,由国家层面向地区层面深化,由经济增长向公共服务深化,由经济领域向资源环境领域深化,由学术研究向引导实践深化。绿色发展的省际比较报告,无疑进一步加强了这种研究趋势,并将增加新的研究文献。根据前述研究报告得到的积极反响,例如不少地方政府越来越在意自己在公共服务、发展环境方面的排名,而不是单纯看重经济增长和投资增长的排名,我相信本报告的问世也会引导地方政府越来越关注本地区绿色发展的成效。

从省际深入到城市绿色发展的测度和比较,这可能更客观地反映中国各地区绿色发展的差异。2011年报告指出,城市经济增长绿化度排名与经济发展水平有一定的正相关关系,城市经济增长绿化度对绿色发展指数的贡献存在明显的区域差距,前者对后者的贡献主要来源于绿色发展效率指标和第三产业指标的拉动。也就是说,东部发达地区的城市绿色发展水平更高一些,而中西部城市的绿色发展水平相对低一些。但是,考虑到资源环境承载能力、节能减排、产业结构和政府支持力度等因素,一些中西部城市的绿色发展水平也是较高的。某一大中城市与所在省份的绿色发展指数不会完全对应,这是符合实际的。省际比较和城市比较结合起来,更有利于人们认识中国绿色发展不同层次的区域差距,也有利于学术界和地方政府认真分析绿色发展差距的影响因素和努力方向。

突出城市绿色发展的比较,对推动城市政府加快经济转型提供了有益的参照。目前各地在"十二五"规划中,重视推动本地的结构调整和发展方式转变,例如一些城市提出由过去的速度型发展转为质量型发展,由过去的以速度取胜转为以质量取胜,等等。这是积极的变化。那么,怎样才算是质量型发展,它表现在哪些方面,如何衡量质量型发展的进展程度,应该包括哪些主要指标?我认为,绿色发展指数的编制思路、分析框架和测度方法,可以说提供了有价值的参考依据。报告指出,政府在绿色发展中的行动越来越多,但在政策支持的力度和方向上存在明显差别,主要体现在基础设施的完善程度和城市管理水平上,而在环境治理上的差别不大。这说明省级和城市政府在环境治理和绿色产业投资方面的政策支持力度不够。这个结论值得省级和城市政府注意,应该增强对节能减排、保护环境的指导和政策支持,这对完善政府促进绿色发展、质量型发展的职能是有积极意义的。

四、不断充实研究内容,丰富研究方法。例如,2012年报告中"绿色体检"的方法和内容,是有新意的。课题组对各省区和38个城市进行"绿色体检",即根据它们各项绿色指标的排名变化,运用多维度的

"脸谱图"来标示,并对其绿色发展作出简要分析评价。这个方法和内容是突出的亮点,它更为醒目直观一些,便于读者形成对某地绿色发展的基本印象,也便于比较,看出某一省份或某一城市哪一指标有进步,哪一指标有倒退,进而找出努力改进的具体方向。这不仅对一般读者有帮助,对研究者和地方领导更有助益。毕竟,出版这份报告的目的是促进各地找到自己在绿色发展方面的不足,巩固并发扬已经取得的进展,而不是简单地公布排名,同样,也不是让人在复杂的指标中摸不着头绪。

又如,2012年以来的报告单独设立"教授论坛篇",增加了本报告的学术性和导向性。这一篇邀请原参与课题的理工科教授和文科教授对绿色发展进行更为广泛深入的讨论研究,涵盖了关于绿色发展的理念演进(中外的、历史与现代的比较等)、技术与工程、器物与制度、价值观与方法论、发展战略与实施路径等多方面内容,体现了专家学者多学科交叉研究论证的优势,反映了各专业领域研究思考的新进展。我认为,这对于提升本报告的学术价值、促进读者对绿色发展前沿问题和趋势的理性思考,是很有帮助的。通过报告的研究和发布,最重要的是使决策者、研究者和全社会逐步地牢固树立促进绿色发展、构建生态文明的理念,并转化为一点一滴的实际行动,而不仅仅是停留在关注具体指标的排名上。

五、紧扣实践进展和公众期待,认真践行理论联系实际的学风。例如,2013年的报告扩大到100个城市,对城市测算体系做了进一步修订,特别是增加了对国内外一些省市、地区的"绿色发展实地调研",这些新的内容都反映了报告在新一年的进展。又如,报告收录了地方政府反馈和交流的内容,体现了作者严谨求实、虚心求教的科学态度。2010年报告全文转载了青海省环保厅对有关青海绿色发展测度的回应,这份回应结合青海的实际客观分析了报告对青海的测度结果,既肯定了科学合理的内容,也指出了不足部分,并提出改进建议。我认为,其中一些建议是值得认真思考的,例如"自然保护区面积比例是经济发展的重要保障而非发展指标,不宜作为绿色发展指标",又如"资源环境承载力应包括可利用资源总量、环境容量和生态承载力三个方面"等。这些建议有利于完善报告的指标体系,以便准确地反映类似青海这样的西部省份总体环境容量小、生态承载力弱的制约因素。我觉得,2010年报告对青海和西部省份的资源环境承载能力和绿色发展水平可能存在高估的问题,如果更多地听取西部地区建议,进一步完善测度指标,相信会提高测度的准确性。

再如,2012年的报告突出了公众评价的调查。报告在测评一个地区或城市的绿色发展水平时,侧重使用客观的统计指标,例如经济社会发展水平、自然环境承载力和政府作为等,同时,也吸取专家意见,注意收集公众的主观感受和评价。如果把公众的主观感受和评价量化为可计算指标,与客观指标合成进行测算和评价,对于准确反映绿色发展程度可能会带来一定困难;但是要全面衡量绿色发展的实际成效,不考虑公众的主观感受和评价则是不妥当的。因此,用问卷调查的方法来单独进行处理,再与客观指标的测评结果做互补性的论证,则可以避免片面性的缺陷。当然也要注意,"满意度"等主观评价指标往往与经济发展水平或绿色发展程度并不呈正相关,反而可能会出现负相关情况,这在我们和一些单位进行的"幸福指数"或"民生指数"的调查研究中已经遇到。这或许是因为越是发达的地区,公众对公共事务和幸福感的要求越高,满意度便越低;越是欠发达的地区,这种要求反而越低,满意度则相对高一些。

下面,提三点建议:

第一,能否考虑增加关于真实财富积累和经济福利水平的指标?例如可借鉴世界银行关于总储蓄资产、净储蓄资产和调整后净储蓄资产的概念和方法,以反映社会财富和经济福利的真实增加而不是账面增加。毕竟,绿色发展也好,转变经济发展方式也好,最终都要体现为人民从发展中得到更多实惠,而不仅仅看某些排名的提高。

第二,希望继续每年突出某些专题和重点。可以看到,每年报告都力图反映绿色发展的新内容、新进展。加入城市测评之后,目前已涉及100个城市,如果扩及600多个地级市,可能会使报告越来越长,容量越来越大,反而不易于把握要点,也不易于突出亮点。以后的系列报告如果坚持每年出一本,可否考虑各个年度间既要保持连续性、可比性,又能突出某个重点、某个专题性的对比。比如,可以保持三个一级指标的评估和排序,而下一级具体指标的排序则突出某个领域,或某些有突出进展的省市。

第三,可否增加对居民消费行为模式和理念的调查,包括问卷调查和统计指标分析?这方面的内容在报告中有个别指标能够反映,但不太充分,也不够鲜明。促进绿色发展,不仅涉及有利于资源节约和环境保护的生产方式、投资行为和产业结构及其相关政策,也包括有利于资源节约和环境保护的消费行为、观念、模式以及相关政策。毫无疑问,促进绿色发展的主要责任在政府,对居民消费行为模式和理念的调查,首先还是需要摸清消费行为和观念是否有利于绿色发展,公共政策应当鼓励什么,抑制什么。其次,此类调查有利于启发和引导社会舆论。消费者自己是否也应当想一想,我们能够为绿色发展做些什么,哪些消费行为和观念是应当发扬光大的,哪些是应当改变和抛弃的。可以考虑以居民满意度问卷调查为基础,对调查内容做一些调整。

(2013年5月31日修改)

18. 产业结构调整的战略抉择

本文主要从中长期的角度,包括"十二五"期间(2011—2016 年)以及到 2020 年,探讨我国产业结构调整的目标、未来五年产业结构调整的主要任务以及相关的政策建议。

一、关于我国产业结构调整的中长期战略目标

根据我们的研究,可以把未来 5—10 年我国产业结构调整的战略目标归纳为:

在"十二五"期间,我们要争取使第三产业和第二产业比重大体持平。因为无论是从增加值结构、还是从就业结构来看,现在我国第二产业占的比重都是比较大的,第三产业比重都较小。如果从三次产业就业比重的排序来看,我们第一产业占的比重最大,呈现"一、三、二"这样相当落后的排序,还不如世界平均水平和一些发展中国家的产业结构。因此我们要使第三产业和第二产业两者达到大体持平,还需要付出艰苦努力。预计到 2015 年,三次产业结构中,第三产业与第二产业两者大体持平,还可能差一两个百分点。到 2020 年我们国家全面建成小康社会,基本实现工业化,预计那时的二产比重仍然会很高,三产比重将接近 50%。

此外,经过 5 年努力,我国现代服务业和先进制造业的比重应当上升,战略性新兴产业应当初具规模。

从区域产业布局来说,"十二五"期间区域产业布局应当发生有序重组。像现在这样地区产业雷同、布局比较分散的状况,还应该继续发生合理变化。

到 2020 年,预计三产比重超过二产,这是我们的努力方向,否则形

成不了现代产业结构。其中现代服务业和先进制造业应当占到主导地位。战略性新兴产业进一步发展,竞争力不断增强。经过10年的调整重组,产业分工和区域布局应当趋向合理化。此外,我们特别提出,到那个时候我国的产业结构应当具有这样一种功效,即有利于促进我国的能耗密度、碳排放密度下降。我们国家已经在国际上承诺,到2020年中国单位GDP碳排放(即碳排放密度)要下降40%—45%。如果不作出艰苦努力,包括产业结构的优化,那么这个承诺到时根本无法兑现。因此,我们在研究产业结构调整的目标时,要考虑到节能减排、保护环境的要求,也要考虑到中国所处发展阶段的特点,即工业化和城市化快速发展对资源消耗和碳排放带来的客观压力。我们不能超越发展阶段盲目追求碳排放的绝对减少,但可以在降低碳排放密度上有所作为,努力实现中国在国际上的郑重承诺。

什么叫做合理的产业结构?根据我的研究,我这里提出五点归纳:

第一,应该符合专业化、市场化的规律,而不是单纯以政府的规划为衡量标准。

第二,能够充分发挥要素禀赋优势和比较优势。

第三,适应经济发展阶段及其变化。

第四,具有国际竞争力。

第五,能够促进资源节约和环境友好。

综合来看,未来5—10年产业结构调整的效果,应当体现为全要素生产率对经济增长的贡献逐步上升,能源利用效率提高。我们为什么不用科技进步贡献率这个概念呢?因为这个概念不够准确,现在通常讲的技术进步对经济增长的贡献率是用余值估算法大致估算的,也就是除去资本、土地和劳动力的贡献,余下的经济增长都来源于科技进步。这是广义的技术进步,准确地说应当包括结构优化、制度创新和技术进步等生产要素的贡献,实际上就是全要素生产率的贡献。

二、"十二五"期间产业结构调整的主要任务

(一)以节能减排和信息技术(含先进适用技术)大力改造传统产业。我国传统产业比重大,门类齐全,是我国发挥比较优势、积极参与国际分工和竞争的重要依托,但同时也面临传统低成本优势逐步弱化的挑战。以节能减排和信息技术(包括先进适用技术)大力改造传统产业,不仅是加快转变经济增长方式的迫切需要,对培育我国新的国际竞争优势也至关重要。

"十二五"期间到2020年,我们预测制造业中的高技术产业所占比重会有所上升,但是上升的幅度仍然不够大。同时原材料加工业比重还会持续上升。这是因为,中国的工业化历史任务没有完成,现在处于工业化中后期,这个阶段的一个重要特征就是重原材料加工业的发展快于重制造业。这个阶段完成之后,重制造业还会继续发展,因此机械设备制造业的比重会继续上升。我们的产业结构要适应国家工业化的发展阶段,这是一个客观的制约。在这个阶段中我们如何节能减排、发展低碳技术等等,既是严峻的挑战,也有巨大的市场机遇。对我国发展阶段带来的挑战,要有非常清楚的认识,否则会认为发展低碳经济、绿色经济是轻而易举的事情,实际上可能事与愿违。

(二)着力发展生产性服务业和现代服务业,提升传统服务业。这是优化我国产业结构的战略性举措,也是扩大就业、发挥人力资源充裕优势的必然选择。我们不仅需要积极发展为生产领域服务的各类现代服务业,如金融、物流、设计创意、法律咨询等,也要大力发展能够满足人民不断增长的多样化消费需求的生活服务业。根据我们测算,"十二五"期间,生产性服务业比重会提高,生活性服务业比重也会逐步提高,两者比重会逐步持平。由于我国生产性服务业特别是其中的现代生产性服务业比较落后,因此它的发展速度会加快。

同时值得注意的是，在一定经济发展阶段，生产性服务业的快速发展可能会带来投资密度提高，而不是相反。以往我们认为通过发展第三产业，可以降低投资率，相应地扩大消费率。这是一厢情愿的想法，并不一定能够马上见效。我们的研究发现，上世纪90年代以来中国投资率的上升主要是第三产业拉动的。这是因为，在生产性服务业这个领域，在相当长一段时间需要完善城市功能和发展基础设施，如高速公路、铁路、通信设施、港口等，发展物流产业也需要基础设施的建设和完善。这会拉动大规模投资和重工业发展，导致投资率高企。我们应当把握这样的国情，既要发展投资密度高的现代生产服务业，也要重视发展能够创造更多就业机会的劳动密集型服务业。

（三）以技术进步和体制创新为主线，带动各个产业增强竞争力。推进技术创新，需要把握产业关联、技术关联、组织关联的相互影响。有的技术创新是由产业关联决定的，比如说由下游销售企业带动上游制造业的技术创新，这是一种产业关联；还有由上游总成制造商向下游推动的技术创新，这是不同方向的产业关联。还有的技术创新是由技术特性的关联决定的。而组织关联就是通过组织创新来推动技术创新，上下游可以结成研发战略联盟，甚至过去的竞争对手也可以结成共同研发的战略联盟。我们中国所讲的自主创新，实际上是指拥有自主知识产权的创新。以往我们翻译成独立创新，很难被外国人所接受。我看有的外国人把它翻译成"本土创新"，可能比较符合原意。其实当我们讲到鼓励自主创新的时候，很多内容和做法都是在对外开放中实施的，包括集成创新和消化吸收再创新。所以，我们所讲的技术创新和自主创新，应该是开放条件下的本土创新。

（四）以国土规划、专业化、市场化原则促进产业布局合理重组。过去讲产业结构调整时，不太注重国土规划。未来随着低碳技术、循环经济的发展，按照国土规划来指导产业的合理布局是非常重要的。比如说国家已颁布主体功能区规划,包括优化开发、重点开发、限制开发和禁止开发四大类功能区,要打破行政区划的限制,根据资源环境承载能力、现有开发程度和未来发展潜力来考虑工业化和城镇化的布局,某个区域内的产业布局也必须符合该地区主体功能的定位。在此前提下,产业布局还必须符合专业化、市场化的规律。

(五)积极培育战略性新兴产业。综合目前各方面的研究成果,战略性新兴产业的主要标准有:技术具有突破性;市场需求稳定并有发展前景;经济技术效益良好;能带动一批产业的兴起;具有资源节约和环境友好的功效。战略性新兴产业包括:新能源、节能坏保、信息产业(物联网、云计算、智慧地球)、电动汽车、新材料、生物技术、新医药、航空航天、海洋开发等。发展战略性新兴产业,应当注重原始创新,在绿色、智能和可持续发展方面争取技术突破,把握国际竞争主动权,维护国家经济安全。

三、关于产业结构调整的政策建议

第一,调整产业结构一定要坚持以企业为主体,以市场为基础;一定要坚持体制创新和全方位对内、对外开放。也就是说,国家允许和鼓励进入的产业,对我们国内的民资要开放,对外资要开放,不能对民资采取歧视政策。我们好多高科技企业都是国内民营资本创立的,正在形成中国技术创新和战略性新兴产业发展的生力军,应当完善政策环境,使它们不断增强核心竞争力。

第二,以改革资源价格和环境税费体系、实施劳动合同法为契机,校正扭曲的要素价格。要加快改革、校正资源价格和环境税费体系,否则单靠人民币汇率升值没有太大作用。通过实施劳动合同法,促进形成正常的工资增长机制。要使劳动力成本、资源环境成本都能在企业成本中得到合理准确地反映。这样才能准确引导产业结构升级的方向，否则，没有这些经济杠杆，我们制订多少规划都会变成一纸空文。

第三，消除不利于现代服务业的发展障碍。现在这些障碍表现为准入门槛高，税负较重，土地成本高，物流业地方保护等，应当通过改革和体制创新消除这些障碍，为现代服务业发展创造良好的条件。

第四，完善技术创新的激励机制。应当从供给、需求两方面双管齐下，重点激励关键核心技术、共性技术的创新和产业化。现在供给方面的激励政策似乎比较受重视，也比较充分，但需求方面的鼓励政策明显不足。所以我们的技术创新跟商业化、产业化总是"两张皮"。看来，需要不断加强产学研用的密切结合。还应当支持大规模的技术改造，注重引进、培养创新型和技能型人才。

第五，应当强化功能引导性的产业政策，弱化部门选择性的产业政策。由于部门选择性产业政策对其他部门实际上是一种歧视，世贸组织对此的反对意见和限制措施也越来越多。而功能引导性产业政策，主要是指突出资源环境约束，以及质量、技术、安全等公共性规制，减少微观经济干预。这样做，符合市场规律，也符合国际通行规则。

最后，正确发挥政府和行业协会的作用。产业结构调整的微观基础和筛选过程，都要依靠市场，政府不宜乱插手；一旦涉及维护公共利益，政府则不可失职。政府和行业协会应当各司其职，制定科学的规划和考评体系，发布行业信息，维护竞争秩序，优化产业链生态，培育市场需求，设立新型准入标准，保护知识产权等。

(2010年6月在工业和信息化部绿色工业论坛上的演讲)

19. 用"中国创造"提升"中国制造"

"中国制造"如何加快向"中国创造"转型,近些年越来越引起国内企业界和学术界的关注。"十二五"规划纲要提出,到2015年,我国全社会研究与试验发展经费支出占GDP的比重将从2010年的1.8%提高到2.2%,每万人发明专利拥有量将从2010年的1.7件提高到3.3件。这些指标明确了政府、企业和研究界努力的方向,同时也需要进一步探讨关于中国创造和中国制造的一些认识问题,以便健全转型的体制环境和创新必要的机制。

"中国创造"不是空中楼阁

记者:"十二五"规划中明确提出,"十二五"期间要提高制造业的核心竞争力,坚持推动科技进步和创新,将是未来我国经济发展的主要任务。对此,您如何看?

卢中原:国际金融危机爆发以来,主要发达国家如美国、欧盟、日本,已经纷纷提出"再制造业化",按中文的表述就是"重振制造业"。发达国家把新能源、生物医药、特别是现代信息产业作为战略性产业加以扶持,为重振制造业注入新的技术,并力图开拓新的市场。像美国这样的国家现在也重新开始重视制造业,提出要扩大出口,在5年内使出口翻番,成为世界第一出口大国。美国更多的是依靠技术创新和高端制造业来打天下。

对于中国制造业,我讲两个观点。第一,"中国创造"的基础在于"中国制造","中国制造"为"中国创造"提出需求,"中国创造"不应当是空中楼阁。没有"中国制造"的产业基础、产业配套体系和产业生态环境,"中国创造"真的有可能成为虚无缥缈的东西。第二,"中国创造"要为提升"中国制造"做出实实在在的贡献,而不是脱离中国制造去追求什么花里胡哨的表面文章。

传统产业面临重大竞争

记者:目前,中国已跃升为第二大制造国。从总体上看,与发达国家相比,我国的制造业水平处于哪个阶段?

卢中原:从产出规模较大和行业门类比较齐全两方面来看,中国的制造业在全世界已很了不起了。但是,与发达国家相比,我们制造业的层次是比较低的,有许多行业门类还处于简单加工甚至仅仅是组装的水平,可能还称不上是独立的制造业。随着发达国家重振制造业,我们面临的竞争会更加激烈。例如,除了美国提出要扩大出口,日本也提出重振制造业要"重视亚洲",法国提出重振制造业,列了七大战略性产业,包括新能源、生物技术产业和食品工业,要实施"法国制造"的标识战略等。这对中国来说意味着什么呢?不光是战略性新兴产业将面临强大的国际竞争,包括传统产业也同样面临着新的竞争,我们原有的出口市场重心可能会发生调整和转移。

2009年年底,国务院发展研究中心对外经济研究部曾对500家在华外资企业进行调查:下一步是要转移出中国还是继续向中国投资?调查结果是,绝大部分外资企业表示要把自己的研发中心等制造业的高端环节转移到中国来。它们更多地看到了中国市场的潜力、产业配套环境,还有投资环境的改善。

在我国东南沿海确实有外资低端制造业的迁出,比如转到越南、柬埔寨。但是后来,这些外企发现当地除了劳动力较低廉外,当地政府的效率、廉洁程度、投资环境、产业配套条件远远不如中国。于是,它们又要回来。

不能脱离实际一味搞"中国创造"

记者：如何深层次地理解"中国制造"是"中国创造"的产业基础？

卢中原：面对国际竞争的压力，从我国制造业的现实出发，我们应该考虑"中国创造"要为"中国制造"做出什么贡献？首先要看"中国制造"提出了什么需求？我国有些地区特别是东南沿海城市的产业结构层次比较高、技术层次比较高、人力资源层次也比较高，应该鼓励其发展"中国创造"。但对相当多的中西部地区而言，甚至在东部沿海一些地区，传统产业的比例仍然相当大，传统产业改造提升的任务非常沉重，一味搞"中国创造"恐怕就要脱离产业需求了。

当然，我们希望中国产业分工能够从国际低端向高端进军，但是也要看到，大量的传统产业是符合中国经济的发展阶段的，是符合中国劳动力、自然资源密集地区的实际的。这些地区的传统产业改造，特别需要先进适用技术、节能减排技术等，无疑是"中国创造"的巨大需求来源和市场空间。在发展"中国创造"的过程中，我们一定要关注不同发展阶段、不同要素禀赋地区、不同结构层次地区对"中国创造"提出的需求。这是非常重要的，而对这一点我们的认识看来还不够。

创造自主知识产权和关键技术

记者：通过"中国创造"树立国家产业形象，提升低端的国际分工地位，最基础的要素是什么？

卢中原："中国创造"要为"中国制造"的不同层次做出有针对性的贡献，使不同层次的中国制造都能拥有真正的核心竞争力。所谓核心竞争力，并不简单等于知名品牌、高端产品或高新技术。更重要的在于独有的"诀窍"，这些诀窍既可以凝结在低端制造环节，也可以蕴含在高端制造环节。例如某些企业并没有自己独立的品牌，但有自己独到的加工制造技术,仍然可以在市场竞争中独领风骚。又如一些通用技术,广泛用于零部件,也并不意味着所谓高端。但是往往由于没有掌握通用技术的诀窍,我国的关键零部件制造水平就很难提高。

近些年我们某些企业、甚至某些品牌在国际排位中进了几百强。其实,这样的排位往往并没有反映企业真正的核心竞争力,无非是靠某些指标归大堆而算出来的,我们对此还不能沾沾自喜。这些企业都需要创造出自己的核心竞争力和关键技术。

当然更要看到,我国制造业的基础很雄厚,在发展中国家和发达国家,很少有像中国这样,产业配套体系如此之完整。否则,1 500家外商企业怎肯把研发中心转到中国?这种转移也说明,外国在华企业的公司战略在发生变化,实施市场本地化、研发本地化、制造本地化,这三个本地化对我们既是竞争和挑战,也为我们改造提升传统制造业、发展战略性新兴产业带来新的机遇。我们要抓住机遇提升自己,"中国创造"要针对"中国制造"提出的实际需求,做出切实有效的贡献。比如说,努力使低端的简单加工甚至组装环节变成有技术含量的制造环节,推动更多的"中国组装"转化为真正的中国制造。再比如,努力使现有的制造业和技术拥有更多的自主知识产权,从而增强"中国制造"的核心竞争实力。这些方面的差距还很大,可以挖掘的潜力也不小,需要我们坚持不懈地做出努力。

(在中国首届科技创新院士论坛上的演讲,
原载《人民日报海外版》2011年4月8日,略有补充)

20. 中国经济转型需要企业战略转型

以科学发展为主题,以加快转变经济发展方式为主线,是"十二五"规划的鲜明特征。实践证明,加快转变经济发展方式是关系经济社会发展全局的一场深刻变革,必须贯穿到经济社会发展全过程和各领域,要在发展中促转变,在转变中谋发展。只有这样,才能提高经济社会发展的全面性、协调性和可持续性。"十二五"规划纲要提出,加快转变经济发展方式有五个主要脉络:坚持把经济结构战略性调整作为主攻方向;坚持把科技进步和创新作为重要支撑;坚持把保障和改善民生作为根本出发点和落脚点;坚持把建设资源节约型和环境友好型社会作为重要着力点;坚持把改革开放作为强大动力。我个人理解,只要沿着这五个脉络推进工作,中国经济转型就一定能够能取得实质性进展。

"十一五"期间,我国在调整经济结构、促进经济转型方面取得新的成效。以产业结构调整为例,工业特别是装备制造业总体水平和竞争力明显提高,技术进步加快,产品质量改善,品牌影响不断扩大。2009年年底国务院发展研究中心外经部对500家在华外资企业的调查表明,中国已经成为外资企业设立研发基地和高端制造基地的重要目的地。再以调整收入分配结构为例,这方面也取得新的进展。2009年,劳动者报酬占GDP份额比2007年提高了4个百分点以上,劳动者收入占比偏低的情况有所改善。2010年,农民人均纯收入实际增幅高达10%以上,超过城市居民收入增幅,城乡收入差距缩小为3.23:1,低于2006年3.28:1的水平,城乡差距扩大的趋势开始扭转。

我们也清醒地看到,中国经济发展仍然存在着较为严重的失衡现象,例如:低成本竞争优势逐步削弱,创新能力不强;资源环境压力加大,节能减排形势严峻;生产要素投入结构失衡,投资消费关系失调;出口增长粗放,国际收支不平衡;收入分配格局仍然不够合理,收入差距仍较大,收入分配秩序还不规范,等等。这些都表明,我国调结构、转方式的任务仍然艰巨而紧迫。

未来5年,我国经济发展和转型的内外部环境孕育着新变化和新机遇,既有许多有利条件,也面临巨大挑战。

从国内看,我国工业化和城镇化都在加速,投资和消费两大内需十分旺盛;城乡居民走向全面小康的新期待十分强烈,以改善居住、出行、通信条件为特点的消费升级持续活跃;生产要素组合优势明显,劳动力供给仍然充裕,国内市场广阔,居民储蓄率仍然较高,发展潜力和回旋余地巨大;微观活力和企业竞争能力提高,宏观调控体系和能力不断改善;社会政治保持稳定,中华民族凝聚力增强。同时,国内发展环境面临的挑战也是不容忽视的,主要有:城乡和区域差距明显,农业基础依然薄弱,就业总量压力和结构性矛盾并存,社会矛盾复杂多发,制约科学发展的体制障碍仍然较多,等等。

从外部条件看,当今世界经济政治格局的大调整仍然是在和平、发展、合作的时代潮流中进行的。我国对世界经济增长的贡献加大,外部对中国市场的依存度上升,有利于我国发挥市场规模大、劳动力充裕等比较优势。新技术革命和产业转移,有利于我国打破某些产业的瓶颈制约,发展战略性新兴产业,实现某些领域和环节的跨越式发展,促进产业结构优化升级。经济全球化和区域合作深入发展,有利于我国发展开放型经济,更好地"引进来"、"走出去",扩大我国在全球和区域内配置资源的回旋余地。我国成功应对了国际金融危机冲击,带动了世界经济复苏,国际地位和影响力上升,有利于我国参与制定国际经贸规则,维护国家利益和发展权益。

外部环境带来的挑战也相当严峻:国际金融危机仍有后续影响,世界经济增长放慢,外部需求总量趋紧、结构变化,我国经济增长须更多依靠内需;发达国家扩大出口和振兴制造业,可能挤压我国传统优势产业的发展空间,固化我国制造业在国际产业分工中的低端地位;全球产业转移有可能给我国带来高能耗、高污染企业和产业,也可能产生某些行业的外国垄断,在某些领域影响国家经济安全;国际市场波动和金融风险可能迅速传导到国内,影响宏观经济稳定;发达国家主导的国际经贸规则对我国的压力增大,所谓的中国"责任论"、"傲慢论"和"威胁论"也会不断花样翻新。

总体上看,我国面临的国内国际环境是机遇和挑战并存,机遇前所未有,挑战也前所未有,但机遇大于挑战,我国发展仍处于可以大有作为的重要战略机遇期。我们要紧紧抓住世界经济变局中不可多得的历史机遇,积极防范风险,以深化改革开放为强大动力,推进经济结构战略性调整,加快转变经济发展方式,推动经济尽快走上内生增长、创新驱动的轨道。可以说,在这一过程中,中国企业是推动中国经济转型的主体,企业的转型升级是实现经济发展方式转变的基础,而企业家的战略思考和企业的战略选择,对中国企业把握发展机遇、应对转型挑战具有十分重要的意义。

因此,在"十二五"规划开局之年,了解一下企业家对身处经济转型关键时期的企业发展有哪些战略思考和选择,是令人感兴趣的。中国企业家调查系统今年推出的《中国企业家的战略选择》一书,为我们提供了这方面的丰富信息。这本书基于2010年对企业家大规模的调查,展示了中国企业家对企业战略问题的认识、思考和选择,分析了经济转型过程对中国企业战略的影响。本书内容主要包括5 012位企业家对企业战略问题的问卷调查报告,以及对宏观经济与外部环境的判断等相关调研报告。本书第二部分单独收入8位在国内有一定影响力的企业家访谈实录,他们从自己的实践出发,对"企业战略"提出了不少独特的见解。

从调查和分析结果看，我觉得有以下情况和观点是值得引起注意的：

一、在总体发展战略上，主导业务型企业和相关多元化企业的绩效相对较好。调查发现，目前企业总体发展战略呈现内资企业多元化、外资企业专业化的特征。企业进入新业务领域，主要动因包括市场吸引力、业务相关性和克服外部环境的不完善，以内部发展和合作并购为主要手段。确实，在商业机会、选择自由和市场诱惑日益增加的发展过程中，企业往往面临经营专业化还是多元化的选择。但是为什么内资企业倾向于多元化的总体发展战略，而外资企业则倾向于专业化呢？是不是因为中国企业的发展阶段和发展理念与外资企业有所不同？从调查结果看，绩效较好的企业大多实行主导业务型发展战略和相关多元化的发展战略，这是值得中国企业和企业家注意的。

二、在竞争日趋激烈的环境下，低成本竞争优势正在弱化，企业竞争战略面临新的转型。调查表明，中国企业普遍采用了成本领先战略，以低成本、宽产品线、低价格为主要竞争手段。不少企业注重高性价比策略，强调中低端产品的差异化，高端产品差异化或创新型的差异化战略尚未形成。调查还表明，虽然中国企业大都采用了低价格竞争手段，但是低价格竞争并不一定提升企业绩效。在竞争战略方面，企业到底采取低成本战略还是差异化战略，这通常与企业的发展阶段、所处行业和发展环境密切相关。随着我国人口老龄化、生产要素成本上升等发展环境的变化，低成本战略的好处可能越来越弱化，而其缺点将会越来越突出。因此，中国许多企业需要加快实现战略转型，即从基于廉价生产要素的低成本战略转向基于产品与技术创新的差异化战略。中国企业应大力推进差异化战略，提高企业自身的战略决策能力、自主研发能力、融资能力，在战略转型中形成新的竞争优势。

三、技术创新和制度创新更能促进企业绩效的提升。快速变化、充满不确定性的外部环境,使企业的战略制定和战略执行面临较大的挑战。调查表明,为了应对这种挑战,大多数企业经营者强调创新,普遍重视前瞻性、主动性和快速行动,其中,民营企业表现出更强的创新导向。在技术创新方面,企业经营者普遍重视集成开发、二次开发与独特技术开发,低成本研发较为广泛。在制度创新方面,企业经营者重视优化产权结构,强调管理制度化和流程规范化。中国企业的国际化经营,总体上仍处于以低成本生产要素为基础、商品出口为主要方式的初级阶段,并暴露出人才短缺、产品不够高端、缺乏品牌与销售渠道等问题。而企业实施国际化经营,更需要以人才、技术创新和制度规范化为依托,形成核心竞争力,才能使企业的业绩提升具备坚实的基础。在企业国际化进程中,要尽快实现产品的升级换代,重视品牌价值的提升,逐步走向产业链的中高端,同时培养更多的国际化人才,大力拓展国际市场。

四、在战略决策模式上,企业需要提高战略规划的科学性和执行的有效性。调查显示,企业经营者普遍重视战略管理,对所承担的战略决策责任有一定的认识,同时大都认为制定战略难,执行战略更难。中国企业制定战略决策的责任主体为董事长/总经理和董事会;比较而言,国有企业多为集体决策,民营企业多为个人决策;目前中国企业的战略决策模式多为"命令式"和"愿景式",员工参与程度不太高。企业经营者认为,提升企业的战略决策能力,关键在于优化高管团队构成,改善经营者战略思维,完善组织机构与管理体制。对国有及国有控股企业来说,优化产权与公司治理结构也是改进企业战略决策的重要途径。企业经营者认识到,要提高自身综合素养和自我认知能力,提升战略思维能力,重视企业的团队建设,优化企业战略决策模式,从"个人英雄"时代迈向"企业群英"时代。

五、为企业战略的科学制定和企业家的健康成长创造良好环境。

企业经营者呼吁:在中国经济转型发展的关键时期,政府要进一步加快行政体制改革,加速推进社会主义市场经济体制建设,为企业家应对转型挑战、把握发展机遇、确立和调整企业发展战略创造有利条件;全社会要大力弘扬企业家精神,鼓励、支持企业界以制度创新、管理创新促进中国企业全面进步和可持续发展。

　　中国企业家调查系统自 1993 年成立以来,一直以"为政府部门决策提供科学依据、为理论研究提供实证数据、为企业家队伍的成长与发展提供正确导向"作为自己的使命,长期关注企业家成长和企业发展环境等,坚持以连续的跟踪调查和案例分析来研究中国企业家队伍的成长和发展规律,其中大量翔实、客观的一手珍贵数据,对于企业家、经济研究者以及有关政府决策部门来说,都是有参考价值的。为使研究成果能够更及时、广泛地与社会分享,从 2002 年开始,中国企业家调查系统开始每年定期公开出版企业家成长报告丛书,受到了有关领导、专家学者和企业家的较高评价。我相信,今年发布的《中国企业家的战略选择》这本书,将有助于我们了解中国企业家在经济转型关键时期对企业发展战略的思考和选择,为我们应对未来的挑战提供有价值的资料。

(2011 年 5 月 9 日为《中国企业家的战略选择》一书所做序言)

21. 中国企业自主创新应该注意什么

自我国提出鼓励自主创新以来,对科学技术进步特别是企业的技术创新起到了有力的推动作用。同时,"自主创新"这个提法引起国外的一些误解甚至攻击,我国企业对自主创新的认识和重视程度也存在不足。我谈几点个人看法供大家参考。

第一,我们强调的自主创新是指拥有自主知识产权的创新,而不是所谓独立的、自我的创新。在国内我们强调自主创新,大家容易理解,这主要是针对我们缺乏拥有自主知识产权的核心技术和关键技术,人家不会卖给你,也不会通过合资经营向你转让。因此我们必须依靠自主创新来打破这种受制于人的被动局面,我们必须在这方面有所作为。同时也要看到,自主创新的提法在国际上引起的误解一直没有消除,最近甚至引起欧美的强烈反弹。一个很重要的原因在于我们向外界传递的自主创新概念是不准确的。例如我们用英文把自主创新翻译成独立创新(independent innovation)、自我创新(self innovation),这两种译法都引起了欧美、日、韩等国的担忧,怀疑中国的引资政策要发生改变。2005年我到日本、韩国介绍中国"十一五"规划的时候,对方经济部门的政府官员直接提出这个问题,表示过这样的疑虑和担忧。最近美国对我国实行的政府采购和自主创新进行攻击,说你们优先采购本国特别是国有企业的东西,中国也在搞贸易和投资的保护主义。事实上,奥巴马刺激经济复苏的政策里强调购买美国货、雇佣美国人,美国自己在搞贸易保护主义、投资保护主义。但是我们有时做的不够明智,被人抓住把柄,比较被动,不利于我们在国际上争取更多的话语权,也不利于创造良好的发展环境。

因此,在这里一定要强调,总体上中国鼓励所有技术创新活动,我们所讲的自主创新是指拥有自主知识产权的创新,并不排斥其他的创新活动。自主创新不管是在本土还是在境外进行,不管是本国企业(包括国有企业、民营企业)还是外资企业,或是这几类企业联合起来进行的,统统都是为了拥有自主知识产权,而不是单纯为了吸引外国投资。不管这个创新活动和成果是在国外还是在国内,只要拥有中方掌握的自主知识产权,就是我们的自主创新。如果这一点讲得不清楚,不仅容易引起外界对我们中国的误解和反弹,而且也可能束缚国内企业到境外进行技术创新的手脚。应该看到,不管国内企业在哪儿投资和进行技术创新活动,关键是要拥有中国人的自主知识产权。例如国内企业对境外某些技术创新活动和项目进行投资,并且是投资大股东,拥有绝对控股或者相对控股地位,这项投资所创造出来的自主知识产权无疑应当归大股东所有。这样就清楚了,谁在技术创新投资中占支配地位,谁就拥有技术创新的主导权,也就是说掌握了知识产权的核心部分。我们所说的自主知识产权,不仅包括在大陆、中国本土创造的,而且中国企业走出去在境外创造的也应当包括在内。有的英国人把中国提出的自主创新翻译为本土创新(indigenous innovation),这个翻译比独立创新和自我创新的译法要好,不会引起外国人的误解,但也有不足之处。因为"本土创新"的概念没有涵盖我国企业在国外或境外拥有自主知识产权的创新活动及其成果。目前我国在海外投资的企业还很少,自主创新活动更多地是在中国本土;尽管如此,随着"走出去"战略的进一步实施,中国企业在海外的自主创新投资和活动一定会越来越多。

  前不久温总理在天津达沃斯论坛讲了三个"都是",他讲的很清楚,凡是在中国注册的企业,不管是什么企业统统都是中国的企业;还讲了另外两个,只要在中国本土生产、设计、创造的产品也都是中国的产品。这个说法的核心意思是要对所有企业都实行国民待遇。当今世界很多发展中国家都是这样认为的,只要在本土注册的外国企业都算是本国企业，其产品也算本国生产的产品。同时也要说明，这里面还有谁投资谁所有的问题，知识产权同样如此，我投资研发的项目和成果，从这个角度来说知识产权属于我。外国企业的地区总部和研发中心搬到中国来，在中国进行本土创新，从技术外溢效应的角度看，有助于增强中国本土的创新能力；但从投资方来说知识产权要明确，谁投资归谁，这不能混淆。我们鼓励自主创新，要创造更多的自主品牌，拥有更多的自主知识产权，对不管什么企业创造的知识产权都要依法保护。只有知识产权得到有效保护，才能激励出更多的自主创新活动和成果，才能摆脱关键核心技术处处受制于人的被动局面，这是最重要的。

第二，自主创新是在开放条件下和对外开放不断扩大的过程中实现的。我们鼓励拥有自主知识产权的创新，不但不排斥对外开放，还要在对外开放中实现和不断壮大。大家知道，自主创新包括原始创新、集成创新、消化吸收再创新三种主要形式。一般来说，原始创新的对外开放受到很大的制约，外国的关键核心技术是不卖给我们的，也不会与我们进行开放式的合作研发。而说到集成创新和消化吸收再创新，这两种自主创新形式不开放是根本无法实现的。所谓的集成创新是把别人拥有知识产权的创新成果拿来进行综合再创新——这时候要付专利费等知识产权的费用——集成现有创新成果，创造出来一种新的研发成果。消化吸收再创新就更离不开对外开放，因为只有从国外引进来才谈得上去消化和吸收，否则再创新就无从谈起。

可以举一个中国企业进行集成创新的成功例子。几年前北京的福田汽车请一些专家学者研讨他们提出的"链合创新"做法。他们把在奥地利、德国的合作方即产业链条上下游的关联方结合在一起搞技术研发，效果很好。他们联合研发的福田载重车参加国际越野比赛，名列前茅。德国的交通运输博物馆只有中国的两个交通工具，一个是1950年代的蒸汽机车，另一个就是参加国际拉力赛的福田商用卡车。这种链合创新正是我们国家鼓励的集成创新形式。这个例子鲜明地显示,中国企业不向国外开放,怎么可能实现创新,怎么可能增强国际竞争力?所以说中国的自主创新是在开放型经济越来越深化的条件下做出来的。这一点应该理直气壮地在国际上讲,我们也要跟国内企业讲清楚,中国开放程度越来越高,企业的创新一定要跟上新的形势,否则必然会落后。

国际金融危机爆发以后,有一些外资制造企业转移到中国大陆周边的低成本国家和地区,我们是不是面临制造业大量转出的趋势呢?根据我们的调查,恰恰相反,不仅绝大多数在华外资企业还要向中国进一步投资,而且对华产业转移的层次也在提高。2009年年底,国务院发展研究中心对外经济研究部对500家在华外资企业做问卷调查,其中问它们下一步打算在中国继续投资还是转出中国,绝大多数回答继续向中国投资,而且要把研发中心、地区总部等高端制造业和现代服务业继续转移到中国来。这背后的原因是什么呢?调查问卷分列了市场规模、产业配套环境、公司经营战略等五六个选项,我根据调查结果概括出三个本土化:即市场本土化、研发本土化和制造本土化。为了谋求更大的在华市场份额,外资企业实行三个本土化的经营战略,把地区研发中心、地区总部这样的高端制造业和服务业转移到中国大陆来。高端产业转移更看重各个地区有没有吸引它们来的综合竞争优势,而不仅仅是看低成本优势或区位优势。如果我们的基础设施、产业配套条件和管理软环境没有综合竞争优势,高端产业是不会来的,即使来了也会转移走。应该看到,我们的低成本优势正在逐步削弱,低端制造业转移出我国的情况会越来越多,对我国的就业会带来消极影响。其实这并非完全是坏事,我国早就提出要促进低端的加工贸易转型升级,要逐步提升在国际产业分工中的地位,如果真能形成"高进低出"的产业转移态势,反倒有利于我们促进产业结构优化升级,转变粗放的经济发展方式。

外资企业在中国实行三个本土化的经营战略,会带来新的机遇,有利于提升我们制造业的分工层次,形成自己的核心竞争力。在产业结构层次比较高、技术研发能力和人才条件比较好的地区和企业,应该努力发展自主品牌,追求中国设计、中国创造的竞争新优势。此外,我们更要下大功夫改造提升传统制造业,大力发展现代生产服务业和高端制造业,提高"中国制造"的技术含量。从专业化分工的角度看,没有自主品牌没有关系,贴牌生产、代工也没有关系。大家知道富士康,最近它的员工连续跳楼事件表明企业管理存在严重缺陷,但是富士康有自己独特的先进加工技术,所以全世界制造业的一些大品牌要找它代工。如果我们没有技术上的优势,代工就成不了气候,只能永远停留在国际产业分工的低端;只要我们有自己的核心关键制造技术,世界大品牌照样有求于我们。如果我们在产业分工高端成为世界制造中心,这才是中国制造的新优势。我个人认为,盲目地追求中国创造是脱离实际的,许多地区和企业离"中国创造"的要求远了去了。我们中国有这么强大的制造业,这么完整的产业配套体系和强大的配套能力,这是非常好的产业生态环境,为什么不当世界制造中心而拱手让人?我们要把"中国制造"提升到有利于形成竞争新优势的层次,这个任务并不轻松,应该有很大的发展空间。因为我们国家许多地区和企业在这方面的潜力很大,还远远没有挖掘完。我们要抓好高端制造业和服务业向中国转移的机遇,迎接好挑战,通过大规模技术改造和自主技术创新,把中国制造的潜力充分挖掘出来,在后危机时代的国际竞争中赢得主动。

第三,在自主创新过程中,企业要根据产业发展规律和技术经济规律进行组织创新。我们前面举的北京福田汽车的"链合创新",不仅是一种集成创新的具体模式,而且也是企业根据上下游产业发展规律进行的组织创新。从国内外关于工业发展、技术变革和企业组织创新之间相互关系的实践经验和理论研究中,我发现有一个重要趋势,就是企业的技术创新过程包含着根据产业发展规律和技术经济规律进行组织创新。根据我的归纳,国际上的技术创新大致有三种脉络:

一是总成制造商引导的,由上游向下游传导的技术变革。有的学者把它叫做"瀑布效应",用来形象地说明国际分工体系中少数大型生产企业引导甚至控制了众多下游中小型企业的生产和技术创新,剑桥大学的诺兰教授对此作了专门研究。联合国工业发展组织研究报告也提到过,上游总成制造商控制并向下游传导的技术创新过程是国际上一种有代表性的技术创新脉络。

二是终端销售商或零售商领导的技术创新,即下游企业发起和引导的技术研发过程。比如说大型零售商沃尔玛,过去只卖别人生产的东西,没有自己的产品和自主品牌,后来开始销售具有自主品牌的产品,谁有本事生产符合沃尔玛品牌要求的产品,就包给谁生产。为了引导和宣传环保意识,沃尔玛还专门建立了环保示范性大型商店,在采光、照明、建材等方面尽量采用先进节能环保技术,并为电动汽车提供充电设备。这就为节能减排技术的研发与应用打开了市场,同时也提出了明确的研发目标和市场要求。在发达国家,终端零售商引领品牌创新和技术创新的过程,已经成为越来越明显的新脉络。

三是现代服务业引领的技术创新异军突起。长期以来,第二产业特别是制造业一直都是技术创新的供给方、需求方和引领者,许多技术创新的发起、标准和规范的制定以及新技术的应用,非制造业莫属。而随着信息技术的革命性变革和推广,现代的金融服务业和物流业逐渐成为技术创新的引领行业,制造业不再独领风骚。现在金融业运用信息技术可以说是非常密集、非常广泛的,信息技术投资的密度很大,对信息技术软件设计、系统硬件配套都提出了很多新的要求。同样,物流业与信息技术的结合,会发展成物联网等多种新的技术应用市场、产业形态和经营方式,等等。可见,现代服务业引领技术创新的潜力是非常大的,前途是不可限量的。现代服务业成为技术创新的领航产业,这是技术创新和产业发展密切融合的新趋势。

请各位企业家一定要注意观察和把握以上这些趋势。过去技术创新可以关起门来搞,谁实力雄厚谁来起引领作用。现在来看,技术创新的风险很大,单打独斗往往力不从心,客观上需要以新的组织形式来减少或分散技术创新的不确定性风险。集成创新也好、链合创新也好,一般彼此间存在合作关系或共同利益,容易组成技术创新的合作模式,以减少技术创新的风险。在国际产业界,现在很多技术创新的战略联盟过去是没有产业关联和技术关联的,也没有合作关系,反而还是竞争对手,但是为了减少技术创新的风险而组成创新的战略联盟,这种组织创新在国际上在逐渐兴起。以组织创新来促进技术创新,看来是符合产业发展和技术经济的内在规律的。中国企业要注意,"宁当鸡头不当凤尾"不是一种好的发展思路,不利于专业化分工的深化,也不利于分散技术创新的风险。我们要遵循产业发展和技术进步的内在规律,推动企业的组织创新,进一步推动拥有自主知识产权的技术创新。

(2010年8月在第二届中国企业自主创新高峰论坛上的主题演讲)

第 三 章

改革开放新格局、新视野

22. 经济转型要求政府加快职能转变

一、经济转型新形势对政府职能转变提出新要求

从国内看,经济转型的环境有两个值得重视的变化。一个是经济发展的要素条件正在或将要发生新的变化,主要是指成本上升和要素组合变动。经过30多年的高速增长,劳动力、土地、矿产资源等这样一些经济增长的基础要素成本都在上升,传统行业及其增长方式的利润空间已经非常小了。人口老龄化日趋明显,加上储蓄率会逐步下降,过去曾长期支撑经济增长的高投资模式也将难以为继。

第二是经济增长面临的国内舆论环境在发生变化,信息传播和社会评估十分活跃。大家都已看到,我们现在的互联网、微博、博客等新媒体,把经济转型不到位的许多信息都给公布出来,像严重污染和安全生产事故等信息,现在靠简单的封杀是压不住的。此外,学术界和社会团体组织的与经济转型有关的各类评估也相当活跃,我本人参加过研究或评审的这类社会评估就包括市场化指数、省域竞争力指数、绿色发展指数等报告。学术界还有一些社会调研机构都在不断地发布这些方面的评估结果。尽管这些结果不能决定各地干部的升迁,但是它形成了一种舆论环境,逼着我们的政府进行反思,进而推动政府加快转变职能。我高兴地听说一些省里或城市的领导,都很关注这些评估,例如媒体发布某某省绿色发展指数排位很低,当地领导和相关部门就会认真研究原因,思考怎样提高当地的绿色发展程度,并对有关社会评估提出进一步完善的修改建议。总体看反映是积极的。

经济转型的国内条件正在发生深刻的变化,可以说也是我们政府转型面临的新环境,特别是舆论环境的变化,既是压力也是动力。

从国际环境看也有几个重要的变化：

第一个变化就是国际金融危机带来的冲击，还有我国应对气候变化的主动承诺。对这一轮国际金融危机的原因、影响和教训，大家从不同的角度在反思，比如说政府与市场的关系，金融创新与金融监管的关系，等等。大家现在强调的比较多的是政府要加强金融监管，但是我觉得中国的金融创新是远远不够的，否则我国中小企业融资就不会这样困难。也就是说，面对国际金融危机的冲击，我们也要清醒看到自己存在的不足，中国的经济转型步伐必须要加快，政府相关的职能也必然要加快转型。

我国提出到 2020 年单位 GDP 的碳排放要比 2005 年下降 40%—45%，这是我们主动承诺的减排义务。西方要中国下降 60%，我们当然不能任人摆布，要维护自己的发展权益，扩大回旋余地。考虑到中国是一个负责任的大国，国内经济转型也是主动的行动，因此主动承诺有其积极意义。然而这个承诺对我国经济转型又是一个压力，例如"十二五"期间单位 GDP 的碳排放就要下降 17%，这个约束性指标与我国的减排承诺是有内在联系的。在实施中还有一些具体问题需要研究，如减排的约束性指标分配到各个省应当是多少，如何区别不同省情，怎样才能完成。这确实也对政府转型带来新的考验。

第二，全球经济格局深刻调整，市场重心可能发生转移。中国现在面临的外部经济环境不像以前，比如说西方提出来再工业化，而且，现在新兴经济体成长迅猛，我们传统的出口工业会面临激烈竞争，原有的市场份额也可能会重组。中国面临着全球经济格局所发生的深刻调整和市场重心的转移，也逼着我们加快转变粗放的出口增长方式，进而要求政府加快转变不合时宜的涉外经济管理职能。

在这样的背景下，我们需要进一步反思对政府、市场、社会三者关系的认识。曾经比较流行的观点主张要建立"小政府、大市场、大社会",我认为现在看这可能是不够准确的。比如说公共服务,社会大众对公共服务的需求远远超过过去任何时候,在这个时候强调公共服务领域实行"小政府"是否合适?如果依靠"大市场",在公共服务的提供方面,市场是可以起作用的,但是市场再大,它代替不了政府的公共服务职能,最终平衡公共利益、实现社会正义,不可能靠市场。再说"大社会",社会领域的许多事情无疑需要发达的社会组织、基层群众自治、民主参与来处理,政府无疑也需要依托它们,创新社会治理模式,但是分散的社会再大也替代不了政府的社会管理职能。所以,我提出来要依托活跃的市场和广泛的社会参与,建设有限的政府、有效的政府、有责的政府。

二、对政府和市场作用的再思考

第一,中国经济增长和发展方式转型的主体仍然是企业和市场,而不是政府。经济转型或经济发展方式的转变是中国政府倡导的,但不等于说政府就是主体,可以包揽一切。正确的理解应当是:调结构、促创新、推转型都要以市场为基础,政府重在以法律、规划和政策来引导。

第二,政府应该完善市场信息和准入规则,推进市场制度的创新,加强风险监管。市场存在着信息不对称和规则不完善的问题,存在垄断和风险失控的危险,而单靠市场本身是解决不了这些问题的。因此政府应当加强反垄断、信息公开、市场准入和退出等制度建设,维护竞争秩序,促进市场体系健康发育。尤其是对发育很不完善的金融市场,既要强化风险监管,也要推进金融创新,以适应经济转型和大量小型微型企业发展的需要。

第三,政府应该大幅度减少微观经济指标的审批,强化公益性的规制。所谓公益性规制,是指维护公共利益的规则及其实施。也有人把它叫做社会性规制或"外部性"规制,实际上就是尽可能减少经济活动的消极外部影响，或将其转化为积极的外部影响。我们长期习惯于对成本、利润、规模经济等微观经济指标进行审批，干预企业的微观经济活动过多过细，这些本应由市场来筛选，不应该由政府来审批。而对涉及公共利益的经济活动后果，比如说能耗、环境影响、质量、安全生产、卫生检疫这些方面，我们的政府职能却非常薄弱。政府亟待加强维护公共利益的职能，完善准入和监管规则，加大监管力度。

第四，政府需要对产业结构调整进行引导，但是要慎用部门选择性的产业政策。我国加入世贸组织以后，我们过去习惯采用的部门选择性产业政策遇到明显制约。在入世过渡期结束后，对一些弱势产业进行保护的传统政策手段也很难再采用。实践证明，对特定产业的优惠和保护并不一定有利于增强其竞争力，而且对其他产业会产生歧视。所以，即使是基于扶持"幼稚产业"的理由而实施部门选择性的产业政策，其时间也不宜太长。政府应当尽量采用功能引导性的、对其他部门都适用的产业政策，例如人力资源培训、环境保护、技术创新方面的扶持和鼓励政策，也包括公益性规制的实施。无论在理论上还是在实践上，选择某些产业部门给予财政补贴、优惠贷款和税收减免等政策扶持，已经越来越不合时宜。因此我们未来对部门选择性的产业政策应该非常谨慎，要学会善于使用功能引导性或普适性的产业政策。

第五，政府应当主动接受社会监督，引导舆论，凝聚改革共识。主动接受社会监督对于政府正确行使经济管理职能、摆正与市场和社会的关系，是十分重要的。比如说现在"十二五"规划公布了，能否贯彻始终、有效实施？有一个比较了解我国五年计划制订情况的世界银行专家批评说，中国的五年计划公布之时往往就是结束之日，这个批评非常尖锐。前面的领导报告里也讲到现行规划体系的矛盾，例如中央和地方规划不衔接，总体规划和专项规划不衔接等等。为了解决此类问题，主动接受社会监督是一个有效途径。五年规划公布后，应当有一个定期评估和公告以促进规划的实施,尤其是其中的约束性指标,更需要加强社会监督。现在深化改革和加快经济转型,需要有利的舆论环境,但是对一些现实问题民间的情绪又很大。对此政府应当善加引导,而不是任其泛滥,要鼓励各界广泛地参与,凝聚改革和转型的共识,使全体人民能够分享改革和经济转型的成果。

三、政府这只"闲不住的手"应当在哪儿忙起来?

近些年有不少人把政府叫做"闲不住的手",这个比喻是很形象的。政府这只看得见的手在很多经济领域确实太忙了,应该在有些领域闲下来,做一个有限政府。在有些领域应该忙起来,做一个有为、有责的政府。应该在哪些领域忙呢?我认为政府应当实行以下几个方面的职能转变:

第一,政府主要角色要从市场上的运动员转为设计师、监管者和裁判员。设计师是规划和规则的制订者。现实的市场运行中往往存在规则不清楚或不正确的情况,依据这样的规则怎么保证裁判的公正和质量呢?所以政府首先应该作规划和规则的设计者,描绘蓝图,制定正确而清晰的行为规范。然后才有科学公正的依据去监管,去裁判;对裁判员也要加强监管,防止吹黑哨等。仅仅说政府应当由运动员转为裁判员,这个比喻也是浅显的,已经不太能反映形势的发展变化。

第二,政府公共资源配置由一般的经济建设领域转向社会建设和生态文明建设领域。自从提出建立公共财政的改革方向以来,政府掌握的公共资源正在逐步向保障和改善民生、治理和修复生态环境方面倾斜,在一般经济建设领域的配置份额逐步下降。这是积极的变化,但是与经济转型面临的挑战相比,公共资源向社会建设和生态文明建设的倾斜仍然不够。例如,用于教育的财政性支出占 GDP 比重到 2012 年才能达到 4% 的目标,这还要下很大的决心和力气。因此,政府这只手在一般经济建设领域需要继续闲下来,而在社会建设和生态文明建设领域要继续忙起来,应当有更加积极的作为。

第三,由注重缩小区域经济差距转向缩小公共服务差距。不同地区间的经济差距有许多客观制约因素,特别是资源环境的约束难以突破,政府过于关注缩小各地的经济差距,既可能违背经济规律,也是力不从心,甚至导致反效果。我们在主体功能区的研究和区域经济发展方面,调研了很多地方,我们深深感到,把政府和社会的注意力引到缩小经济发展的差距方面是没有出路的。所以在"十一五"规划研究过程中,我们就提出来要调整关于评估和缩小区域差距的思路,从过于看重经济发展差距转到更加关注社会发展差距上来,到"十二五"规划研究时我们继续强调这一看法。缩小区域差距的出路在哪里呢?主要是谋求社会差距的缩小,公共服务水平差距的缩小,所以政府应该促进基本公共服务水平大体均等,应该在这个方面投入更多精力。

第四,由注重财富的账面积累转向真实福利水平的提高。表面上看,我国 GDP、工业增加值、利税、财政收入等账面财富积累似乎水平很高,但是如果扣除资源过度消耗和生态环境遭到破坏等代价,人民享有的真实福利是大大打折扣的。政府要推动经济转型取得实质性进展,就不能被账面的财富积累所迷惑,而应该在提高人民的真实福利水平上多想办法,包括完善政绩考核评价体系等等。我们的经济发展方式转型是否成功或成效大小,最终要以民生是否改善、真实福利水平是否提高、老百姓是否满意来衡量,而不仅仅看账面财富是否增加,排位是否提高。

第五,应当由注重物质资本投入转向注重人力资源开发和技术创新。现在,许多地方政府热衷于招商引资,争取上大项目,努力大上项目,来拉动本地经济增长。政府的这种行为方式应当改变,把注意力和公共资源更多地转向支持人力资源开发,鼓励技术创新,为促进经济发展方式转变提供更好的人力资源和技术支撑。

以上是我向大家汇报的基本观点,谢谢大家!

(在第二届中国行政改革论坛上的演讲,2011年7月10日)

23. 政府职能转变仍是深化改革的重点

坚持社会主义市场经济的改革方向,在更大范围、更大程度上发挥市场配置资源的基础性作用,必然要求进一步转变政府管理经济的职能,减少政府对资源配置的直接干预。这一领域的改革任务仍然艰巨,推进政府职能转变仍是深化改革的重点。我提出四点建议:

一是以"营改增"为契机深化财税体制改革,端正地方政府管理经济的方式。目前展开的营业税改征增值税,不仅有利于促进服务业发展、产业结构调整和专业化分工,更为推动政府职能转变提供了新的重要契机。最现实的挑战有二:一是增值税虽有利于减轻企业负担,但会导致地方财政减收;而且营业税属于地方税,增值税属于共享税,中央分七成五,地方分二成五,"营改增"后中央财政可在一两年内向地方返还中央分成,但停止返还后地方财政也将明显减收。二是增值税仍属于流转税,源于工商业投资经营过程,地方政府要想得到更多的税收,很容易干预工商业投资经营行为。再说,增值税属于间接税,也就是企业容易通过提高产品售价把税收转嫁给消费者,增加消费者负担,实际上也影响政府从企业得到的税收。

因此,"营改增"实际上拉开了深入改革财税体制的序幕,将会产生一系列连锁反应,包括理顺中央地方关系、完善地方税体系、端正地方政府管理经济的方式等等,这个改革一旦启动,就很难停滞不前。我认为,应该考虑降低增值税的中央分成比例,开辟地方主体税来源,以房地产税等稳定的财产税为主体,逐步提高直接税即个人所得税和企业所得税占地方财政收入的比重,扩大中央财政对地方的一般性转移支付比例,规范和扩大地方债券发行试点,为地方政府增加财政收入开正门,堵邪门,满足其提供公共服务的正常开支需要,削弱地方政府直接干预微观经济运行的内在动机。

二、深化行政审批制改革,牢固树立"法不授权即为禁止"的依法行政理念,强化监督机制。我国明确以社会主义市场经济为改革方向以后,在经济领域"法不禁止即为自由"的理念越来越深入人心。与此相应,下放行政审批权限、精简审批事项等行政审批制改革不断推进,确实为激发自主创业的市场活力创造了一定条件。需要注意的是,"法不禁止即为自由"的理念主要是针对经济领域的民间市场主体而言,旨在保护经济活动的私权利拥有足够的自由空间。而对作为公权力代表的政府来说,则必须遵循明确的法律授权,一定要牢固树立并认真履行"公权民授"、"法不授权即为禁止"的法治理念。同时,需要强化法律监督、社会监督和舆论监督,以防范政府部门随意设立审批事项的行为,制约随意扩张和滥用行政审批权的内在冲动。这是依法治国、依法行政的内在逻辑,也是巩固改革成果的必然要求。要通过完善法治,把公权力随意膨胀、旧体制卷土重来的可能性降到最低。

三、抓住行政审批制改革机遇,积极推进产业政策转型。受计划经济影响而形成的原有产业政策,高度依赖微观经济审批,偏重部门保护,而忽视公共利益规制,不善于运用普适性的功能引导政策。过去调节产能和商品供给的产业政策,曾被形象地称为多了就砍、少了就赶的"刀鞭政策"(产品多了就用行政手段的"刀子"压产量,少了则用行政命令的"鞭子"催增产)。这种习惯势力在改革开放以来的产业政策中仍有较大影响,面对经济波动周期中反复出现的产能过剩或供给紧张,治理手段似乎总是依赖行政选择型的产业保护,依赖对微观经济指标的行政审批,效果往往不理想,甚至适得其反。

产业政策转型的方向应当是,功能引导为主,选择性保护为辅;取消微观审批,加强公共规制。今后应当多用功能引导型政策,即多用鼓励资源节约、环境友好、人力素质提升、公平竞争的普适性产业政策。

慎用部门选择型政策,因为对某些产业部门的保护意味着对其他产业部门的歧视,有悖公平竞争,即使为了保护幼稚产业也要尽可能缩短保护期。真正的产业竞争力恰恰是在对内对外全面开放中形成的,我国加入世贸组织以来的实践已经充分证明了这一点。此外,还应取消对成本、利润、规模经济等微观经济指标的行政审批,这些指标合理与否,最权威的评判者不是行政部门的审批者,而是充分竞争的市场。同时,很有必要加强对能耗、排放、质量、技术和安全等市场准入标准的制定和严格实施,这些指标涉及社会公共利益,政府应当更加注重行使好相关的公共管理职能。

四、在非行政领域下大决心、大气力实行"去行政化"改革。国有经济、学校(特别是高等教育)、医院、科技、社会科学研究、新闻、文化艺术等行业和专业领域,既有共同的社会性发展条件和影响因素,更有自己独特的行业性、专业性运行和发展规律,需要分门别类,突出行业性、学术性和专业性管理特点。但是人们遗憾地看到,这些本不该行政化的行业和领域似乎越来越倾向于套用行政化的管理办法和模式,运行机制越来越像行政部门。

这种行政化倾向与社会主义市场经济的总体改革方向是背道而驰的,表明我们还不善于按照行业性、学术性和专业化规律管理非行政的专业领域,还是习惯于用行政办法在专业领域配置公共资源,其负面影响也越来越突出。例如,没有国资背景和行政级别、但更具创新活力的新兴民营科研机构,往往得不到急需的公共资源支持。又如,用行政级别和相应待遇吸引高端专业人才,往往造成激励过度乃至专业人士的价值观扭曲等。在一些领域和单位,官本位、行政化的趋势和风气愈演愈烈,学术性和专业性受到压抑,人们的诟病也越来越尖锐。

应当认真反思这种行政化倾向和官本位激励所造成的诸多教训,努力运用符合行业规律、学术特点、更加专业化的方法和手段进行服务、引导和管理。可考虑先从国有经济和高等教育领域着手,取消行政级别,淡化官本位激励。对其他专业性、学术性明显的非行政领域,也应深入研究各个行业的专业特点及其发展规律,制定改革目标和实施步骤,强化专业性、学术性激励和导向,淡化官本位和行政化色彩。

(写于 2013 年 10 月 30 日,原载《国家行政学院学报》2013 年第 12 期)

24. 改革应实实在在推动经济转型

说到改革这个话题，我首先有一个感慨，中改院每次开会讨论改革形势，参加的人都是老朋友，都很熟悉，但是缺少新面孔和年轻人。"十八大"本来是推动改革的一股东风，改革是中国发展最大的红利，克强副总理说得也很鼓舞人。可惜我们这个讨论改革的座谈会没有多少新人来接替。刚才我跟迟院长议论，现在奋力呼吁改革的领军人物似乎是七八十岁的老人，如高尚全、吴敬琏、厉以宁和张卓元老师等老一辈经济学家，剩下的主要是五六十岁的中老年人，四十来岁、三十来岁的中青年很少有人接上来。为什么后继乏人呢？上世纪八十年代经济体制改革、政治体制改革轰轰烈烈的时候，活跃分子以三四十岁为主，甚至还有二十多岁的年轻人。我希望咱们改革的后备力量应该再雄厚一点儿。这是一个非常深刻的感触。

这次讨论会以改革红利为主题，刚才迟院长简要报告了未来十年改革的思路，题目很响亮。我觉得应该有一个中长期的改革展望，而且要把改革红利这面大旗高高地举起，突出改革能够带来红利的深刻内涵和深远影响。现在我们搞发展研究的机构比较多，更多的人还是热衷于谈发展，而从深化改革的角度，通过制度创新和变革来挖掘中长期发展的潜力，这方面讲得还不太够。比如经济增长方式或发展方式的转变，简称为经济转型，实际上包括制度变革和发展方式转变两层意思。中改院作为一个研究改革和发展的民办机构，多年来一直专注于研究和呼吁深化改革，起到了积极助推作用。我希望，还应该有更多的机构和人才聚集到改革的议题上来，共同举起改革红利这面大旗！

下面我对中改院研究课题中的一些提法提一点讨论性的意见。关于"消费主导型"的发展模式值得推敲。根据我们的研究，中国目前的工业化、城镇化、农业现代化、信息化远没有完成,到2020年全面建成小康社会,这四化是需要大规模和高密度投资的,至少应该有适度规模、适度增长速度,还要有合理的投资结构,否则这四化的历史任务根本都是完不成的。所以在目前的阶段主张消费主导型发展模式,我觉得有点儿超越阶段了。当然,我完全赞同加大消费对经济增长的贡献,但是"消费主导"可能比较难以经得住推敲。根据多年前我们做过的关于投资消费关系变化规律的一项研究,中国投资消费率要经过较长时间才能够自然地变化为消费率的上升、投资率的下降,这个过程就是工业化基本完成的过程,而且还要考虑农业现代化、城镇化、信息化的客观进程。

此外,我们的地方政府现在很关心的仍然是靠投资拉动,创造就业岗位。前不久我碰见一位大城市的市长,他说他现在最担心的是投资上不来,而不是消费。他说要靠消费拉动,你没有就业岗位,收入不增加,老百姓怎么去扩大消费呢?他说只要有投资,就能创造就业岗位,老百姓才有饭碗和增加收入的机会。你看地方领导想的是很实际的。我想从这个角度来说,消费主导型发展模式这个概念还值得认真地抠一抠,希望能够再精当一些。

还有课题组报告中提到农民工市民化,"十八大"报告已经把"农民工"改成六个字,叫农业转移人员,我觉得这个说法比较好。原来国务院出台有关改善农民工状况的文件的时候,曾经改称过进城务工人员,政府报告也曾经这么用过,但是大家觉得很绕嘴,又回到"农民工"的叫法。现在"十八大"报告改称为农业转移人员,我觉得以后这是一个比较规范的提法,希望能引起课题组的注意。

最后,我用几分钟讲一讲对今天的改革红利主题的一点想法。在发展中心的任何一个大课题当中,我们的专家始终在强调说,发展中心的研究报告不能仅谈发展,不谈改革。现在没有一个独立的、超脱部门利益的综合机构抓改革、议改革,这些事情主要归口到各部门,发展中心更要突出地、超越部门利益地去谈改革、促改革。这确实值得我们下功夫。

我仅仅从有关经济发展方式转变的一部分来谈谈切题的改革,比如说发展实体经济需要什么样的改革来保障。鼓励发展实体经济本身是一个发展问题,但是如果没有制度变革所带来的效率改进和经济信号的矫正,所谓促进实体经济发展是根本不可能的。我们中心专家的研究表明,现在几个主要行业的利润率,制造业确实是最低的。房地产业与制造业的利润差距差不多是两到三倍,倒是那些能源、资源类的行业利润率反而很高,高出制造业五六倍。金融业、金融机构——不光是银行——其利润率平均下来和制造业的相差倍数不是太多,大概两三倍;这个结果是用营业额利润率来比较的,没有考虑金融机构的杠杆率。金融机构最突出的特点是用少量的资本去放贷,它这个杠杆率比较高,因此用净资产利润率和制造业相比,就不止相差两三倍,而是五六倍了。在某一个时段,金融机构的净资产利润率可高达制造业的十倍,这是行业总平均下来的。这就跟大家的感受比较接近了。

行业利润分配如此失衡,我们要发展实体经济,靠什么去引导社会上的资金、技术、人才流向制造业等实体经济部门?要改变这种局面,只有靠改革。"十八大"报告对财税和金融的改革明确地提出要求,即要构建有利于结构优化和社会公平的税制体系,要完善支持实体经济发展的金融体系。这两句话说得都是很好的,需要我们进一步研究,怎么样通过财税金融改革形成支持实体经济发展的制度依托。现在社会上发展实体经济的积极性不高,这么多年来中央一直强调转方式、调结构,效果也不够理想,一个深刻的原因就是利润杠杆的引导作用扭曲,生产要素根本不会往利润那么薄的地方流动,而必定会蜂拥到利润丰厚的行业。所以我们说,必须要靠制度改革来推动结构调整和发展方式的转变。确实,应当通过财税金融体制等改革,使努力推动结构调整和技术创新、努力发展实体经济的市场主体得到实实在在的改革红利。换句话说,改革的好处与发展实体经济和促进转型结合得越密切,也就越能比较容易地被接受,特别是被相关的实体经济部门、企业和地方政府所接受。例如,能不能提出进行实质性的减税,而不是弹性很大的结构性减税？如果在这方面我们没有突破的话,我认为实体经济发展是得不到正确的利益动机和信号导向的。

金融体制的改革也可以再大胆一些。现在在温州和珠三角地区进行改革试点,我认为珠三角地区的金融改革是具有比较乐观的前景的。但温州的金融改革不会有实质性突破,因为金融改革在一个地级市是没有任何突破意义和典型意义的。例如银行系统的总分行体制是全国调度资金,你一个地级市的改革能够对全国的总分行体制有什么触动？而珠三角这种跨区域的金融改革倒还是更值得关注。此外,我们需要进一步发展多种所有制的金融机构,放松社会、民间资本创办金融机构的股权限制和起点。

我们应该乘"十八大"的东风,围绕发展实体经济和促进经济转型,推进实质性的改革,形成真正的制度红利。

(2012年12月8日在中改院改革形势座谈会上的发言)

25. "十二五"期间我国经济社会发展的
国际环境

未来5年,我国将面临后危机时期世界经济的许多新变化和新机遇,风险挑战也将十分复杂,"十二五"前期国际金融危机的影响还会比较明显。总体上看,机遇大于挑战,国际环境有利于我国和平发展,我们仍处于可以大有作为的重要战略机遇期。

一、和平、发展、合作仍是时代潮流

(一)经济全球化不可逆转。尽管国际金融危机对全球化产生巨大挑战,但并没有改变全球化的基础或根本趋势。信息通讯和交通运输技术的革命性发展仍是全球化的强劲动力。除技术变革之外,还有产业转移和贸易自由化等重要的因素在推动全球化。

全球产业转移将再趋活跃。据联合国贸发会议分析,在经济危机中,企业投资和经营的国际化进程仍在持续。大型跨国企业海外产值降幅大大低于总体经济降幅。随着世界经济和金融状况的改善,全球投资去年下半年已开始复苏,2010年上半年已重新进入上升区间,预计今后两年会继续小幅回升。在全球投资复苏的过程中,跨国并购的上升势头最为明显。产业转移根本上取决于全球分工、技术变革、市场开拓和企业扩张。后危机时期全球供应链分工体系仍占主导地位,新技术、新市场将形成新的海外投资热点。

贸易、投资自由化和区域经济一体化潮流不可阻挡。世界各国经济开放度和相互依存度越来越高,发展中国家、新兴经济体和发达国家各有其利益和关切,越来越多的经济体希望以合作、务实的态度,积极推进双边、多边或区域内的贸易和投资自由化。据世贸组织预计,到

2010年年底,全球范围的自由贸易协定将达到400个。其中,自由贸易区占区域贸易安排的90%以上,成为区域经济一体化的最主要类型。这将促进生产要素在更多区域内的自由流动,从而为经济全球化注入新的活力。

(二)世界经济政治格局出现新变化,多极化趋势更加明显。 发展中国家经济增长潜力大,在世界经济中的份额会继续上升。2000—2009年,新兴经济体和其他发展中国家占全球GDP的比重从24%上升到33%,对世界经济增长的贡献率达到46%。2009年发展中国家和转型经济体吸引的外国直接投资占全球的一半,输出的外国直接投资占全球1/4。发展中国家大多处于工业化和城市化快速发展时期,经济增长、对外贸易和投资都将保持强劲势头,对全球经济发展的拉动作用会加大。而发达国家在世界经济中的比重会进一步下降,世界各国力量对比将继续发生变化。

全球治理结构将深刻调整,与多极化趋势相互促进。发展中国家在世界银行和国际货币基金组织等国际组织中将争取到更多的投票权和话语权。多国集团发生重组,发展中国家广泛参与的多国集团在国际事务中的影响会越来越大。各国发展理念和道路的多样性更加受到重视,构建公平、公正、有序、包容的国际经济新秩序成为趋势。发展中国家的区域经济合作加强,将深刻影响世界竞争与合作格局。例如中国—东盟自由贸易区人口最多,经济规模仅次于欧盟和北美自由贸易区。发展中国家的区域经济一体化,将国家之间的竞争与合作转化为区域经济体之间的竞争与合作,有利于扩大回旋余地,增强抗风险能力。

(三)科技创新和产业发展孕育新突破。 国际金融危机造成的压力正在转化为新一轮科技创新的推动力,传统技术和产业的衰落将为新技术新产业腾出发展空间。以绿色、智能和可持续为特征、以信息技术和新能源革命为主导的科技创新及产业发展,将成为未来世界经济发展的新引擎。信息技术潜力巨大,仍会引领技术创新方向。现代互联网和移动通信技术突飞猛进,云计算、物联网、感知中心、智能电网、智慧地球等信息技术创新和应用方兴未艾。生物技术和材料技术经过长时间积累,有可能涌现新的突破。新能源、节能减排等低碳技术和行业成为跨境投资新热点。联合国贸发组织估计,2009年仅流入可再生能源、循环再利用和环保产品三个主要低碳行业的外国直接投资就达到900亿美元,其前景不可限量。

发达国家科技实力雄厚,企业创新能力和全球配置资源的能力强,占领国际产业分工高端,市场机制比较完善,技术成果与商业化和产业化衔接密切,技术创新和产业发展仍会继续领先。新技术研发和扩散将推动跨境投资和产业转移。发展中国家和新兴经济体市场规模大,低成本优势明显,先进适用技术的应用和推广潜力不可低估,在某些产业领域和技术环节可能取得跨越式发展。

二、国际金融危机影响深远,外部经济环境复杂多变

(一)世界经济复苏曲折坎坷,可能进入中低速增长期。主要发达国家复苏放慢的迹象增多,拖累世界经济复苏前景。尽管今年以来世界经济复苏好于预期,但是美国、日本、欧盟等失业率居高不下,消费信心恢复迟缓,房地产市场和私营经济尚未全面启动,库存调整放慢。欧洲主权债务危机引发金融市场急剧动荡,欧洲各国经济复苏明显受阻。美欧日复苏面临较大的下行压力,存在反复的风险,在经济刺激政策上进退两难,加大了世界经济复苏的不确定性。

世界经济增长内生动力不足。发达国家遭金融危机重创,经济深度衰退,信贷增长乏力,财政状况恶化,运用信贷和财政扩张政策刺激经济增长的能力受到制约,加上人口老龄化负担沉重,新增长点要形成

规模也还需要一个过程,未来经济增长并不乐观。新兴经济体和发展中国家复苏较快,但是通胀压力较大,经济结构矛盾突出,抵御外部冲击能力较弱,本国经济复苏可能出现波折,进而减弱世界经济增长动力。

(二)**全球供给结构和需求结构出现明显变化**。为应对并跨越金融危机,主要发达国家纷纷提出扩大出口和振兴本国制造业的政策,力图引领技术创新和新兴产业发展,促进制造业升级。美国明确提出5年内出口翻番、争当世界出口第一的目标,并制定了以新能源、新材料等新兴产业为主导的制造业振兴政策。日本公布了《新增长战略》,突出了"重视亚洲"、"再制造业化"等战略意图。法国的工业振兴新计划,明确了重点扶持数字科技、生态产业和能源产业等战略性产业。俄罗斯、印度、巴西等新兴经济体和其他发展中国家也在加快发展具有自身比较优势的产业和技术。全球生产和供给格局正在发生重大调整,围绕市场、资源、人才、技术、标准的国际竞争更加激烈。

明显萎缩的国际需求恢复到正常水平尚需时日,国际产能过剩凸显,各种形式的贸易和投资保护主义会进一步抬头。全球需求结构发生明显变化,发达国家私营部门的需求恢复慢于政府刺激的投资需求,消费过度和投资不足的矛盾正在调整,发展中国家仍在努力稳住外需,同时积极扩大内需。全球供给结构调整也将引起需求结构的变化,市场重心可能转移。发达国家振兴制造业和扩大出口,可能挤压发展中国家的传统出口市场,后者面临的外需环境将会趋紧。而区域经济一体化将扩大区域内需求潜力,发展中国家和亚洲的区域合作可能降低对欧美市场的依赖,促进区内需求扩张。

(三)**气候变化、能源资源安全等全球性问题更加突出**。气候变化问题是21世纪人类社会面临的最严峻挑战之一,事关人类生存和各国发展前景。世界经济复苏过程中和后危机时期的绿色发展、可持续发展,备受各国普遍关注。应对气候变化已经成为国际政治博弈和经济科技竞争的焦点。在现有技术和经济增长方式的基础上,世界能源资源消耗巨大,环境代价高昂,未来需求扩张仍很强劲。发展中国家处于工业化和城市化快速发展时期,受到发展阶段和技术水平制约,对传统能源资源的依赖程度更大,面临的环境代价、能源价格上涨和西方舆论的压力也越来越大。

为了应对气候变化、金融危机和传统能源价格上升,发达国家和跨国公司纷纷作出先导性战略安排,大幅度增加科技投入,力求在新能源技术、节能减排技术等与低碳经济相关的领域占得先机。发展中国家积极参与应对气候变化的国际行动,同时继续争取自身发展权益和空间。发达国家提出的低碳经济、碳排放交易、碳关税等理念和机制,既有积极合理的一面,也有牵制发展中国家的负面影响。围绕气候变化和能源资源安全等全球性问题,各国共同应对的共识程度在提高,但是在责任义务界定、发展权益维护、转型路径选择、技术资金援助等方面,还会存在长期争议。

(四)世界经济面临诸多不确定、不稳定因素。一是国际金融危机还没有结束,新的金融风险还在累积。美国金融衍生品花样繁多,可能引发信用危机的风险漏洞不少,其金融改革效果尚待观察。美国次贷危机导致的金融机构损失还未完全核销和暴露,许多国家的金融资产存在较大风险敞口,主权债务危机有可能向这些国家蔓延。

二是国际货币体系内在缺陷明显。美元在世界货币体系中的主导地位还将维持相当的长时间,这是一个客观现实。美元作为世界主要储备货币的格局和各国货币政策的独立性存在矛盾,一国主权货币政策影响甚至决定其他主权货币命运,美元贬值将直接损害各国美元资产的安全,国际货币体系的这种内在缺陷仍可能引发世界经济动荡。

三是南北发展差距仍然很大,多极化趋势存在不少变数。发达国家在经济实力、科技、军事和政治等方面占有领先优势,它们仍将力图主导国际经济政治体系的运行和规则制定。重组中的多国集团比较松散,目标、利益多元化,发展中国家在国际事务中还很难起到决定性作用。建立公正、合理的国际经济新秩序仍然任重道远。

四是国际市场震荡频繁,会迅速波及大多数经济体的内部市场。今年以来,主要货币汇率大幅波动,全球主要股市剧烈动荡,原油、铜、铁矿石等能源原材料价格高位震荡,未来还会出现类似情况。一些发展中大国在国际市场上对粮食、能源等大宗商品需求很大,但并无定价主导权,容易受制于人。

三、坚持以更广阔的视野统筹国内国际两个大局

(一)**客观分析我们面临的机遇和挑战。**当今世界经济政治格局的大调整,仍然是在和平、发展、合作的时代潮流中进行的。"十二五"期间我国发展的外部环境孕育着前所未有的巨大机遇。我国对世界经济增长的贡献加大,外部对中国市场的依存度上升,有利于我国挖掘巨大内需潜力,充分发挥市场规模大、劳动力充裕等生产要素组合方面的比较优势。新技术革命和产业转移有利于我国打破某些产业的瓶颈制约,发展战略性新兴产业,实现某些领域和环节的跨越式发展,促进产业结构优化升级。全球化和区域合作深入发展有利于我国发展开放型经济,"引进来、走出去",扩大我国在全球和区域内配置资源的回旋余地,并与合作各方形成共赢格局。我国成功应对了国际金融危机冲击,带动世界经济复苏,国际地位和影响力上升,有利于我国参与制定国际经贸规则,并运用相关规则、机制来维护国家利益和发展权益。

我们也面临诸多风险挑战:世界经济增长放慢,外部需求总量趋紧,需求结构变化,我国经济增长更多依靠内需的客观压力加大。发达国家扩大出口和振兴制造业,可能挤压我国传统优势产业的发展空间,拉大我国与国际先进水平的技术差距,固化我国制造业在国际产业分工中的低端地位。全球产业转移会给我国带来高能耗、高污染企业和产业,也可能产生某些行业的外国垄断,在某些领域影响国家经济安全。国际市场波动和金融风险可能迅速传导到国内,影响宏观经济稳定。发达国家主导的国际经贸规则对我国的压力日益增大,所谓的中国"责任论"、"傲慢论"和"威胁论"也会花样不断翻新。

(二)大力发展开放型经济,以开放促改革、促创新、促转型。加快经济发展方式转变是"十二五"规划建议的鲜明主线,统筹国际国内两个大局应当围绕这条主线展开。我们要紧紧抓住世界经济变局中不可多得的历史机遇,积极防范风险,深化改革,扩大开放,为加快转变经济发展方式提供强大动力。继续实施互利共赢的开放战略,稳定和拓展外需,优化对外贸易结构,提高利用外资水平,加快实施"走出去"战略,形成全方位对外开放的新格局。加强双边、多边和区域内的国际经济技术合作,发展同周边国家和地区的区域经济一体化,维护自由贸易,推动国际分工深化。把握好自己在全球经济分工中的新变化和新定位,促进科技创新、产业结构调整和加工贸易升级,转变粗放的投资和出口增长方式,积极创造参与国际合作和竞争的新优势。面对世界经济深刻调整和增长模式转型,我们要以更大的力度推动关键领域的改革创新,构建高效有序、更加开放、有利于发展方式转变的社会主义市场经济体制和机制。

(三)主动适应国际环境变化,营造良好外部环境。国际金融危机爆发以来,世界上对我国的积极评价和施加的压力交错出现。面对深刻的世界经济变局和复杂的国际政治博弈,我们应当继续冷静观察,沉着应对,有效化解各类矛盾。我国仍处于并将长期处于社会主义初级阶段,仍然是发展中国家,这些基本国情没有变。发展是解决中国所有问题的关键,我们必须在和平、发展、合作的世界大趋势中谋划科学发展,推动经济发展方式转变,不断提高综合国力,为全面建成小康社会打下更加坚实的基础。在为国内发展营造有利的外部环境方面,我们也应当有所作为。积极参与国际事务,推动构建公正合理的国际经济新秩序,在气候变化、能源安全、可持续发展和人道主义救援等全球性问题上加强同各国的沟通与合作,逐步增强我国的话语权。稳步扩大我国在世界经济政治格局中的回旋余地,努力提高在全球配置资源的能力,在更高层次上利用好国际国内两个市场、两种资源,同时也要不断增强防范各种风险、维护国家经济安全的能力。中国积极营造和争取和平发展的国际环境,努力发展自己,并与各国携手共同应对全球性难题,将为世界经济稳定复苏和走向繁荣作出应有贡献。

(原载《求是》杂志 2010 年第 23 期)

26. 中国经济转型与新兴经济体的合作

一、中国经济转型给世界带来新的发展机遇

中国经济转型的思路可以简单地概括为：中国经济的发展强调五个突出，即突出环境的约束，突出转型的目的是为了民生的改善，突出转型要依靠科技创新，突出转型要依靠结构的优化，最后突出转型的动力来源于进一步的改革开放。如果没有改革的进一步深化，我们的转型是没有体制保障的，说了很多都将是纸上谈兵。

我们强调或者突出这几点，实际上就是要提高经济社会发展的协调性、包容性和可持续性，这可以理解为中国经济转型的努力方向或主要奋斗目标。

我们努力的结果或进展怎么样？以产业结构调整为例，最近这些年来，中国的三次产业构成在发生一些积极的变化，虽然还不很明显，但是正在发生：第一产业的比重在逐步降低，第二产业的比重相对稳定，也在逐步降低，第三产业的比重在稳定中提高，幅度虽然很小，但也还是在上升。

如果我们坚持经济转型的努力，中国的产业结构调整未来能达到什么样的状况？根据我们的测算，到 2020 年，我国高能耗产业的比重将逐渐下降，低能耗产业的比重将逐步上升，虽然变化的幅度不大，但是可以看到这个趋势是明显的。这种积极的结构变化，将为我国绿色产业、绿色经济的发展腾出必要的空间，否则的话，我们的产业结构依然是偏重于重化工业，依然是靠传统的第二产业提供很大的贡献力量，那么绿色经济、绿色产业的发展空间就会受到一定的挤压。我们的测算表明，到 2015 年中国的第三产业增加值占 GDP 的比重应该达到

46.8%,中国"十二五"规划提出的预期目标是47%,跟我们的测算是非常接近的。到2020年,我国的第三产业比重将达到51%,这样一种结构变化,反映了中国所处发展阶段的一些重要特征,例如工业化、信息化、城镇化和农业现代化的历史任务仍然繁重。

中国经济转型给世界带来什么样的机遇？至少有三个：

第一,中国的内需在扩大,国内市场潜力在进一步释放。近年来中国经济增长对全球增长的贡献率是10%—20%,2010年达到了50%以上,中国实行的扩内需政策对于全世界经济增长的贡献,现在已经看得非常清楚了。根据经济合作与发展组织(OECD)的测算,从1995年到2010年的十五年间,中国经济增长的拉动力量主要是投资、消费两大内需,出口作为拉动中国经济增长的动力是越来越小的。2005年到2010年,投资和消费两大内需对中国经济增长的贡献率高达97%,而净出口的贡献只有3%,这些数字是客观的、有说服力的。内需不断扩大正是中国推进经济转型的一个重要结果。

从消费需求的增长看,我们中国城乡居民的消费支出是全世界增长最快的。根据世界银行的计算,1990年到2008年的将近20年间,中国的这一指标年均增长高达8.3%,这是剔除了物价上涨后的实际增幅,全世界仅为2.9%,发达国家更是只有2.3%,这表明中国的消费内需确实是全世界增长最快的。既然如此,为什么国际上还是有人指责说中国老百姓消费不足？因为我们的投资和GDP的增速远远快于消费的增速,投资增速20%以上,GDP增速10%以上,于是GDP当中投资的比重越来越大,消费的比重此涨彼消。但是不能否认中国城乡居民消费本身的增长在全世界最快这一事实。更重要的是,中国城乡居民的消费结构正由温饱型上升为小康型,消费热点由吃穿用转变为住房、汽车等高价值耐用消费品,这预示着中国的内需市场在消费这一部分有很大的、可持续的潜力。根据我们的测算,在"十二五"期间,城镇居民消费增长速度可望保持在 8.5%，农村可望保持在 10%，因为近几年中国农民增收幅度一直大于城市居民。可以预见，消费对中国经济增长的贡献会进一步扩大。

扩大进口是中国这几年明确提出来的一个战略，贸易平衡状况随之明显改善，这也是内需扩大的重要标志。由于进口增长连年快于出口增长，因此顺差下降比较快。到 2011 年，中国的贸易顺差已经连续三年下降，贸易顺差占 GDP 的比重从 2007 年的将近 10% 下降到 2.8%。最近几个月来，可以看到国际货币基金组织在说，人民币币值不存在严重的低估，而是温和低估。还有西方的一些经济学家认为，人民币对美元升值高达 30% 以上，已经接近合理均衡水平。根据我们的测算，预计"十二五"期间，我国进口年均增长将高达 27%，快于出口 5 个百分点。也就是说，这五年间中国的内需将不断扩大，向世界敞开进口的大门，这是给世界带来的第一个机遇。

第二个机遇，中国在不断完善创业环境，综合竞争优势仍然明显。根据国务院发展中心外经部对中国和外国企业两次调查的第一手最新数据，中国的综合竞争优势仍然有较强的吸引力。调查表明，中国的传统低成本优势，如劳动力、土地、水、电廉价的情况在明显改变，这些成本确实在上升。同时，新的成本优势，比如交通、电信、产业配套等等，是在逐步增强，而且劳动力素质、市场环境、生活环境、社会环境和政府服务这些因素也在明显改善。在主要新兴经济体当中，我们的投资环境和前景评分高于其他的新兴经济体。

2009 年 10 月份我们对在华 500 家外资企业的调查显示，针对危机之后的公司在华战略选择，40%—50% 的欧盟企业、日韩企业、美国企业表示，要增加在中国的投资，发展高端制造业，提高在华的技术水平，建立区域研发中心和总部等。

现在有什么变化没有？根据 2012 年 5 月份对将近 300 家中国企

业和外国企业的调查,它们对中国的投资环境有什么评价?我们来看综合评分结果:五年前,中国得7分,其他新兴经济体包括韩国、俄罗斯、东盟、巴西等都在6分以下,现在中国是7分以上,其他新兴经济体在6分左右。未来5年如何评价?中国在8—8.5分之间,其他国家在7分左右。这些评价表明,尽管中国的劳动力、土地、水电等成本在上升,但是市场环境、政府效率、劳动力素质、基础设施等12项指标综合比较下来,中国的总得分高居其他经济体之上。

我们可以得出一个重要的结论,未来更多的企业将把中国定位为重要的市场,这是第一位的;第二位是研发基地;第三是高端制造基地。当然,中国的投资环境仍然有缺陷,我们要顺应经济形势和传统比较优势的变化,进一步改善创业环境,不仅要满足内外企业调整各自战略的需要,也要通过发展开放型经济来促进自己的经济转型。

中国经济转型还会有很多摩擦,正在"阵痛"当中找到自己努力的明确方向,而企业家是最敏锐的,他们看到这个努力方向值得他们留下来,而不是离开。这是我们中国给世界带来的第二个机遇。

第三个机遇,中国的经济转型有利于和全球携手解决共性的难题,比如资源环境难题。经过几十年的努力,中国现在的能耗和碳排放强度在大幅度下降,达到中等收入国家的平均水平。根据国际能源协会的统计,中国的碳排放强度(即单位GDP碳排放),1978年左右是在1.6—1.8千克,到2008年,已经降到0.7千克以下,下降幅度是非常大的。同期世界平均水平、日本和美国等发达国家的这一指标也是在下降,已经低于0.5千克,但是下降的幅度比较缓慢。在中国这样的发展阶段,能做到碳排放强度大幅下跌,的确来之不易。由于发展阶段的制约,中国跟世界平均水平、特别是发达国家相比,能耗和碳排放强度的差距还很大,仍然任重而道远。中国的能源消费90%以上是靠国内生产的,未来仍然要立足于国内。我们要大力发展绿色经济、循环经济、新能源和低碳技术,树立低碳的发展理念,我们也要加大国内资源的开发力度,形成一批新的、战略性的能源和矿产资源接续基地。在这个过程当中,中国愿意加强跟外界合作,希望走出去,也希望引进来,这个领域的国际合作空间是很大的。

国际能源协会的统计还表明,现在所有发展中国家的单位 GDP 能耗都是在下降,也就是说,虽然发展中国家大体上都处在工业化加速期,但是它们的能耗峰值远远低于发达国家在同样历史时期的能耗峰值。新兴经济体和其他发展中国家处于类似的发展阶段,遇到同样的经济增长和减少排放的矛盾,在努力解决这个矛盾的过程当中,新兴经济体和其他发展中国家会找到合作的机遇。这也必将有助于全球逐步解决高能耗和碳排放带来的问题。

根据我们中心课题组的测算,中国的经济转型如果切实推进的话,到 2020 年单位 GDP 能耗和碳排放将比 2005 年下降 55%,明显大于中国主动承诺的下降 40%—45%,这对世界将是重要的贡献。

二、新兴经济体加强合作前景广阔,大有可为

新兴经济体之间加强合作,这是大势所趋。对于这一点我们现在分析的还不够,需要加深认识。在世界范围内,技术革命、产业转移、市场开拓和企业扩张,再加上区域经济一体化,使得新兴经济体之间的相互依存成为全球潮流。发达经济体对于全球经济的拉动明显减弱,新兴经济体需要合作来促进全球经济增长,同时也为自己的经济增长创造良好的外部环境。全球治理结构的调整需要新兴经济体加强合作,共同来推动。第三次工业革命离不开新兴经济体的市场和参与,它们将成为推动新技术和产业革命的一支生力军。这些大趋势越来越清晰地呈现在世人面前。

新兴经济体的合作潜力是非常大的,但是挖掘不够。首先,新兴经

济体相互之间的贸易规模还很小,以"金砖四国"为例,中国与俄罗斯、巴西、印度三国的贸易额高达40%,但是其他三国之间的贸易额很小,远远低于中国同它们的贸易额。我们再看投资,四国之间相互投资规模更小,中国1997年到现在对俄罗斯投资累计不足50亿美元,占它吸引的全部外国直接投资不到1%;我国是巴西第一大贸易伙伴,但是对于巴西的投资仅仅占它吸引外国直接投资的0.1%;我国是印度的第二大贸易国,但是对印度投资也不足它吸引外国直接投资的1%。此外,四国之间的合作渠道比较窄,领域不够宽,合作方式也比较单一,双边和区域的多种合作还比较少。"金砖四国"这些方面的合作潜力亟待进一步挖掘。

新兴经济体之间的合作机遇很多,需要我们去捕捉。机不可失,失不再来。在全球化浪潮推动下,特别是国际金融危机爆发以来,新兴经济体经济发展势头不减,活力增强,在全球经济中的地位上升。迫于形势,发达经济体的姿态也有所调整,它们面对新的变化,尽管不情愿,也不得不逐步支持新兴经济体之间的合作,并且有限接纳新兴经济体参与全球治理结构的改革与完善。

在区域和双边合作当中,新兴经济体合作前景看好。以自贸区为主要方式的区域合作非常活跃,例如东盟10+1,还有其他双边的、区域的合作也逐步扩大。各个新兴经济体的比较优势和国际竞争力各具特色,比如说中国的人口红利逐步弱化,人口老龄化发展迅速,但改革红利和制度红利会逐步生成,可以弥补正在弱化的传统人口红利。但是,此类问题在其他新兴经济体尚不突出。这种各具特色的比较优势和国际竞争力,有利于各国通过加强合作来取长补短,增强经济互补性。

第三次产业革命会带来重大的发展机遇。经过多年快速经济增长,新兴经济体的科技和经济实力正在改善,它们的内需潜力相当大,新技术的市场空间也相当广阔。因为工业化进程还比较落后,它们在传统农业、工业和服务业上的沉淀成本比较小,没有那么多固定资产投资的旧包袱,正好可以采用一些新的技术,建设一些新项目。许多新兴经济体的人口红利仍然是明显的,创新所需要的人力资本来源比较充裕。这些都有利于新兴经济体参与和推动第三次工业革命,并分享它所带来的机遇和利益。

新兴经济体之间的合作领域应当是比较宽的,需要积极开拓。

第一,拓展区域和双边合作。可以涵盖经济、科技、环境、文化等多方面,不仅要加强政府间的合作,而且还要加强各个产业间、大中小企业间的合作。企业家有自己的优势,应当在合作前线打头阵,行业协会和政府要做好后盾,加强服务和支持。

第二,探索多元化的合作方式。我们要继续发展贸易和投资,不断扩大规模。此外要借鉴区域经济一体化的经验,实行互利互惠的安排,采取如关税同盟、货币联盟和经济联盟等多种方式,不仅要推动货物贸易自由化,也要推动服务贸易、投资和旅游便利化。

第三,我们要促进全方位的合作与交流,既包括政府间的,也包括民间的,如各种市场中介机构之间的、不同类型企业之间的等等,应当多渠道、多维度地开展合作与交流。

第四,新兴经济体也要共同应对全球性难题,包括能源难题、气候难题、劳工难题、环境难题,以及新兴经济体的发展路径等。例如,我们能不能避开所谓"中等收入陷阱"之类问题。根据国务院发展中心课题组的研究,按照购买力平价和市场汇率相互参照的计算结果,中国总体上已经跨越了中等收入陷阱,但是在中国一些西部地区和中部贫困落后地区,还没有完全解决温饱问题,还要防范跌入"低收入陷阱"。可见,我们前进的道路很不平坦,各种陷阱其实很多,每一步发展都要防范可能的陷阱。希望新兴经济体联合起来,为跨越这些陷阱搭好桥梁,铺平道路。

(在 2012 年全球 CEO 发展大会上的演讲，根据 2012 年 10 月 30 日和讯网记录整理）

27. 人民币区域化:一个更务实的战略

近年来,人民币国际化成为国内外议论的一个热门话题;国际金融危机爆发以后,这一话题更是活跃起来。无疑,随着中国经济实力不断壮大,金融改革不断深化,人民币终将成为国际货币,但这是一个相当长的过程,是我国的长期努力方向。冷静而务实地说,在近中期内,我们能够做到人民币的区域化,就已经很不错了。人民币区域化应当是我们努力的阶段性目标,推动这一进程,对我国继续应对国际金融危机的后续影响、扩大回旋余地和维护国家经济安全,具有重要战略意义。

推进人民币区域化,我们面临不可多得的历史性机遇。改革开放30多年来,我国经济持续快速稳定发展,人民币区域化已经具备较好的经济实力基础。我国主动发展开放型经济,积极推动与东盟等国的区域经济一体化,人民币跨境流动也有一定规模。中国在应对国际金融危机冲击中成效突出,人民币区域影响力增强。而且,货币区域化对本国经济、金融开放程度要求较低,我国可以在资本账户未完全开放的情况下推进人民币区域化。

2008年国际金融危机爆发后,各国普遍认识到,在缺乏有效约束机制的国际货币体系中,过度依赖美国的主权货币,无论对维护本国宏观经济稳定和金融资产安全,还是对保持国际经济稳定平衡,都带来极大风险。为应对危机和防范风险,国际上区域经济和金融合作势头趋强,东亚、东南亚合作意愿仍是主流。在金融合作领域,东南亚各国扩大亚洲货币储备库、进行货币互换等。东盟内部经济一体化加快,目前正在考虑建设关税同盟和共同市场。经过多年努力,中日韩自贸区官产学联合研究于2010年正式启动。中国大陆和台湾地区签署海峡两岸经济合作框架协议(ECFA)之后,与我国台湾地区产业结构相近的韩国受到很大震动,同意于 2011 年正式启动中韩自贸区谈判。

俄罗斯、巴西等国加速推进本币的国际化。俄罗斯宣布资本账户完全开放,积极策划将莫斯科建成国际金融中心,推动卢布计价、结算。俄罗斯将贸易本币结算推广到独联体国家,并倡议在"上海合作组织"实行,也希望与我国的本币结算从边界贸易扩大到一般贸易。2010 年 11 月 23 日卢布与人民币在中国外汇市场实行直接交易。巴西与阿根廷达成贸易本币结算协议,积极推动与南美其他国家"脱离美元"的进程,并探索与我国贸易本币结算的可行性。国际上经济金融合作和脱离美元趋势方兴未艾,将扩大对人民币的需求,有利于我国推进人民币区域化战略。

我们清醒地看到,人民币区域化进程也面临不少制约因素。人民币区域化进程不仅包括逐步扩大境外流通规模和地域,而且意味着发挥区域主导货币的各种职能,其中基础职能是计价结算工具,而较复杂的职能是投资工具、汇率避险工具和储备货币。在相当长的时间内,美元霸主地位难以撼动,欧元地位也难以替代。人民币成为国际货币还相当遥远,即使是实现人民币区域化这一阶段性目标,也要跨越许多障碍。从流通地域和货币职能角度看,人民币区域化还受到以下因素制约:

一是区域经济一体化程度影响人民币区域化范围。在与我国经贸和人员往来密切的地区特别是边境地区,人民币流通量较大。在有些边境地区,人民币甚至比对方国家货币更受欢迎。但由于两国没有达成区域经济一体化的制度性安排,边境的经济一体化措施无法扩展到两国全境,人民币区域化也只能局限在边境地区。

二是区域内金融服务落后,缺乏统一的人民币市场汇率基础。在与我国贸易往来比较密切的东南亚地区,包括已经与我国实行货物贸易自由化的东盟自贸区,不少国家的银行体系很不发达,可以兑换人民币的金融机构更是稀少。此外,区域内许多国家并无本币与人民币直接兑换的官方汇率,而必须通过美元等硬通货换算,或通过黑市高价兑换。这都不利于人民币在区域内的流通。

三是我国金融市场还不成熟,汇率形成机制还不完善,制约人民币成为投资工具、汇率避险工具和储备货币。人民币要发挥区域主导货币的这些复杂职能,目前条件还较欠缺。我国金融市场和金融产品不发达,外汇交易不够方便,汇率避险机制不够健全,资本账户还没有完全开放。因此,海外企业获取和持有人民币资产的积极性受到影响,人民币区域化的地域范围和货币职能都会受到限制。

四是周边战略安全变局制约人民币成为周边区域主导货币。近年来,东北亚、东南亚安全局势频频出现危机或争端,不能排除某些国家可能借周边安全变局继续制造事端,进一步拉大国抗衡中国。一些国家可能联手巩固传统经济大国和区域主导货币的地位,防范人民币成为本区域主导货币。这些会影响本地区用人民币结算、投资的信心。

以上这些制约因素,需要我们妥为化解。推进人民币区域化,是否可以考虑以下三条基本思路,提出来供大家讨论:

一是"扩规模",即扩大人民币在境外的市场循环规模。拓宽人民币走到境外的渠道;在境外让人民币像其他自由兑换货币一样,可用于存款贷款、结算支付、资产管理、汇率避险等全方位业务;让境外各机构与自然人通过正规的人民币可兑换通道,分享中国经济高增长的收益。

二是"树形象",实施互利共赢战略,推动亚洲特别是东南亚经济一体化和金融合作,实现包容性经济增长,深耕周边,弱化周边争端引起的相关国家的戒心,积极塑造睦邻友好、共同发展的周边安全环境,逐步树立人民币在亚洲区内的"主导货币"形象。

三是"拓空间",充分利用国际组织和世界各国的积极力量,适当限制美国滥发货币行为,支持"货币区域化"潮流,为人民币区域化争取发展空间。利用好"上海合作组织"、东南亚、俄罗斯扩大与我国合作等有利因素,以推动区域经济一体化来促进人民币区域化,对冲周边不利因素,拓展人民币区域化的回旋余地。淡化"人民币国际化"提法,明确"人民币区域化"战略,符合我国经济实力和金融发展状况,也有利于避免引火烧身,实际上是更可行的战略。

根据课题组的研究,我觉得以下政策建议是有参考价值的:

第一,在国际贸易中积极推广使用人民币计价、结算。

第二,开启人民币离岸市场。进一步发挥香港离岸市场的作用,允许香港金融市场开展人民币存贷款、结算、融资和其他人民币资产业务。

第三,继续推动我国央行和海外各央行的人民币互换计划,扩大人民币对外援助,促进双边经贸活动,满足海外的人民币资金需求。

第四,支持国际货币体系重组,逐步削弱美元作为主导货币而又不负责任的负面影响。

第五,稳步推进资本项目开放。继续坚持不设时间表的方针,以扩大回旋余地。根据人民币汇率形成机制变化、宏观经济稳定状况和监管水平,设定资本项目开放路径。

第六,积极推进我方主导的区域经济一体化。

如此等等。当然,现在付梓的研究成果还是阶段性的,随着国内外经济形势和周边安全态势的变化,人民币区域化的进程会不断深化,相关研究成果也会不断丰富,这是值得期待的。

(《人民币区域化:条件与路径》一书序言,中国发展出版社 2011 年 8 月)

28．机遇同创　互惠共赢

尊敬的郑必坚校长、吴建民大使、德国施明贤大使，各位来宾：

我很荣幸参加今天纪念中德建交40周年的企业座谈会。参加人员主要来自中国和德国的企业，以及从事中德友好交流与合作的人士。我利用这个机会做一个简短的致辞，大概讲三个方面的意思。

第一，我感到德国企业在中国现代化建设当中起到了先行的助推作用。在我的记忆当中，上世纪70年代初期，德国企业就已经和中国展开了经济合作。那个时候我还是一个年轻人，在北京有机会参观了德国举办的工业展览会，并通过报纸了解到德国与中国的经济技术合作，出口、制造业等方面的贸易往来、经济往来是非常密切的。

大家知道，上世纪70年代初期和中期，在中国正好是十年动乱的时期，正好是闭关锁国的时期，正好是计划经济控制的时期。在这样一个特殊的历史年代，中国还不像今天这样开放、这样面向世界，西方封锁中国，前苏联撤走专家，中苏关系长期紧张，我们从哪里得到先进的设备和技术，先进的管理经验，还有比较雄厚的资本以及外国看世界的理念、方法、知识？我个人觉得，更多的是从德国。德国为中国的现代化建设打开了一扇窗户，尽管这个窗户不像现在这样大，但是这扇窗户对于像我这样的年轻人的影响是深远的，因为我到现在还记得，我通过这扇窗户看到了世界，而现在的年轻人可能不知道这段经历。中国的改革开放是在反思了历史的教训、经验、挫折以后更加坚定不移地往前走的，这样一段经历，我认为我们应该记住，这就是中德合作的基础，中国企业和德国企业合作的基础，有了这样一种基础，我认为它会不断取得新的进展。

因此今天我的致辞，第一个要讲的感受，就是我们在70年代的封闭的、不开放的、计划经济统治的时期，我们和德国企业，和德国的人民进行了经济交流、技术交流，这对中国的现代化，对中国日后的改革开放都是有积极意义的。

第二，在中国和德国的合作当中，在德国和中国进一步的合作当中，德国企业、德国人民乃至德国政府对中国的改革开放和经济转型又起了积极的助推作用。德国企业，尤其是德国的民间人士，对中国是非常友好的。这里我想起去年的4月份，我到欧盟和德国去介绍中国的"十二五"规划，顺访了德国的黑森州。当地的一位德国企业家在一家旅馆接待我们，我感到很惊讶，在旅馆门口高悬着中国国旗、德国国旗和黑森州的州旗，我以为这个旅馆是他开的，怎么一个德国旅馆门口会竖起中国国旗？原来，黑森州这个企业家，他是德中友好的负责人，两面国旗，一面州旗，表明了他作为一个德国的企业家、德中民间友好人士，对中国的感情，对中德友好关系的看好。他热情邀请中国企业到黑森州投资合作，并希望与中国企业在清洁能源和节能减排技术方面开展密切合作与交流。我亲眼看到并进一步感受到，德国的企业、德国的人民对中国的企业、中国的市场和中国经济发展的前景是这样拥有信心。

大家知道，清洁能源和节能减排技术以及管理知识，不仅对改造中国传统产业非常适用，也是推动第三次工业革命的标志性技术和主导产业。加强这方面的合作与交流，既可扩大德国企业的市场，促进德国实体经济的发展，又可促进中国的产业结构调整和经济转型。而且，在世界范围内新一轮技术革新和产业革命的大趋势中，中德企业加强合作与交流，有利于双方共同参与这一进程，并分享它所带来的好处。

我们国务院发展研究中心是研究战略性、全局性、长期性、综合性和前瞻性问题的，但是今天我不谈什么大道理，我更愿意讲个人最真切的感受，最鲜活的事实。这是最有说服力的，也最容易理解的。

第三，中国的经济转型为世界带来新的机遇，更为中德企业合作打开大门。刚才吴大使已经提到了，中国正在加快转变经济发展方式，走科学发展的道路，尤其是"十二五"规划进一步明确了我们在这条路上的目标。中国的经济转型将使经济发展方式更加符合市场化、国际化的需要，更加符合主动参与全球化进程的需要，投资环境正在进一步改善，中国的经济转型为世界提供了机遇，推动世界合作互利共赢的进程。

2009年，中国和世界都面临国际金融危机严重冲击的时候，有人说，外国企业特别是制造业，要大量迁出中国。事实如何呢？当年10月我们对500家在华外国企业做了问卷调查，结果发现，50%以上的美国企业、欧盟企业和日韩企业要扩大在中国的投资，特别是在中国市场开拓、加强和中国企业的技术合作，以及发展高端制造业和现代服务业等方面，要加大投资力度，而且要把地区总部和研发中心向中国转移。大家别忘了，这是最困难的时候，大多数外国企业对中国的看法是如此积极。

今年5月份，我们又对400家中国企业和外国企业共同做了问卷调查，结果使我们更加振奋，它们对中国和其他新兴经济体投资环境改善的评价都是上升的，而中国比所有新兴经济体的评分都高。这个评价包括中国的基础设施条件、产业配套环境、政府服务效率、劳动者素质和管理人员水平、生活环境、社会环境等十项，评分基本都是上升的。其中只有两项评分下降，一个是劳动力成本上升，一个是水电成本上升，但是其他方面的全部评价，对过去五年、现在和未来五年的看法，它们的评分曲线都是往上涨的。

我给大家讲的这两个调查问卷的结果证明什么？简单说，中国投资环境的综合竞争优势仍然是明显的，越来越看好的。因此，我要进一步对世界讲，中国的经济转型确实给世界打开了市场机遇，因为我们不仅要稳定和拓展外需,我们还要扩大进口,更多地依靠内需,依靠工业化、城镇化,依靠居民消费结构升级,调动我们巨大的国内市场潜力,加快转变以往粗放的经济增长方式,转向更加具有协调性、持续性和包容性的增长模式。可以预见,中国的市场机遇会比以往更加扩大,更加多样化,更有吸引力。

回到今天座谈会的主题"机遇同创,互惠共赢",我觉得还应该提到德国给中国带来什么新机遇。去年访问德国时我了解到,德国有效发展实体经济,成功应对国际金融危机冲击,保持经济稳定增长,这些方面也给我留下深刻印象,值得中国学习借鉴。我希望德国的企业家们,继续发扬你们的远见卓识,优秀的技术和管理知识,更密切地与中国的企业展开宽领域、多样化的合作,更多地进入中国市场。同时,也希望你们更多地帮助中国企业了解、进入和适应德国市场,增强中国企业和德国市场需求的互补性,让中国企业和德国企业一起,共同分享发展实体经济的经验和机遇,在继续抗击国际金融危机、促进经济转型、迎接第三次工业革命的道路上携手并进!

(在纪念中德建交 40 周年企业座谈会上的致辞,
2012 年 7 月 12 日)

29. 深化市场经济研究,服务改革开放大局

社会主义市场经济作为我国经济改革的基本方向,从邓小平上世纪 90 年代初南方谈话算起,已经有了十多年的实践。对于市场经济的规律和运行机制的研究,也在不断深化。其中包括对我国市场化程度的研究,从定量分析的角度切入,衡量我国市场化改革的进程,反映市场经济制度建设的进展和不足,为深化改革提供一定的参考依据。我和清华大学胡鞍钢教授合作发表在 1993 年第 10 期《经济研究》的《市场化改革对我国经济运行的影响》一文,可以说是这方面研究最早的尝试,并为以后的市场化测度提供了启发性思路。我们编制了中国的第一个市场化指数,并将其引入经济计量模型,试图以定量方法来研究市场化改革这一制度变量对中国经济运行稳定性的影响。当然,我们那时的研究还偏于学术性,数据较少,指数编制方法也比较简单。

此后,随着中国经济改革的不断深入,特别是面对与西方发达国家关于中国市场经济地位的争论与谈判,对市场化程度进行测度、进而回应西方国家对中国市场化改革的怀疑和否定,就不再仅仅是学术层面的事情,而是具有了为国家对外谈判直接服务的迫切需要。为回应欧盟称中国进行倾销的指责,应对其对华"反倾销"的动向,我国学术界和政府部门联手进行了中国市场化进程的针对性研究。从 2003 年开始,北京师范大学李晓西教授连续多年主持了中国市场经济发展进程的研究课题,并且出版了系列报告。这些报告对市场化进程测度的研究更加深入、系统,数据更加翔实,方法更加科学,不仅是了解中国市场化改革特点和趋势的重要学术成果,而且为国家改革开放大局服务的实践意义更加鲜明。

以《2008 年中国市场经济发展报告》(专家评审稿)为例,它具有以

下特点:

1. 报告体现了"两个服务"的新的指导思想。2003年以来,最初几次的报告主要是为应对欧盟对华的"反倾销"而服务的,现在则不仅仍然具有这方面的作用,同时也更加全面深入地反映我国市场经济体制改革的进展,作出客观评估,为促进市场经济体制的不断完善而服务。这种指导思想的变化更加积极,使报告内容更加充实,更符合国内主动推进改革开放、促进体制创新的实际进程和客观需要。

2. 报告以一半的篇幅对30年来改革开放的重大理论创新及其对决策的贡献进行了梳理和归纳,具有突出的思想性、较高的历史文献价值、理论研究价值和政策参考价值。报告第二部分选择了政府职能转换、企业改革、财税体制改革、土地制度改革、农村改革等八个主要领域,进行了相关改革理论的回顾总结,实际上也反映了体制创新不断深化的进程,堪称一部研究中国改革理论进展的重要文献,也是对中国改革开放30年的很好纪念。

3. 报告鲜明地提出科学发展观不仅是发展观,也是改革观,这个认识符合中央文件精神,也有利于促进今后的改革。2003年党的十六届三中全会提出"以人为本"、"五个统筹"、"全面协调可持续"等科学发展观的基本要求,同时明确提出改革的"四个协调",即要做到微观和宏观领域的改革相协调,经济和社会领域的改革相协调,城市和农村改革相协调,经济和政治领域的改革相协调。统筹兼顾是科学发展观的根本方法,同样也是协调推进改革的根本方法。今后改革越是深入,越是会触及深层次体制矛盾,改革的任务也越是艰巨,越是需要以科学发展观为指导,推动改革和发展的协调互动。

4. 报告关于市场化程度不断提高的结论是符合改革开放实际进程的,市场化指数的测度方法也在不断改进。据报告测算,中国市场化程度由2001年的69%上升为2006年的77.7%,这反映了我国改革开放不断深化的趋势,与加拿大弗雷泽研究所关于中国经济自由度上升的测算结果在变化方向上也是一致的。报告也客观说明了,某些年份市场化指数存在波动,与选取的影响因子变动有关。例如政府公共服务开支的增加会导致市场化指数下降,但是如果增加的政府开支用于弥补公共服务的不足,这是政府应当行使的正确职能。当然也要注意分析,某些年份市场化指数的下降是否由于改革迟缓而引起。

需要指出的是,市场化指数的测算方法可能还有改进的余地。例如,按照课题组的划分,市场化程度达到80%以上意味着进入成熟市场经济国家行列,2005年我国市场化指数高达78.3%,很接近这一行列了。实际上,我国资源价格体系还存在明显扭曲,公共财政的改革也不理想,1998—2005年,卫生、教育和科技三项支出在财政开支中的比重甚至下降了。根据报告测算,2001—2005年,我国市场化指数提高了9.3个百分点,是否高估了?值得研究。

(2008年7月10日,对《2008年中国市场经济发展报告》的评审意见)

30. 准确把握中国市场化改革进程的脉搏

如何准确客观地反映中国经济市场化改革的总体趋势和阶段性特征？如何从定量分析和定性分析相结合的角度建立合理的分析框架、并不断完善市场化进程的测度指标？如何看待市场化进程与工业化、信息化、城市化和全球化四大趋势的关系？如何衡量市场化改革的成功与否？如何科学地、深入地总结中国市场化改革的基本经验，而不是简单地重弹西方所谓渐进式改革和激进式改革孰优孰劣的老调？北京师范大学李晓西教授主持的中国市场经济发展报告，在这些方面做了连续多年的深入系统研究，并且虚心吸取专家意见，不断完善研究方法，使研究结论更加符合实际，也更有说服力。这些研究成果不仅在学术上具有重要价值，而且对推动我国市场化改革不断深入，积极参与经济全球化进程，也起到直接的服务作用。与2003年、2005年和2008年的中国市场经济发展报告相比，《2010年中国市场经济发展报告》在研究内容和结论上有新的进展：

一、增加了对改革开放30多年来我国经济市场化程度的回顾和分析，更为综合而直观地展现了市场化改革的总体趋势和阶段性特征。这确实是本次报告最突出的特色，甚至可以说是本研究领域最大的学术贡献。报告的研究结果表明，从1978年到2008年的市场化指数变化轨迹可以看出，我国经济的市场化程度大体经历了三个阶段，即低水平缓慢上升—大幅度迅速上升—继续较快上升并趋于稳定的过程。

1978—1991年，我国市场化程度处于低水平缓慢上升阶段，由15.08%上升到21.1%，14年间仅提高6.02个百分点，市场化总体水平相当低。这从定量分析的角度反映了改革初期对传统计划经济触动的程度较浅，改革的步伐较小。

1992—2000年,我国市场化程度处于大幅度迅速上升阶段,由26.04%左右跃升到60.64%。短短9年,市场化指数上升了34.6个百分点。根据此项研究预设的标准,60%可以作为一个国家是否达到市场经济标准的临界水平。我国经济的市场化程度在2000年已经越过这一标准线,可以称为市场经济国家。这个定量分析结果,与这一阶段的改革进程和力度基本相符。上个世纪90年代初开始到新旧世纪之交,恰恰是中国改革步伐明显加快的重要历史时期。由于市场经济的改革方向最终确立,因此经济改革和体制创新的力度明显加大,经过将近10年的奋斗,社会主义市场经济体制宣告初步建立。

2001—2008年,我国市场化程度处于继续较快上升并趋于稳定阶段。根据报告的数据,这一时期我国市场化指数由64.26%上升到76.4%,8年间提高12个百分点,2004年以来已经稳定在70%以上。从改革开放的实际进程看,这一时期我国加入了世贸组织,对外开放的深化为加快国内经济改革注入新的动力。随着改革逐步向纵深发展,进入攻坚阶段,改革的难度也在加大。市场化指数达到较高水平后相对稳定下来,可能也从定量的角度折射了改革继续深化的艰巨性和复杂性。

二、市场化程度的测定方法需不断完善,但不应影响对市场化改革趋势的判断。研究报告注意并做到了这一点,2001年市场化指数的修订是一个鲜明的例子。根据《2003年中国市场经济发展报告》的测算,2001年我国市场化指数为69%,而本次报告将其修改为64.26%。我注意到修改的原因主要有两个:一是2001年以来GDP数据有调整,市场化指数据此做了更新;二是将五分制转化为百分制的方法做了调整,由于两个指数的差距较小,并不影响市场化程度的实质。虽然本次更新后的2001年市场化指数低于原指数,但仍可看出当年我国市场化程度比2000年的60.64%有较大提高。这种修订是符合科学精神的,修订后的指数可以避免高估市场化的实际程度。需要注意的是,如果修订后的市场化指数差距较大,甚至出现逆转,就要仔细分析具体原因。

三、市场化程度只是衡量我国经济体制改革状况的一种标准,市场化指数也只是一个相对指标。我国的改革开放和现代化建设,是在工业化、信息化、城镇化、市场化和国际化的背景下展开的,社会主义市场经济体制的改革与完善,也是在这"五化"的大趋势中不断深化的。市场化程度只能反映"五化"大趋势的一个方面,直接表现市场配置资源的基础性作用,而难以或不可能全面体现经济、政治、社会、文化和生态文明建设的发展情况;尤其是这五位一体建设所要求的全面改革及其进展,也是单独的市场化指数难以衡量的。本次报告敏锐地看到了这些,指出市场化指数70%以上可以表明我国市场经济发展状况已经到达较高水平,但并不表明市场经济体制已经完善了。同时,报告指出市场化指数的高低不能反映政府宏观调控的水平,不能反映法律体系的健全程度,不能完全反映经济发展方式转变的进展,也不能反映社会领域的公平正义状况。报告强调要坚持把"三个有利于"(即有利于社会主义生产力的提高、有利于社会主义综合国力的提高、有利于人民生活水平的提高)作为社会主义市场经济发展的重要衡量标准,坚持以科学发展观指导改革,从"五化"角度统筹考虑如何推进市场化进程,等等。这些观点是正确的,体现了作者严谨的治学态度、开阔的视野和研究的深化。

四、既借鉴国际研究方法和指标体系,更注重如实反映中国改革实际的各个主要方面、主要进展和不足。尤其是既能与西方研究成果比较和对话,又能跳出西方话语体系对我们研究思路和结论的束缚。报告对中国经济市场化的测度,包括政府行为规范化、经济主体自由化、生产要素市场化、贸易环境公平化和金融参数合理化五个基本要素,这主要是从欧盟和美国反倾销关于市场经济标准的法律规定概括出来的，也反映了现代市场经济理论和发达国家市场经济运行的共同特征。同时，还借鉴了美国传统基金会和加拿大弗雷泽研究所关于经济自由度的测算方法。在此基础上，又同我国市场化改革和对外开放的实践紧密结合，不断完善我国市场化程度的指标体系和测算方法。自 2003 年发表中国市场经济发展报告以来，尽管学术界也有对市场化测度的具体探讨，但对报告和市场化指数的总体评价是肯定和积极的，至少在学术上并未引起大的非议，这也说明本项研究是成功的。

2010 年的报告，根据 30 多年来中国经济市场化指数的变化轨迹，指出中国经济改革是渐进为主但结合着激进的伟大变革，是方向总体明确但速度时快时慢的改革，是"摸着石头过河"与"杀开一条血路"相结合的伟大实践。我赞同这个结论，这个结论是有深度的，它跳出了西方把中国改革简单归为渐进式改革的固有套路，并且是用量化的市场化指数来论证的，这从不同的侧面加深了人们对中国经济改革特征的认识。事实上，即使在上世纪 80 年代改革初期，也就是在市场化指数缓慢上升、总体水平很低的情况下，中国也有激进的重大改革举措，例如人民公社制度的废除，几乎是在一夜之间完成的。

（2010 年 5 月 22 日，对《2010 年中国市场经济发展报告》的评审意见）

31. 全球经济治理变革与智库的责任

大家好,我本人来自政府的智库,但是政府的智库并不意味着非常拘谨或者是非常刻板的一种形象。如果说对政府智库的要求是质量、公正性和影响力的话,那么对政府智库研究人员的要求就应当是学养、敏锐和建设性。我们希望以更加开放的胸怀,更加广阔的眼界来观察世界,观察中国,并且提出有见地的看法。

全球经济治理的变革,我认为主要表现在四个方面:

第一,新兴经济体和发展中国家在世界经济当中的份额在上升,对世界经济增长的贡献也在加大。2000—2009年,新兴经济体和其他发展中国家占全球GDP的比重从24%上升到33%,对世界经济增长的贡献率达到46%。而发达经济体的比重和贡献则相应下降。这是一个重要的变化。

第二,在目前的世界上多极化的趋势更加明显,特别表现在多国集团的构成在发生变化。比如说G20,20国集团当中的新兴经济体和发展中国家的数量比7国集团多得多。这表明在世界多极化趋势的背景下,多国集团当中的发展中国家和新兴经济体的作用在增加。

第三个重要的变革,是国际经济组织当中发展中国家的话语权在提升。例如,国际货币基金组织把发达国家的投票权比重让渡给发展中国家15个百分点,中国和其他发展中国家的投票权得到相应提高,虽然其中每个国家的提高幅度还比较小,但这是一个积极的变化。

第四个,就是发展中国家的区域经济合作越来越蓬勃发展。例如,东盟10+1即东盟10国加中国的货物自由贸易已经开始了,今后还可能发展到投资、旅游和服务贸易的更加便利化。现在这一区域内商品的自由化贸易只是第一步,将来中国和东盟在区域内的合作不断深化，可能使生产要素的流动更加活跃。现在可以看到，发展中国家的区域经济一体化更加加强了发展中国家之间的合作。当然竞争也是存在的。比如说过去我们面临的是国与国之间的竞争，现在可能是区域合作体之间的竞争。这也会对世界经济的治理格局带来新的影响。

这些变革对于智库来说提出了哪些新的要求呢？我个人认为有三点要求。

第一，要求我们的智库把独立性和包容性更好地结合在一起。每一个国家的智库、每一个地区的智库都在标榜自己的独立性，我认为对于新兴经济体和发展中国家来说，我们的独立性就是要找到一条适合自己的历史、国情，同时又符合世界发展趋势的道路。这就需要我们坚持自己历史文化的特性，这是国家层面的独立性。说到我们智库的独立性，就是要公正、客观、科学、冷静，多角度地来观察世界、观察自己。

在这样一个多极化趋势更加明朗的条件下，发展中国家本身也有很多自己的利益诉求。虽然发展中国家在发展阶段和面临的机遇挑战等方面有许多共同的地方，但是在发展的道路、利益空间、历史文化理念等方面又有许许多多的不同。因此包容性是指，我们要互相倾听、互相吸取，要有包容的心态和胸怀。同时，我们也希望发达国家能够更多地倾听发展中国家的理念、呼声和诉求，这也需要包容。可以说，所有可以称得上智库的，都要努力做到独立性和包容性的统一。

第二，我们的智库要做到现实性和前瞻性的统一。这里所说的现实性，主要是指我们中国要更加冷静地看待自己发展的阶段、真正具有的实力，不要高估自己。同样，也不要妄自菲薄，认为自己什么都不行。当然我们知道，发达国家仍然有自己突出的优势，在科技、文化，还有一些理念、治理国家、参与全球经济治理等方面，它们有丰富的、也比较成功的经验，我们需要虚心学习。我所说的现实性意味着要尊重现实，不过高地估计自己,也不低估自己;同样也不要过低地估计发达国家在这轮国际金融危机当中受到的冲击,以及它们复苏的活力。

除此之外,智库还要有前瞻性。根据观察世界的长远眼光、博大的胸怀以及开阔的视野,看到我们发展的前景怎么样,我们追求的人类美好的东西是什么。例如,在中国的"十二五"规划和欧盟2020年发展战略当中,有许多共同的理念和目标,包括绿色发展、和谐发展、可持续发展、智能型的发展等等。这些共同的追求符合本国和世界发展的趋势和长远利益。我们的智库要有这种前瞻性,通过研究成果,为争取自己的国家和各国未来更好的发展而作出应有的贡献。

第三,智库还应当努力做到批判性和建设性的统一。我们要持一种冷静、科学的批判精神,对世界经济秩序现存的不合理的方面,以及本国不合理的体制、政策作出分析,决不回避矛盾和掩盖问题。同时,我们也要更多地着眼于提出建设性的建议和方案。我们毫不留情地揭露出来面临的问题和矛盾,但决不应到此为止。有责任感的智库应当提出更有建设性的政策建议和措施,使这些问题和矛盾能够得到解决,最终使本国、本地区的人民,以及世界各国的人民从中得到福祉,得到实实在在的好处。

谢谢大家。

(在第二届全球智库峰会上的演讲,根据2011年6月26日
凤凰网财经的报道整理)

32. 中国智库的历史担当

中国经济社会发展正处于艰巨的转型期，许多领域正在或必将发生重大而深刻的变化，甚至可以说中国正处于历史大变革的重要关头。中国各种各样的智库日趋活跃，今天的研讨会有不少发言在探讨如何办好中国的智库，特别是深入分析中国智库存在的差距、不足以及今后的努力方向。我想简单谈谈，面临这样重大的历史关头，认识和把握一些带有趋势性、规律性的变化特征，对中国智库的定位和历史担当可能就会有些新的视角。中国智库要有一种使命感、责任感，或者叫做历史的担当精神。

第一个担当，中国智库应当敢于和善于揭示经济社会发展的趋势和规律，而不是停留在表面现象和短期变化。从经济上来说，我们现在面临的一个最突出的变化特点是中国经济正在发生速度上的趋势性放缓，国务院发展研究中心课题组把它叫做"中国经济高速增长阶段向中速增长阶段的转换"，这里涉及许多经济理论分析和影响趋势分析。我个人概括为，中国经济增速出现了"趋势性放缓"，这个判断不仅仅是最近两年来大家感受到中国经济实际增速的放慢，更根本的原因在于，决定中国未来中长期经济增长态势的三大供给面因素即劳动力增长、资本增长和效率提高所带来的贡献会发生重大变化。要言之，劳动力增长会停止，人口老龄化导致储蓄率下降进而资本增长放慢，综合要素成本上升挤压利润空间，效率提高又受到技术原因、体制因素和发展阶段制约而成为慢变量，很难迅速而大幅度地抵消经济增速放慢的态势。

这是中国经济发展最重要、最深刻的变化，因为这个变化将会使得中国社会发展、政治发展的许多矛盾进一步尖锐化，同时也会呈现出许多新的机遇。这样大的变革是我们许多方面并没有深刻认识到的,而仅仅是被动地接受当前经济增长速度下滑这个现实。我要指出的是,中国经济不仅仅是最近两年短期的经济增长放缓,未来中长期中国经济增长速度要逐步地下行,这是我们面临的最重要的挑战。我们长期依赖的高投入、高增长带来高效益的增长模式、盈利模式不可持续,各个方面所习惯的解决问题的思路和依靠的手段都要发生重大的甚至根本性的变化。例如以往的税收来源、效益来源、提供公共服务的物质基础等,都要在中长期经济增速放慢的前提下发生变化。面对中国经济增速放慢的趋势,以往那种传统的刺激办法还能不能按照想象把经济增速托高,已经很不确定了,甚至是很难奏效了,即使做到也会付出更大的代价。我们要提前做好应对。

中国经济增速放缓也在催生很多新的现象,有些是静悄悄的革命,例如服务业发展和产业转移相当活跃,新的地区增长极正在形成等等,应该说是非常深刻而积极的变革。对这些积极变化以及未来的趋势是什么,我们还没有及时发现,或者缺乏深刻的梳理和挖掘。中国智库在这里要有担当,要敢于把这些积极的东西挖出来,告诉决策层、企业界和社会公众,顺应它们的内在变革动力和未来的发展趋势,因势利导,我们的智库在这方面应当有所作为。

第二个担当,中国智库应当更加注重建设性和包容性。当今中国,舆论环境在发生很大的变化,互联网、新媒体、新一代移动通信技术等现代电子信息技术突飞猛进,中国传统的社会交往和信息交流在广度和深度上出现了前所未有的巨大变革,开放度、参与度、草根性和活跃程度都是以往无法比拟的,这是中国社会深刻转型的一个突出特征,也是中国历史性变化的重大特征。正是在这种空前开放、活跃的舆论环境下,中国社会充满了新的活力,同样它也带来很多新的不稳定,中国经济和社会转型的压力和动力都在增强。我们的政府在行使公权力方面，在制定公共政策、引导公共舆论、形成凝聚力等方面，遇到前所未有的机遇、空间和挑战。我们的社会在表达诉求、形成共识、共同参与、改善现状等方面，同样遇到前所未有的机遇、空间和挑战。

中国处于如此剧烈的社会转型期，经济发展起来以后所产生的新矛盾层出不穷，多元化的利益诉求和思想观点一定会借助日新月异的信息传播条件，不断反映出来，相互碰撞，相互激荡。就像邓小平讲的，中国经济发展起来以后遇到的问题，会比不发展的时候还要多。因而，传统的思维模式和应对机制已远远不够。在这种情况下，我们的智库应当有一种什么样的精神呢？应当关注和研究什么呢？我觉得中国的智库要有强烈的人文关怀精神，更加注重建设性，批判性地揭示问题和矛盾，建设性地提出解决问题的思路和建议。建设性的意见并不都是可操作的政策建议，而更应该是方向性的思路和理念，科学地挖掘现象背后的规律，预测未来的发展趋势，告诉决策当局现在的变与不变的特征是什么、现象和变化背后的依据是什么、未来的变化有几种可能的前景。如果我们老是追求告诉政府应该具体做什么，要加强政策建议的可操作性，智库可能永远拼不过政府的各个职能部门。智库恰恰要超越"屁股指挥脑袋"的狭隘部门利益、局部观点，跳出头痛医头、脚痛医脚的事务性忙乱。批判性地揭示矛盾和问题，当然需要勇气和智慧；提出解决问题的建设性思路和理念，可能更有利于提高智库的成果质量和影响力。

中国的智库还应当有一种互相包容的精神。改革开放以来，中国智库的种类和数量呈现出多样化、多层次、多领域的蓬勃发展局面，各有优缺点，既有竞争，也有合作，形成舆论环境大变革的重要动力源。各类智库彼此竞争同时又包容对方，既有利于发挥术业专攻的长处，也有利于加强多学科交叉的跨界综合优势，从而使建设性的思路、理念和建议具有更丰富的信息量，更明晰的针对性，更大的决策参考价值，也更容易被社会公众所接受。

第三个担当,中国智库要有提升国际话语权的志气和能力。国际金融危机特别是欧债危机爆发以来,国际上对中国的认知与国内的认知产生了非常大的差距和脱节。这是中国面临的国际环境的新变化。中国的经济分量比以往有所上升,已成为世界第二大经济体,外汇储备第一,出口第一,进口总量第二,更加积极地参与全球治理变革进程,与国际社会的互动更加活跃。外国政府、智库和国际组织纷纷对中国作出这样那样的评估,我个人感觉有的比较客观,有的不够客观,例如过高估计中国实力等。中国经济发展所取得的巨大成就,得益于改革开放和主动参与全球化进程,但是同发达国家和一些发展中大国相比,我们还有很大差距。从人均 GDP 水平和发展极大不平衡的角度看,中国仍然是最大的发展中国家。中国的话语权有所上升,但在世界上还比较弱。

中国要加大经济转型力度,促进经济持续健康发展,仍然需要积极主动参与全球化进程。中国不仅应当分享全球化带来的好处,也应当作出自己的贡献,起到更加积极的促进作用,同时还应当有效防范全球化带来的风险。中国的智库在国际上的话语权,根本上依托于中国各方面综合实力的增强,直接地取决于我们各类智库自己的研究成果的分量,或者说,取决于"思想产品"对"思想市场"的影响程度。总体上看,我们的智库在国际影响力方面仍然是有明显差距的。缩小这方面的差距,一方面需要加强中国智库自身的机构建设、研究队伍培养,进一步完善运作机制等;另一方面,我们还需要立足中国国情,开拓国际视野,提高战略思维能力,更加主动地和世界交流。最近一些年来,中国注意加强思想产品的对外传播交流,一些重大规划和政策出台后,主动到国外进行交流和研讨。比如,中国共产党友好代表团到欧盟、德国介绍中国的"十二五"规划,和西方形成互动。中方了解到,欧盟到

2020年的发展战略提出实行"智慧型发展,绿色发展,包容性发展"。中国"十二五"规划提出就业优先战略,绿色、可持续、低碳发展,突出环境约束,注重民生改善,得到对方高度认可,认为中国的"十二五"规划是一个"很酷的规划",团队非常强大,理念非常先进,措施也很得力。这说明中国的很多东西可能缺乏国际交流和沟通,不断加强这些交流研讨,既可以扩大中国的正面影响,也要求智库提供更多的高质量智力支持。

主动参与全球化,中国不可避免地要承担一些国际义务,做出国际承诺,但这是以坚守中国基本国情为底线的。以减少碳排放强度(而不是总量)为例:中国承诺到2020年单位GDP碳排放要比2005年下降40%—45%,"十二五"规划提出了必须完成的约束性指标,即5年间单位GDP能耗和碳排放要分别下降16%和17%,对于中西部资源密集和劳动密集省份来说,如何实现有利于就业的包容性发展,会遇到新的挑战。我们的智库需要研究怎么样向国际说明中国承担了重大的国际义务,同时还要解决自己的生存发展问题,使几亿人口从农村转移到城市和非农产业里来,首先解决自己的饭碗再考虑扩大消费。简单地抨击中国依赖出口是不顾国情,也于事无补的。中国的劳动密集、资源密集状况以及在国际分工中的地位,决定着中国不得不稳定和拓展出口,否则无法解决几亿人的就业转型、城镇化和资源富集地区的生存问题。如何立足国情承担国际义务,是一个探索过程。我们的智库要立足于中国资源禀赋和发展阶段等基本国情,敏锐把握全球化和世界发展的趋势,研究中国如何逐步实现对国际的承诺。这也是中国智库的历史责任。

(在首届中国智库国际学术研讨会上的演讲,2013年6月30日)

第 四 章
区域发展新理念、新图景

33. 城市化和城市现代化的国际经验

按照中组部的课程安排,我结合有关研究成果,对城市化和城市现代化的国际经验和发展规律进行梳理。本报告内容包括六个部分:一、世界城市化的历程和当代的特点;二、世界城市化的未来趋势;三、国外城市化发展模式;四、国外城市化的经验和教训;五、我国城市化的思路和政策建议;六、国外关于城市竞争力的一些评价体系。重点是前面四个部分,梳理的并不一定都很准确,仅供大家讨论和参考。

一、世界城市化的历程和当代的特点

(一)世界范围城市化的历程

工业革命以来,开始了世界范围的城市化历程。这个历程大体上可以分为两个阶段,一个阶段叫做局部的城市化阶段,这是指现代意义上的城市化。历史上我们中国也有很多城市,现在很多城市一讲我们城市的历史有一千几百年甚至两千年,某某朝代和皇帝的时候就有这个设市记载了。但那不是现代意义上的城市化,今天我们所讲的城市化是指开始于工业革命的世界范围的城市化。这段时间世界城市化的速度实际上并不快。从1750年到1945年第二次世界大战结束,世界的城市化水平(城市人口占总人口比重)从3%提高到大约27%,两百年间提高了24个百分点,城市化聚集在西欧、北美的少数国家和地区,这个阶段长达两百年,但是它仅仅集中在发达的工业国家。

第二阶段可以叫全球城市化阶段,全世界范围都开始了城市化。随着工业革命的逐步推广和市场化的扩散,城市化在全世界也开始普及。从二战结束到2008年,世界的城市化水平从27%提高到52%,63年间提高了23个百分点,而过去的两百年间才提高24个百分点,也就是说现在的六十多年相当于过去的两百年。而且,这个阶段全球范围都开始了城市化,城市化进程向发展中国家和地区不断扩散。工业革命以来世界城市化大体上是这样两个大的阶段,那么全球城市化阶段又有四个小的阶段,主要表现在西方的发达国家。

一是 1945 年到 1960 年,这个阶段可以叫做大规模城市化阶段,主要表现为人口、工业,特别是战后重建活动大规模向城市集中。

二是 1960 年到 1980 年,可以叫做郊区化和逆城市化阶段。上世纪 60 年代,发达国家的城市化水平已经超过了 60%,在 60 到 80 年代它们出现了一个人口由市中心向郊区转移的反向城市化运动。像曼彻斯特、伯明翰这些工业城市,大家普遍不愿意在那儿居住了,嫌工厂太多,噪音太大,交通拥挤,环境质量不好,生活费用高,特别是有钱人都搬到郊外去了。郊区化和逆城市化主要表现为城市人口大规模地迁移到郊区。前些年我们北京也提出过城市郊区化的发展理念,但并未形成人口向郊区的大规模迁移。

三是 1980 年代到 90 年代,发达国家出现了比较明显的再城市化趋势。2000 年我在英国曼彻斯特考察的时候,当地市政府正在实施重新城市化规划,鼓励发展旅游业、会展业等新兴服务业作为接续产业,推动传统的以重工业为主的城市经济进行转型,这就需要创造新的就业机会,需要足够的人力资源,需要聚集人气,所以他们制定了一系列政策,吸引搬到郊区的人再举家迁回市中心。这给我留下非常深的印象。这个阶段在全世界不同城市可能会有不同的表现,表现的有先有后,比如说中国的一些重工业城市和资源枯竭城市转型,人走了也没准儿哪一天还得把他们再吸引回来。

四是 1990 年代中期以来,可以叫做成熟的城市化阶段。主要表现为城市人口增长趋缓,城市规模基本稳定,五十万人口、百万人口或者千万人口的城市不再扩张。在这一阶段,发达国家城市化率已经达到

75%左右。在国际经验上，城市化率达到65%—70%，一般认为进入城市化的稳定阶段，人均收入水平比较高了，城市化水平也比较高了，大规模城市化扩张和人口的迅速聚集基本上停止。

(二)当代世界城市化发展的特点

我们主要根据二战以来表现出来的特点进行一些梳理。2008年全球城市化率达到了50%，仅就城市化率这个指标而言，我们说它标志着人类文明、人类经济生活进入了以城市经济、城市文明为主的发展时期。当代世界城市化可以概括出五个特点。

第一，城市化已经进入了最快的发展时期。根据世界经验，城市化水平达到30%—70%之间是快速发展阶段，其中45%—55%之间是城市化最快的发展时期。世界统计数字表明，1996年世界的城市化水平达到45.2%，2008年超过50%，预计到2020年世界城市化水平将达到55%左右。我们国家的城市化水平现在达到47%，正好处在世界经验表明的最快的发展时期。国务院领导说中国处于城市化的高潮期，这个判断和世界城市化的背景非常接近。我们预测，到2020年中国建成全面小康社会的时候，城市化水平大概达到55%—60%，这和世界城市化的步伐大体一致。

第二，城市群和城市绵延带成为城市化主要的空间形态。从西方国家可以看的很清楚，最鲜明的代表就是美国洛杉矶市，它的中心城市和那些小城镇分布的非常分散，有人把它叫做城市乡村化。我曾经在其中的蒙特利公园市散步，注意到许多普通的家庭至少有三辆车，一辆拉工具的皮卡，一辆全家出行的面包旅行轿，再一个上班用的小轿车。它那种郊区不断扩张的城市模式，边界比较模糊，交叉在一起，相互临近的几个城市，连成一个城市群。原来它设计的母城和卫星城自然就是一个城市群，不断的郊区化，导致了城市群和城市绵延带的形成。这个在我们中国也有，比如从广州去深圳的一路都可以看到工厂连成一片,可以叫做城市的绵延带。我刚从安徽池州过来,它处于规划中的皖江城市带,将来有可能演化为城市群和城市绵延带。

国际公认的城市群和城市绵延带有三个:一是美国的三大城市绵延带,包括在西海岸的洛杉矶、旧金山,跟加拿大接壤的芝加哥、匹兹堡、五大湖,以及东部的纽约。二是欧洲的四大城市群,主要集中在英国的大伦敦区,荷兰和比利时,大巴黎城市群,德国的莱茵城市群。三是日本的三大都市圈,主要集中在东京、名古屋和大阪市。世界城市化发展的这种特点,和市场化、国际化进程密不可分。现在大的城市群和城市绵延带集中在发达国家,但是因为发达国家的城市化已经稳定了,而中国和一些发展中国家正处于城市化发展最快的时期,因此未来会有越来越多的城市群或者城市带出现在新型工业化国家和地区。

第三,工业化和第三产业是当代推进城市化的主要动力。工业革命时期城市化的动力主要源自工业化,二战以来城市化的主要动力则是工业化和第三产业的迅速发展。尤其是发达国家进入后工业化时代,城市化已经高位趋稳,平均超过75%,主要靠第三产业来拉动经济发展,创造就业岗位,完善城市功能,提高城市质量。在发展中国家和地区,工业化仍然是城市化最主要的推动力量。在全世界范围内,工业化和城市化水平大体上是比较均衡的。但是我们国家有一个反常现象,就是工业化明显超前于城市化,换言之城市化水平长期滞后于工业化水平。我们第二产业的增加值占GDP的比重很早就接近50%,但是同期我们的城市化水平却落后十几个百分点,这和封闭半封闭经济、计划经济体制还有城乡隔绝的户籍体制是深刻相连的。而一些发展中大国,特别是这些年发展比较快的新兴市场经济体,像南美的一些国家,它们的城市化水平是非常高的——如巴西达到了85%,比中国高38个百分点——它们的第三产业比我们要发达,但是工业水平没有我们高。在这些国家,工业化仍然是城市化的一个重要动力,同时它们越来越多地要靠第三产业来完善城市的功能。

第四,世界的城市化水平极大不平衡。按地区分,2008年北美地区城市化率平均为80%,南亚和撒哈拉沙漠以南非洲城市化率只有35%,去年11月份我刚刚考察了印度,印度城市化率只有28%。按照收入水平分,高收入国家的城市化率平均为78%,中等收入国家48%,低收入国家28.7%。印度的城市化率比低收入国家的平均水平还低,我们中国的城市化率为47%,略低于中等收入国家的平均水平,比世界平均水平低两到三个百分点。

第五,新的城市发展和设计理念逐步形成。在发达国家大概有四种新的城市发展设计理念,第一个叫城市理性增长,强调合理使用土地,提高城市密度,科学设计公共设施,缩短交通距离等等。以美国为代表,主要是控制城市的郊区化和规模的迅速蔓延。第二个叫做建设健康、宜居城市。在欧洲比较盛行,比如开展健康城市网络活动,鼓励欧洲的各地方政府参与这个活动,创造比较好的城市环境。我们国内现在也有很多城市都在往健康宜居城市这个目标努力。第三个叫做建设学习型城市。主要是根据建设学习型社会、终身学习的理念,强调把促进创新和人的终身学习放在城市发展的中心位置。第四个理念是以人为本的新城市主义运动。兴起于九十年代,主要借鉴美国小城镇和城镇规划的比较合理的传统,核心是紧凑、方便。大概有两种模式,一种是以公交为导向的开发模式,提高社区密度,方便步行,取代以车为本的城市设计理念。2008年我参加哈佛高级公共管理班的时候,有一个讲城市规划的老师说,我们国内仍然流行以车为本的城市设计理念。以浦东为例,浦东的街道、绿地非常宽,基本没有人行道,行人靠过街天桥,我们可能还在走人家的老路。后来我注意看纽约时报广场,那是非常繁华的街道,没有一个过街的天桥,大概有八、七个红绿灯,所有的车都在那儿老老实实排着。这个理念就是以人为本,行人过街在地面走,应该是最方便的,车倒在其次。另一模式就是注重邻里关系的开发模式,在紧凑的社区内,公共设施尽量大家用,自家的设施也向大家开放,形成人与人之间的和谐相处,生活便捷、简朴、自律等等。大家去西方看到很多人愿意在街头一杯啤酒坐一天,还有那些餐馆,大家都愿意挤在一起,不像我们中国人愿意到包间。我猜,也许因为他们平常住的太分散了,需要人与人之间的亲密接触。

二、世界城市化的未来趋势

根据现有资料,对世界城市化的未来趋势可以概括这样几点:

第一,世界的城市化将会保持较快的发展速度。联合国经社理事会的研究报告估计,2007年到2050年,世界城市人口将从33亿上升到64亿,到2050年世界的城市人口将和2004年的全世界总人口大体相当,世界的城市化率将由现在的50%上升到70%。换言之,这43年间世界城市化率将提高20个百分点,达到比较稳定的状态,这一速度比二战结束至今世界城市化的速度还要快一些。

第二,大中城市和城市群的地位将会更加突出。联合国经社理事会的研究报告预计,未来会有更多的人居住在50万以上人口的大中城市,从2007年到2025年,其居住的城市有500万以上人口的城市居民占比将从15.2%上升到17%,其中500万到1 000万人口的城市将从30个上升到48个,人口超千万的城市由9个上升到27个。同时,城市的边缘地带也会逐渐靠近,在世界有些地区形成巨大的城市带。从1975年、2007年、2025年三个时段来看世界城市人口的规模分布,50万以下人口的城市占比在逐步下降,50万到100万人口的城市占比也在下降,100万到500万人口的城市占比大体上升或持平。人口规模越大的城市在全世界城市当中占的比重越处于上升趋势,这可能是城市发挥聚集效应的结果。

第三，多极多层次的世界城市体系将进一步形成。这个趋势表明，不光大城市会越来越多，还会形成一个多极多层次的世界城市体系。由于全球化和国际分工深化，国际贸易增长，还有信息技术和交通技术突飞猛进，全球一些信息节点城市有可能发展成为世界性的大都市。这些地方信息集中，信息基础设施非常发达，比如说金融业就需要非常先进的信息系统，如果一些城市具备这样的优势，它就有可能成为信息节点，甚至成为某一专业领域的世界中心。规模比较小的城市也可以通过各种联系网络，依靠自己专业化的优势获得更大的发展活力。因此，全球将出现多个世界级的城市、跨国级的城市、国家级的城市和跨区域的城市，这与全球化和信息交通技术革命带来的影响密切相关。

第四，更加推崇城市化的可持续发展。比如说欧洲，它们推崇高密度的、功能混合的和公交导向的紧凑型城市发展模式，重视提高基础设施和公共服务设施的利用效率，而不是盲目扩张城市规模，盲目兴建基础设施，从而提高了城市化的经济效益、社会效益和生态效益。发达国家积极实践低碳城市的发展理念和规划理念，英国在这方面是一个先行者，比如它的布里斯托、利兹和曼彻斯特，已经成为三个示范城。2007年伦敦市又颁布了市长应对气候变化的行动计划。大家知道，英国在这轮全球经济危机中提出把低碳经济和文化创意产业作为战略性新兴产业，伦敦要成为世界创意之都，这些也是在提升城市的可持续发展能力。

第五，城市的公共交通更加便捷。发展公共交通特别是轨道交通和快速公共汽车，而且加强各种交通方式的协调，实现无缝对接，看来是发达国家缓解交通压力的主要手段。同时，发达国家还特别注意加强交通的需求量管理，研发和使用智能的交通系统管理技术，比如驾驶员智能控制系统，调度员智能控制系统，人的出行和道路的控制都有这样一套系统联网。通过这样一些现代化的技术和交通方式，可以提高公交效率，在很大程度上缓解交通拥堵，还可以节约资源，保护环境。

第六，城市治理将进一步法制化和透明化。城市化带来各阶层的分隔，以及财政支出不能惠及穷人这样一些问题。为此，发达国家包括一些发展中国家特别强调建立透明的城市治理结构，关注各个阶层怎么样才能融合，公共财政的阳光如何普照到各个阶层特别是穷人。关键的举措包括城市规划公众参与，公共财政透明，以充分反映民意，照顾弱势群体。此外强调法制化治理城市，无论制定城市规划，还是设立每一个城市管理机构，都要立法，以充分体现城市规划乃至城市政府的合法性和权威性。还有，一些西方国家开始建立大都市联合管理机构，形成一种混合管理，既有地方自治机构，又有大都市联合管理机构，这种混合管理将来可能成为一种趋势。

三、国外城市化发展模式

城市化发展模式可以从不同的角度进行概括和分类，这里从空间分布形态做个梳理。我们大致归纳了三类比较典型的发展模式，即美国的分散型城市化模式，日本的集中型城市化模式，欧洲的紧凑型城市化模式。

（一）美国的分散型城市化模式及其后果

二战以后，美国的城市化向郊区加速发展。1970年到1980年的10年间，美国有95%以上的新增人口来自郊区，也就是说美国城市人口增加不在城市中心，而在郊外。一提到美国的分散化城市发展模式，我们就可以想到洛杉矶这个典型。哈佛大学的校区也是非常广阔，培训期间我们每天沿着查尔斯河步行到教室上课要十五分钟，我在校园散步往往觉得大而无当。只有地广人稀的美国才有这样的城市化模式和大学模式，土地利用相当粗放。英国就不这样利用土地，英国的大学比较紧凑，与哈佛大学有较大的反差，如牛津大学古老的学院大都很拥挤,有深厚的历史底蕴,给人一种神秘感,哈利·波特那个魔法学校的电影就要去那里拍。

美国分散型城市化模式导致了几个消极后果:

一是城市无序蔓延,土地、石油等资源过度消耗。1950年美国每平方英里建成区,区内居住人口九千多人;到了1990年降到三千多人。所以我们在美国城市才能体会到地广人稀,到洛杉矶你要靠步行简直就没有办法出行。目前,北美地区人口仅占全世界人口的5%,但是它的二氧化碳排放量却占到全球的四分之一,人均石油消耗量是全球人均的9倍。美国有人攻击我们说,如果中国达到美国这样高的家庭轿车普及率(平均两个美国家庭就有一辆轿车),全世界再有两到三个地球的能源也不够一个中国用的。美国为什么不反思自己的生活方式和城市化方式,不改变自己的汽车文化,不改变自己的消费模式,却要攻击别的国家,特别是攻击中国这样的发展中大国?我们在哈佛大学问了美国的一些教授和前政要,他们说美国的汽车文化任何一个政治家都不敢动,因此美国的生活方式也是很难改动的。没有这次金融危机,美国人很少想象要改变自己过度浪费的生活方式,现在稍微考虑点,但是不会有根本的变化。这种消费模式是与美国城市化模式以及汽车文化紧密联系在一起的,美国政治家和学者们都认为这是一个非常困难的问题,特别是政客们谁也不会为了这件事情而把自己的选票丢失了。

二是美国的市政基础设施投入巨大,使用效率不高。洛杉矶终年不下雨,1997年我在那里培训住了一个月,眼看天上乌云密布,雷声滚滚,但总是被热气蒸发掉。那里到处有绿地和树,人家告诉我全是靠地下管道供自来水养的。这么巨大的基础设施只有美国人干得起,但是有多少人享受呢?城市人口密度不断下降,基础设施使用效率自然降低。

三是社会分化日益严重。由于人口、工作岗位乃至购买力都随着城市无序蔓延而流向郊区，于是中心城市越来越成为低收入群体和有色族裔的集中区。这点我们在纽约看得很清楚，纽约有很繁华的地区，也有黑人集中的街区，我在那里看到反差极大。如果城市不受限制地蔓延，一味强调郊区化，有钱人肯定要迁往生活条件和自然人文环境好的郊区，剩下低收入群体集中在城市中心。低收入群体常常伴随受教育程度不高、素质不高的问题，很难提升一个城市的素质和品味，于是，吸毒、抢劫、暴力等等刑事犯罪在城市里面蔓延。这里并不想全面总结美国的分散型城市化模式，而只是侧重指出值得我们反思的一些后果，以免走弯路。

(二)日本的集中型城市化模式

日本形成了东京、大阪和名古屋三大城市圈，是集中型城市化模式的典型体现。这种城市化模式跟岛国的多地震、多灾害是非常相关的，它的产业形成与人口集中也是决定城市圈形成的重要因素。日本城市化的空间分布特点非常鲜明：一是人口高度集中，经济实力强大。每个都市圈都集中了三千万左右的人口，这三个城市圈的 GDP 占到日本经济总量的近 80%。二是每一个都市圈都有特色突出而又相对完整的产业体系，包括制造业、金融业、服务业还有文化产业等。日本的动漫产业在东京就非常火爆，大阪相当于我们的上海，关西财团和制造业都集中在那里。可见都市圈并不等于几个城市边缘上连在一起、人口居住在一起就算数了，更核心的是要有密集的人口、比较配套的产业集群和产业体系。三是都市圈人口的投资和消费需求十分旺盛。总体上说，日本的内需很强，这些都市圈内部产业的产出能够找到广阔的本地销售市场，都市圈的产出主要被都市圈内的人吸收和消耗掉，本土产业供给和市场需求形成良性互动。

日本的土地等资源利用的集约化程度是很高的，大家知道日本能源的利用效率在全世界排第一，日本循环经济的发展和可再生能源的研发都是非常领先的。相信大家访问过日本都会有非常深刻的印象。我特别喜欢在日本的小街道溜达，注意看一些细节。日本人确实很会营造氛围，把一个很拥挤的小空间弄得错落有致，富有变化，他们可以把日本历史的、现代的、人文的和自然的东西，非常巧妙地融合在一起。日本城市不仅非常清洁有序，而且讲究细节的装点。在许多角落可以看到日本的插花艺术、装饰艺术、庭院艺术，以及门前各种各样情趣盎然的小景观，这些都体现了日本的城市品位，也反映它对空间的精心利用。台湾地区与日本比较类似，我曾经到台南郊区，看到犄角旮旯相当干净，这体现了当地居民的文明程度和城市治理水平。我想，日本集中型城市化模式值得我们挖掘很多东西，除了了解整体的面貌，观察它的细节也是非常有启发的。和美国、加拿大、澳大利亚这些西方大国相比，日本的城市化和现代化有很大的不同，本民族、本国的特色体现得比较鲜明。

(三)欧洲的紧凑型城市化模式

欧洲的紧凑型城市化模式和日本的集中型又不大一样，毕竟欧洲大陆的国土要辽阔得多。欧洲的个别国家非常小，但是它仍然有几个比较大的国家，欧洲的紧凑型城市化模式也特别值得我们研究。为什么欧洲会形成这样一种紧凑型城市化模式？这当然和各国的国土面积有关，欧盟成立以前很多国家都比较小，有的国家也就相当于一个或几个城市大小而已。此外跟它们的政策也非常有关。第二次世界大战以后，欧洲各国实行了合理的城市交通政策、农用地保护政策，以及城市外围保持绿化带的环境政策。我觉得这三个政策对它们城市化模式的形成具有深刻影响。欧洲城市的交通政策鼓励发展公交尤其是地铁，为现在奠定了坚实基础，比如，伦敦的地铁有三层，德国的地铁甚至有四、五层，早在几十年前它们就在公共交通方面下了很大的功夫，为发展紧凑型城市提供了便利。再有就是实行了保护城市外围的农业用地政策,城市外围农业用地得到有效保护,没有被城市的无序扩张迅速侵占掉。欧洲通过实行明智的环境政策,在大城市周边规划了绿化带,也有效防止了城市随意扩张,保护了绿色的环境。欧洲这三大政策确实是非常重要的,促成了比较理性的城市发展道路,使城市人口和面积不再像美国那样盲目蔓延,在总体上能够保持紧凑型的城市空间形态。

欧洲的紧凑型城市化模式有明显的优点:一是有效地节约了土地和石油等资源,欧洲的人均石油消耗仅为美国的四分之一。二是在耕地不足的情况下,战后欧洲国家实现了粮食基本自给的目标,这是了不起的。如果欧洲不把城市外围的农地保护起来,当时和现在一定会依赖粮食进口,我们中国进口粮食恐怕就会遇到一个强劲的竞争对手,世界粮价可能还要再涨。三是具有前瞻性,为城市规划创新提供了有益借鉴。现在看来,前述新的城市设计理念和发展理念也正是在这个基础上的进一步深化。

以上三种城市化模式中,欧洲的紧凑型和日本的集中型城市化模式,可能值得我们深入学习借鉴的东西更多。

四、国外城市化的经验和教训

(一)国外城市化的有益经验

第一个经验是高度重视城市规划的作用,发达国家特别强调城市规划的前瞻性和适应性。可以举一个间接的例子。我曾到咱们东北的一个城市,当地的人给我讲街道翻修的时候,发现几十年前日本占领时期铺设的下水道还是能用的,材料非常结实,但是前些年自己翻修的下水道已经锈蚀得不能用了。这从一个侧面表明了发达国家对城市规划前瞻性的重视。

为适应城市化不同阶段的任务和挑战,发达国家强调适时调整完善规划。比如,随着新城市主义运动等新的城市设计理念的兴起,美国那种蔓延式的城市规划会作出调整。规划的权威性通过立法和公众监督来保证,编制城市化规划有比较复杂的程序,城市的议会、市政厅、非政府组织、企业和居民广泛参与。规划向全社会公开,一旦形成共识确立下来就要严格实施,不能随意修改。"修旧如旧"的城市保护做法非常突出。荷兰首都阿姆斯特丹运河两岸有许多传统的建筑,由于地基下沉而变成斜的,而且楼上窗户顶部有一个突出的水泥吊钩,因为早年当地政府按照门的大小来征税,所以有钱人纷纷把门弄小,家具不得不从窗户吊上去。现在当地市政府要求必须保留建筑原貌,不管内部怎么翻修,外面的颜色、布局、结构,原来门窗多大,包括水泥钩子一律不能动。规划的权威性凝聚了各个群体的共识,城市的特色得以保留。

第二个经验是高度重视城市基础设施的系统性和实效性。城市规模经济的发挥主要靠完善的基础设施特别是公共交通等,治疗现代"大城市病"如交通拥堵、环境污染、公共资源不足和公共服务不完善,也需要不断完善相关的基础设施。为缓解交通拥堵,国际大都市几乎都在扩建道路,发展公交特别是地铁和城轨,实行低票价制度,并且促进各种交通方式的无缝对接。应该注意的是,发达国家在城市基础设施方面,不仅重视地面交通、通信等基础设施的建设,而且越来越注重城市地下管网建设,强调基础设施整体的系统性、耐用性和实效性。它们在地下管网建设方面既非常务实,又重视为长远发展留下余地,而不是特别在意"面子工程"和"形象工程"。我们中国不少的大城市,地面建筑越来越现代化,但是下大雨时低洼地经常严重积水,造成城市局部瘫痪。在欧美发达国家几乎没有这样的现象,这确实是值得我们反思的。去年我们在剑桥大学参加企业高级管理研修班,专门有一课叫做城市地下空间的利用和基础设施建设,我的印象也很深。怎么样利用城市地下的空间,这点我们重视不够。如果我们重视利用城市地下的发展空间,不仅有利于完善城市功能,提高城市运行效率,而且有利于扩大中国的投资和消费两大内需,很多相关的技术、服务和商品供给在这里就可以找到新的商机。

第三个经验是高度重视城乡协调发展。发达国家的工业化和城市化过程,不仅有农村人口和生产要素向城市的聚集,也有城市先进生产要素和文化向农村的辐射。现在发达国家的城市化程度已经很高,促进城乡协调发展的重点在于通过财政转移支付和基础设施延伸,以城带乡,支持农村发展。欧洲之所以形成紧凑型的城市化模式,很重要的一个原因就是保护城市外围农用地。如果没有这样一条政策,欧洲的城市化道路就会是另一种样子,还可能产生农地大量占用、失地农民就业困难乃至城乡差距扩大等问题。

在重视城乡协调发展方面还有两个比较典型的国家。一个是日本,上世纪70年代实施村镇综合建设示范工程,它特别强调与城市的对接,以利于城市的公共服务和基础设施向农村延伸。现在日本农村人口只占5%,95%都是城市人口,因此日本很少见到大规模的连片村庄。再有韩国,上世纪60年代它的"新村运动"大家最近两年可能比较熟悉。我听到有的韩国专家从另一个角度介绍,他说韩国政府当年提出"新村运动",目的不在于发展新农村,而在于使农村的人具备到城市就业的技能,实际上逼着年轻人到城里去谋职。农村就自己管自己吧,政府给一家一袋水泥建设新村不过起个示范作用。现在韩国农村没有凋敝,农民可以集体公开表达利益诉求。近些年我们中国提出要努力形成城乡一体化发展的新格局,国外相关的有益经验也是值得我们重视的。

第四个经验是政府在城市化当中充分发挥引导作用。最主要体现在两个方面:一方面,在城市规划、城市建设、社会管理和完善公共服务等领域,政府需要发挥主导和引导作用。例如,近30年来德国先后颁布了三个跟城市建设有关的全国性法律,大概10年有一部,强调空间规划与基础设施的整体协调,强调保护自然生态、历史环境和古旧建筑。另一方面,政府还重视加强与各种非政府组织、企业和城市居民的合作。比如美国的一些城市,在筹建公共设施的时候,尽量形成和企业、非政府组织合作共建的机制。我们2008年访问美国密歇根州的大激流市时了解到,这个城市体育馆、剧院等设施的建设,先由全体市民讨论该不该建;形成共识以后立法制定规划,投资不是靠政府财政拨款,而主要靠企业筹集,企业觉得这是大家的共识,我们要为这个城市做些事情。他们特别重视政府、企业、非政府组织和市民之间的密切合作。当然不是说向居民去摊派,美国的城市政府没有这种能力,也没有这种机制。更重要的是,大激流市的创新能力非常强,它的创新综合竞争力指数在全世界排第六位,可能也是得益于这样一种各方协力合作的机制和环境。

美国麻省的波士顿市也有类似的情况。这个城市的生物医药等高新技术企业星罗棋布,整体实力非常强大。研发生物医药投资太大了,一个项目可能要20亿美元甚至更多,当地最大的一个企业就具备这种实力,它的生物医药研发能力在全世界可能首屈一指。波士顿市是怎么样形成这样一种发展局面的?那里有著名的麻省理工学院、哈佛大学、波士顿大学和道富投资银行等,发展高新技术产业集群的条件优越,当地城市政府、企业、大学和非政府组织形成多种形式的合作机制,有效提升了整个城市的创新和竞争能力。因而,美国经济的自我修复能力也是非常强的。

(二)发达国家城市化给我们带来的教训

下边我们从比较综合的角度进行概括。

教训之一是,城市化一定要和本国经济发展水平相适应,一定要重视发展新农村。城市化过快或过慢都是不行的。城市化过慢造成需求不足，经济发展迟缓，人民生活长期难以改善。这在许多发展中国家以及我国改革开放以前，都表现得非常鲜明。中国的城市化大大落后于工业化，直接导致第三产业落后，提供的就业岗位不足，城乡二元经济结构的矛盾非常突出。2010 年我国城市化率达到 47%，还有 53% 的人口在农村。农业劳动力在全部就业中的比重仍然将近 40%，现在还不算工业化国家。城市化一定要跟本国经济发展水平相适应，一般应当跟上工业化的发展程度。

城市化发展过快也不行，容易带来一系列社会矛盾和难题。这从印度、墨西哥、巴西可以看得很清楚，特别是它们的城市贫民窟问题十分严重，城乡间和社会阶层间的差距很大。2009 年印度城乡居民的收入差距高达 7∶1，我们中国是 3.3∶1。巴西城乡整体的基尼系数为 0.544，农村的基尼系数高达 0.727，我们中国整体的基尼系数为 0.47。改革开放以来我国的城乡差距和收入差距不断扩大，但是比巴西和印度的情况要和缓得多。去年 11 月访问印度时，我深入实地看了印度德里和孟买两大城市的贫民窟。德里的贫民窟基本是土坯房，大概一人高，许多土坯房都没有窗户，政府给他们建了公共厕所和浴室，有电线。这里的居民主要修轮胎、卖废品，或者做些手工劳动，对我们很友善。孟买的贫民窟跟德里不太一样，有出租车、货运卡车和摩托车，那里的居民主要从事废品回收，做陶器，经营小旅馆和小餐馆等，还有一个巨大的千人洗衣场，孟买市有 40% 的居民住在这样的贫民窟里。巴西的贫民窟大都分布在山坡上，与墨西哥类似，从住房外面看比印度要好多了，当地人说应该叫做平民窟，普通老百姓住的地方。有些靠海的山坡，全部被贫民窟所占，中国人戏称为"无敌海景房"。政府给他们通电，修里面的小道，还在周边建足球场甚至灯光球场。从远处看，巴西的贫民窟满山遍野，晚上灯火连片，实在壮观。听说巴西贫民窟大都有黑社会盘踞，一般人不敢进去。

我曾问印度城建部的联席秘书（相当于部长助理），政府能否利用公有土地改善贫民窟的条件？他说不宜这样做，否则会产生反效果，引起大批人涌来，局面更无法收拾。印度的科技部长访华以后深有感触，他说印度至少要向中国学习两条，一要控制人口，二要发展农村。我们中国提出统筹城乡发展，既要推进城镇化，又要建设新农村，国际经验表明这是非常好的战略和很先进的理念。城市化进程不等于任由农村凋敝，必须解决农村内部的生计和发展问题。世界的经验确实让我们进一步加深了对这个问题的认识。

教训之二是，各国的城市化都要符合自己的国情。城市化进程本身不仅是经济进步，也是深刻的社会变革，它受到资源、环境、文化、历史、人文等各种各样因素的影响。一些发达国家的城市化经过了从以车为本到以人为本、从蔓延式扩张到理性发展的转变，这是它们从走过的弯路中得到的教训。欧洲、日本的城市化模式则更加符合本国地域狭小、人口密集的实际情况。巴西、墨西哥和印度等发展中大国的城市化也有许多深刻的教训，我们都要注意吸取。我们既要把握好城市发展的一般规律，又要适合我们自己的国情、省情和区情，既不可盲目照搬外国城市化模式，也不可妄自尊大，只看其表，不明就里。我驻外使馆反映，近些年国内一些地方考察团到访，看到欧洲城市面貌比较古旧，认为还不如自己的城市现代化程度高，没什么可学的。实际上，一味追求城市硬件设施的现代化或超前发展，而不深入思考、学习国外城市规划和管理的先进理念、经验等软实力，很难真正提高我国城市的竞争力。

教训之三是，城市化要不断适应可持续发展的要求。在这方面，需要注意以下几点：首先，工业化和城市化应当良性互动，不断创造更加适合人类居住和生产的城市生态环境。大家知道，英国伦敦和日本一些城市曾发生严重的工业污染，现在许多发展中国家仍在重蹈覆辙。

其次,老工业基地和资源性城市宜早做转型谋划,否则将耗时极长。英国的曼彻斯特和伯明翰这些城市转型比较成功,但是也持续了四五十年。我们如果现在不做谋划,可能就要走别人的老路。再有,新建城市必须充分考虑自然环境和防灾减灾能力,否则代价极大。比如美国的新奥尔良,在飓风过后,他们认识到,新城市的布局一定要深入研究当地的自然地理条件,认真考虑防灾减灾的需要。这是现在国外的城市设计理念形成的共识。第四,解决大城市的交通难题要靠增加运能和分流需求并举,而不是单纯增加运能和提高运能的效率,否则难以突破技术极限。国外的城市规划专家普遍认为,多年的实践表明,人类现在无法通过技术手段根本解决大城市的交通拥堵难题。无论交通怎么无缝对接,智能系统多么完善,人类的技术能力终究是有极限的。所以,除了继续完善技术手段以外,还要分流大城市人口,把过多的人口和需求分流到中小城市,才能缓解大城市病。

教训之四,城市规模要适中,突出特色和比较优势。发达国家的城市规划人员普遍认为,城市规模过大则无法根治现代城市病,最适合人类居住和工作的城市为人口50万左右,百万人口以上的大城市不宜再扩张。这一点和前面联合国经社理事会的预估似乎有矛盾,但是它确实反映了城市规划专业人员的共识。这种共识还强调,城市规划特别是新建城市的定位,一定要突出特色和比较优势,特别是形成产业特色,创造就业机会和消费需求,而不要"千城一面"。例如,百万人口的大中城市应该在一个或多个领域具有难以替代的区域性中心地位,50万人以下的中小城市应该在一个或多个产业链上具有比较优势。这样,才能避免城市空心化,或变成"睡城"。

五、我国城市化的思路和政策建议

改革开放以来,我国城市化取得巨大进步,主要体现在城市数量增加,规模扩大,城市化速度加快,水平提升,城市现代化建设成就显著,城乡一体化取得一定进展,城镇化成果逐步惠及广大农村。

同时,我国城市化存在的问题也非常突出。其一,城市化滞后于工业化和非农产业的发展。国际比较显示,在全世界同样收入水平的国家中,我国城市化率是偏低的;从城市化率和非农产业比重的关系看,我们也低于国际平均水平。其二,我国城市化的质量不高,内容不完整。主要体现在农民工钟摆式的流动,这是我们城市化进程中的一个鲜明特点,可能是一定阶段内不可避免的,但也是一个明显缺陷,反映了城市吸纳能力的不足。其三,城市结构不合理。具体表现为大中小城市规模结构不协调,大城市聚集的人口相对不足;城市布局不合理,人口集中率不够,东中西三大地带城市分布很不均衡,发展差距拉大。其四,城市发展粗放,可持续性比较差,资源环境压力加剧。其五,城乡二元结构矛盾突出,在城市化进程中征地、拆迁矛盾层出不穷,各方面利益协调得不够好。

从研究的角度看,关于推进中国城市化健康发展的总体思路,可否表述为:以科学发展观为指导,坚持走集约、紧凑、协调的城市化道路;坚持城市化和工业化相协调,城市化的速度和质量相统一,把制度创新作为城市化的动力和保障,充分发挥大中城市的辐射作用,协调推进大中小城市和小城镇的发展,着力改善城市功能和质量,优化城镇空间布局,促进城市可持续发展,推进城乡一体化。

政策建议有六点:第一,按照国土规划和主体功能区规划,加强城市规划科学性,优化国家的空间发展布局。这一点"十二五"期间及以后将会越来越强调,应当在此前提下完善大中城市功能,因地制宜发展小城镇。第二,完善财税体制,增强地方政府公共服务能力,防范和化解城镇建设的财政风险。对地方政府融资平台要客观评价,因势利导,开正门,防止财政风险恶化,促其健康发展。第三,改革土地制度,妥善处理好相关的利益,促进土地集约利用。特别是城乡统筹试验区,我觉得这里的改革创新余地比较大。第四,完善基本公共服务体系,促进人口有序流动。如何使大量农民工循序渐进地实现市民化,对完善基本公共服务体系和城市基础设施提出巨大需求,应当早做谋划,周密部署。第五,推动生态宜居型城市建设,抓好资源枯竭城市和老工业城市的转型。第六,改进考核体系,建立规范的城市化统计制度和质量评价体系。

六、国外关于城市竞争力的一些评价体系

目前国际上比较流行的城市竞争力评价体系大概有以下几种:一个是世界银行委托美国斯坦福大学做的城市竞争力评价体系,它特别侧重于城市政府能控制和严重影响的一些要素,主要包括四大类指标,即经济结构、地区禀赋、人力资源和制度环境。第二,世界经济论坛的竞争力评价体系,对全球53个城市进行测评,主要有三大类指标:宏观经济环境指数、公共部门指数和科技创新指数。第三,美国的城市竞争力指标,归纳为八类:政府与财政政策、公共安全、基础设施、人力资源、技术、商业氛围、对外开放和环境政策。第四,英国的城市竞争力评价体系,他们侧重于把城市竞争力分成投入、产出和最后的结果三大部分,包括七个方面的指标:人口、生产率、就业规模和结构、人力资本、失业状况、对外联系,以及创新。第五,韩国产业研究院进行的研究,他们把城市竞争力分为现实竞争力和未来竞争力,包括经济的和非经济的竞争力。现实竞争力的评价指标比较简单,未来竞争力的指标则比较具体,包括四部分:主体、环境、资源和机制。他们很注意前瞻性测评。第六,菲律宾提出的城市竞争力评价体系,包括七类指标:经商成本、地方经济活力、联系与可达性、人力资源及其培训、地方政府责任、基础设施,以及生活质量。这些评价体系的每一大类指标,都有进一步的细化

分解,以便更为具体、明确地进行评估,使评估结果更贴近实际,对改善城市功能和质量更有参考意义。

(2010年6月23日在中国浦东干部学院讲课的记录稿,参考了国务院发展研究中心发展战略和区域经济研究部的刘云中、刘勇的研究成果,北京师范大学经济与资源管理学院的赵峥提供了基础材料,在此一并感谢)

34. 促进我国城市化的几点思考

在中国,城镇化的提法主要是从农村人口多、城乡和地区差距大的具体国情出发而提出的,翻译成外文,跟城市化是一个词。我认为用城市化来包容城镇化就可以了,因为城镇是城市体系当中的最基层。下面围绕我国城市化简单谈几个观点。

第一,城市化是中国扩大内需特别是消费需求的深厚源泉。在2009年中国城市化水平达到了46.7%,仍低于近两年49%的世界平均水平,跟世界中低收入国家47%的平均水平比,我们也偏低。跟巴西等发展中大国85%的城市化水平比,我们落后将近40个百分点。这是很大的差距,但差距也意味着发展潜力和空间。从城市化的国际发展经验来看,30%到70%是城市化快速发展时期,其中45%到55%这个阶段是城市化发展最快的时期,70%以后进入稳定阶段。中国现在正好处于城市化发展最快的时期,这必然产生巨大的内需潜力。

首先,大规模城镇化或城市化的快速发展需要吸引大批的人口,主要是农村居民,从而激发出旺盛的消费需求。农村居民到城市以后,也要租房子甚至买房子,他们要看病,子女要上学,工伤要有保险,要进入社会保险网络等等,这些消费需求潜力是极其巨大的。大量的非农人口转向城市带来的消费需求,不仅表现在住房、医疗、教育等方面,还表现在扩大城市日常生活消费方面,城市消费有一种示范效应,农民进城后也要像市民那样消费。而且,农民进城后,收入增加、寄回农村也会拉动家乡的消费。假定我们城市化水平一年提高一个百分点,那么13亿人口的1%就是1 300万人。可见,我国扩大内需特别是消费需求的空间是多么巨大!

其次,这种消费需求的连带效应也会带来大量的投资需求。城市的公共服务设施要满足新市民的要求,城市功能完善等等带来的投资需求是不可估量的。例如,一套50平米的住房需要多少钢材,大量人口转移进城市要建多少套房子,需要多少钢材,这就拉动了投资需求。可以说,城市化也是促进发展方式转变的一个重要的动力。我们要努力扩大内需,调整投资、消费、出口三驾马车的关系,更多地依靠消费拉动经济增长。换言之,中国经济的中长期平稳快速发展,要靠投资、消费、出口协调拉动。通过发展城市化,能够产生巨大的内需潜力,特别是消费需求,这还需要继续挖掘。

中国城市化水平要达到70%的稳定阶段,还有20多个百分点,通过扩大内需特别是消费需求,至少可以拉动经济增长20多年。而未来5—10年,就是"十二五"期间到2020年全面建成小康社会这段时间,是城市化最快的时期。我们要抓好这个发展机遇,促进我国经济增长的动力结构进一步改善,实际上这也是发展方式转变的重要途径。

第二,发展城市化要克服单纯技术观念。现在人们越来越关注交通拥堵、环境恶化、贫民窟等大城市病,注意研究发达国家怎么治理大城市病,如发展高速化、立体化、大型化的公共交通,实行交通无缝对接,采用智能驾驶系统、智能交通管制系统等等。这些无疑是解决大城市病的重要技术手段,但能不能根本解决城市化进程中发展过度、能耗大、排放大等弊病呢?根据国际上的城市规划人员最近这些年的共识,人类的技术进步是有极限的。在解决大城市病问题上,寄希望于技术手段是不现实的。因此,克服单纯技术观念会促使我们反思、审视现有的城市化发展思路以及城市规划思路,否则很难解决现在的城市难题。比如发展大都市的快速交通、无缝对接、智能化交通控制系统等,且不说大规模的改造和应用需要巨量的投资,就是技术转化为应用也需要比较长的时间,大规模的投资还要考虑投资效率怎样等问题。如果我们没有清醒的认识，很可能盲目地追求城市规模扩大，而寄希望于技术手段来解决问题，结果会事与愿违。这就需要我们认真地学习，不断加深认识，形成更为合理的城市化理念。

第三，城市化进程要注意分流需求的思路。简单地说，就是大城市过多的人口要分流到中小城市中去。根据分流需求的理念和思路，现在需要进一步反思我们关注的热点，比如蚁族、蜗居等等。由于大城市的居住、交通和生活成本太高，上海的大量年轻人已经逐渐流入周边的中小城市。所以城市规划和城市发展一定要有分流需求的思路，把巨量的人口由过于向大城市集中变为向中小城市分流，我们的城市规划和发展道路应该认真思考这种思路。如果没有这种思路，而是局限于紧盯着大城市内部如何增加住房，如何降低房价，来解决蚁族、蜗居的问题，例如单纯靠增加投资、增加房屋供给和依靠先进的技术手段，实际上是没有办法根本解决大城市的供求矛盾的。所以，发展城市化，既要考虑为向城市转移的大量人口提供生存条件、基本公共服务和改善生活质量的必要公共服务，也要考虑我们现有的投资和技术手段到底能满足到什么程度，以及在未来可预见的时间内能满足到什么程度。不然我们的大城市病会愈演愈烈，人们的抱怨也会越来越多。我认为确实应该清醒认识城市发展中的技术瓶颈和越来越重的成本压力，要解决大城市面临的这些突出问题，需要有更开拓的视野。

第四，我们发展城市化一定要注意以人为本，而不是以车为本。现在我国城市化发展的一个突出特点是不断拓宽马路，减少道路平面交叉和人行道，架设过街天桥，为汽车行驶提供方便。立体化交通思路也是在扩张城市规模的前提下，为车提供方便，而不是发展紧凑型城市，减少对汽车的依赖，为人提供方便。近些年国际上研究城市规划提出了一个新的理念，就是从以车为本转向以人为本的发展思路，包括发展小规模、方便步行、邻里接近的城镇。我们的国情是人多地少，人地矛盾突出,更需要这种以人为本、行人方便、紧凑集约的新的城市发展理念。

第五,我国城市发展要考虑形成集聚效应,具有地方特色和产业特色。现代的规划理念普遍认为,最适于居住的城市规模是 50 万人左右、100 万人以下,国际上的大都市继续扩张会越来越没有出路。对我们来说,可能也需要集中发展 50 万到 100 万人口的城市,这样的城市要想形成集聚效应,应该发展有特色、有竞争力的产业。具体说,此类城市的产业不宜多而分散,而应重点发展一个或几个产业,在同行业、同领域别人很难替代它们。那么 50 万人口以下的小城市或者小城镇应该是什么样的?那就更需要有突出的比较优势,或者地方特色。例如在产业链条上的某个专业化配套环节非常强势,甚至主要是具有良好的居住生活环境,小城市或小城镇不宜追求百万人口城市那样的产业体系。如果不论城市大小和其他条件,都去追求完整的或高端的产业体系,我国将会陷入一轮复一轮的重复建设,造成浪费。小城镇、小城市一定要有地方特色和产业特色,在产业链中无法被人替代,就能吸引生产要素流入,就会凝聚人气和激活经济活动。

(在 2010 发展中国论坛上的主题演讲,2010 年 8 月)

35. 先行先试　再闯新路
——深圳特区成立30周年有感

2010年是深圳经济特区建立30周年。我很高兴能够参加在深圳召开的"经济特区与中国特色社会主义"理论研讨会。我讲两个观点：第一个观点，先行先试、再闯新路。第二个观点，创新升级，助推转型。

第一个观点，先行先试、再闯新路，如果我们换一个字，就是先行先试，勇闯新路。这是深圳30年来一个非常重要的经验。但是今天探讨不仅是回顾，更重要的是还要对深圳未来发展做一些展望。因此第一个观点重在再闯新路，把"勇"字换成"再"字。为什么我提出这个观点？主要是我们国家目前发展状况、发展阶段的变化，以及国内各个区域分别推出本地区的发展规划，深圳特区的周边已经在崛起很多新的区域热点。所以我认为深圳下一步仍然要考虑如何通过先行先试，再闯出一条新路。

我们国家经过30年的改革和发展，到现在为止已经发生了三个有里程碑意义的变化。第一个，上世纪80年代由温饱不足实现了温饱；第二个里程碑，上世纪90年代由温饱到初步小康；第三个里程碑，本世纪初以来我们要经过20年的奋斗向全面建成小康社会进军。本世纪头20年已经过去了10年，这10年中国发生了什么样的变化，大家可以看到最近热炒的中国已经成为世界第二大经济体；经济总量确实上升得很快，但是我国人均GDP还在100位以后。当然深圳的人均GDP已经达到中等发达国家，那么全国是一个什么状况？预计2010年我们的人均GDP可以超过4 000美元，按照世界银行的计算标准，这标志着我国由中等收入偏下国家进入中等偏上这个行列。全国人民对改善经济生活、政治、文化、社会以及生态环境会产生一系列新期待。

深圳的经济发展阶段和水平大大高于全国,本地居民会有更高的新期待,全国也在看着深圳能不能再作出表率。

我们现在正在加快转变经济发展方式,其中一个很重要的任务就是我国区域经济布局如何更加合理化,也就是按照国家统一的国土规划和主体功能区规划,各地要科学合理地谋划自己的发展战略。过去我们没有这样一个国土规划和主体功能区规划,现在"十一五"规划和党的十七大当中都明确提出来,特别是十七大提出,到2020年我国要实现城乡协调发展和主体功能区基本形成这样一种发展格局。各地在这样的指导思想下,纷纷出台本地区的发展战略和规划。不谈更多中西部的,就谈和深圳比较接近的,比如广西制定泛北部湾合作地区规划,一下就争取到保税区、出口加工区等四个特殊政策地区,而深圳早期从来没有同时被批准过四个这样的区域。福建在规划海西经济区发展时,明确提出先行先试。我曾经跟当地同志交流过,问能不能争取像泛北部湾地区这样的政策,他们说他们不再追求这种局部的特殊政策,他们更看重的是先行先试权利。福建先行先试有一个载体,已经落实到和台湾合作开发平潭岛,这就是海西经济区先行先试的具体进展。珠海有一个横琴岛和澳门合作开发,深圳也有一个前海与香港合作开发高端服务业。在其他方面深圳又该怎么样?七八年前在同样这间会议室,曾有"特区不特"的争论,现在这个争论应该平息了。特区还要特,特不是争优惠,而是争先行先试权。深圳下一步应该更多地争取先行先试,再闯出一条新路来。

第二个观点,创新升级,助推转型。深圳30年来的改革发展和成就,可以说也是得益于这样一条路径、这样一种思路。但是现在看,这个思路、这个路径走得并不平坦,其中也有这样那样的争论,在决策层也提出来不同的思路。比如深圳曾经提出来要适度重化工业化。作为一个学者,我提出个人的观点,这个思路可能不太合适,不一定适应深圳发展的客观环境和转型升级的需要。但是在几年前，这个思路提出来确实影响还是很大。国务院发展研究中心的专家在几年前明确提出中国正进入重化工业化阶段，这个判断是用数据得出的，而不是主观想象。同时也需要说明，我们并不主张向全国鼓噪都要搞重化工业化，我们始终讲要尊重专业化分工规律和市场经济规律，要符合本地的发展阶段，发挥本地资源的禀赋优势、比较优势、要素组合优势，一定要有地区特色，而不是都搞重化工业化。下一步深圳面临什么样的国际环境和挑战，我们应当密切关注。现在美国提出要成为第一出口大国，加强制造业。法国提出要贴"法国制造"这个品牌，重振制造业。日本也提出新增长战略应对少子化和老龄化，其中一个很重要的内容就是振兴日本的制造业。发达国家并不是把所有制造业都转移到发展中国家，而是保留着高端的、战略性的先进制造业，这是决定一个国家核心竞争力最关键的基础部分。这是我们要清醒认识的。

因此我想，下一步中国的经济发展方式转变，关键还是要靠我们自己的技术创新和产业升级来推动，指望承接发达国家的先进产业转移，再也不会像以前那样容易。深圳的下一步发展，同样要依靠更多的技术创新和产业升级。深圳产业升级的主要内容，应该立足于现有的技术层次高、产业层次高，还有智力资源丰富的优势，着力发展战略性新兴产业。深圳已经有了一批实力雄厚的高新技术企业，例如华为公司、中兴公司、华大基因研究院和光启研究院等等。应当以它们为依托，敏锐把握世界范围内技术革命和产业革命新动向，为这些优势企业的发展壮大创造更好的制度环境。当前，所谓第三次工业革命，或者说以绿色、智能、可持续为特征的技术革命、以新一代信息技术和新能源为主导的产业革命，正在孕育着突破。我们要牢牢把握这个机遇，应对所带来的挑战，在这方面多下功夫，助推深圳的产业升级和发展方式转变。

(2010年8月22日 根据人民网记录整理)

36. 新定位、新机遇、新前景

在各地纷纷谋划"十二五"期间的发展改革规划中,贵州迎来了新定位、新前景。国务院2号文件明确了贵州的战略定位,即打造全国重要的能源基地、资源深加工基地、特色工业基地,以航空航天为重点的装备制造基地和西南重要陆路交通枢纽。这一新的战略定位,明确了贵州未来的发展方向和国家政策的支持重点,并赋予贵州在一些改革领域先行先试的权利。这是贵州面临的重大而宝贵的机遇,抓紧并用好这一机遇,必将开启贵州改革与发展的新局面。贵州我只到过少数地方,许多地方我没有去过,对贵州的情况不完全清楚,要对贵州省的发展战略提出符合实际的建议很困难。下面只能根据以前到贵州几次调研的感受,对贵州的发展战略思路谈几点粗浅的看法。

第一,贵州的发展更重要的是应当眼睛向内,挖掘内部潜力,把内需培育起来。要在加强对外开放的同时,强化内部经济联系,挖掘内部潜力谋发展。贵州山多平地少,修路成本和外运成本高,内部通达能力不足,经济上还未形成一个整体,必须着力挖掘内部需求,包括投资和消费,为本省经济发展注入最根本、最持久的拉动力量。**一是**要加强内部各个地市州的地理连通和经济整合。让贵阳和其他中心城市与周边的一些工业城市、旅游城市、资源基地、农业城镇形成分工合理、联系密切的有机整体,充分挖掘贵州内部的发展潜力,形成更多的经济增长极和载体,以便吸收周边省份的繁荣对本省越来越大的需求,如旅游和产业转移等,使本地的旅游资源、生态环境、民族风情、独特风光和自然资源等潜在优势变成现实的市场供给优势和经济优势。**二是**要加快形成贵州内部的统一市场。如果贵州没有形成内部统一市场,承接和消化产业转移就没有低成本优势,也没有新兴市场需求的保障。如果市场仅仅分散在几个地方和一些主要城市，就难以让省内广大农民致富，也难以让更多市民提升生活质量。因此不仅需要加快基础设施一体化建设，更要消除省内存在的地方保护和形形色色的市场壁垒。**三**是要通过促进居民收入增加与经济增长同步来培育内部需求。国家"十二五"规划提出，居民收入增长要与经济增长同步，导向非常明确。贵州要调动发展的内需潜力，并形成一定的市场规模，就需要通过不断提高城乡居民实际收入，合理调整收入分配格局，不断扩大城市和乡镇居民的购买力。要实现城乡居民收入实际增幅和经济增长同步，还需要控制价格上涨，保持物价总水平基本稳定。

第二，要面向周边省份扩大开放力度，特别是要用好周边市场，强力推动与周边的区域经济和市场一体化。例如，进一步加强与云南的合作。**一方面**，云南是中国—东盟自由贸易区（10+1）的桥头堡，云贵两省地缘近，市场近，生活习惯、语言、资源环境等许多方面相差不大。现在我国与东盟自由贸易区已开始货物自由贸易，将来还会实现投资便利化、旅游便利化，区域内生产要素流动将越来越活跃，市场连通性越来越密切，市场规模也会越来越大。贵州要抓住这个机遇，带动本省的市场开拓、旅游发展、特色产业发展。**另一方面**，云南上市公司数量在西部排在前列，金融机构也相当活跃，内部金融市场发育程度较高。要发展贵州的金融，需要更多地利用好云南的金融资源。我觉得，从大都市、东南沿海引来金融机构无疑是需要的，但它们的经营思路可能与贵州的发展阶段和需求不大一致。而利用好云南初步成形的区域性金融中心、产权交易中心等金融资源，对贵州既实用，也方便。

第三，贵州要将新能源的开发、技术改造与本地的资源优势密切结合在一起。举一个例子，黑龙江有大面积的平原和平坦的农田，但是能用于生物质能源的大量秸秆却还田甚至烧掉了，非常可惜。但是，要把秸秆压缩为小的颗粒，加工厂建少了运输距离远，成本高，农民不愿意收集、运输再卖掉秸秆；而加工厂建多了投资成本又太高，本身也会加大能耗和排放。这是生物质能源在广袤平原地区遇到的一个难题。贵州有丰富的生物质能源，怎么能发挥好生物质能源的作用呢？就需要因地制宜，可以考虑用生物质能源改造当地小火电。要发展新能源、可再生能源、节能减排，必须让当地企业有可供选择的出路和技术。贵州是多山地区，植被条件好，恰恰可以因地制宜，就近发展生物质能源，降低运输和建设成本，这在经济上和技术上都有合理性、科学性，也能够推动节能减排工作和产业升级。希望贵州在可再生能源方面多谋划，不光是搞风电、水电和太阳能，还要在改造高耗能、高排放的发电模式和传统能源如煤矿的利用模式上多下功夫。

第四，贵州要通过制度创新大力发展民营经济。根据我们对全国几千家企业的问卷调查，发现样本企业的股权结构是没有变的，国有股和法人股的比重根本没有提高，外资股和个人股的比重，以及民营经济的股份比重也没有下降。这说明"国进民退"的议论是证据不足的。但是民营经济的发展环境确实不尽如人意，小微企业的负担重，综合经营成本上升，社会上对民营经济面临的多种"玻璃门"和"天花板"议论较多。总体来讲，西部省份的民营经济不如东南沿海活跃，这确实有多年交通闭塞、经济不发达导致的企业家资源和企业家精神稀缺的原因，也有政策环境的限制。怎样在当地培养创业气氛？国家层面有促进非公经济发展36条、鼓励非公经济发展指导意见等，贵州怎样具体加以落实？

贵州在发展民营经济方面可能需要抓好以下几项工作：**一是**要针对贵州民营经济的实际情况创造良好的发展环境：认真梳理贵州民营经济反映最突出的难点和热点问题，制定落实国务院相关文件的具体可操作的细则，清理市场准入方面的不合理限制，让民营经济可以更加自由地创业，可以活跃地发展起来。**二是**要解决好民营企业融资难的问题,疏通融资渠道。我在多年的调查研究中发现,不管国家实行扩张的还是紧缩的宏观调控政策,民营经济特别是小微企业从来没有感到资金宽松过。我问过许多民营经济人士,遇到的最大困难是什么,他们总是反映融资难、贷款难,小微企业更是如此。这就让我们反思,为什么国家实行扩张的宏观经济政策的时候,民营经济尤其是小微企业融资仍然困难?这说明信贷扩张没有扩张到小微企业里面去,它扩张到大企业里面,往往是国有企业里面去了。这不是源于我们国家的金融政策、宏观调控要歧视谁,而是由于为小微企业服务的融资渠道不畅。希望贵州在发展民营经济时注意疏通这个渠道。要建立并进一步完善能够满足小型和微型企业需要的金融机构、融资平台、担保抵押体系、小额信贷等等。同时,也要注意规范融资环境,防范金融风险。**三是**要鼓励发展实业。去年年底中央经济工作会议强调,要鼓励发展实体经济。从全国情况看,要用适宜的竞争政策、税收政策、金融政策和价格政策,改变行业利润分配严重失衡的局面。例如,税费政策方面需要做一些重要调整,大面积减轻税费负担,在税收上能够让小微企业得益,让真正做实业的经济界人士感到有前途,有奔头。在贵州要营造这样的气氛,也需要通过这四个方面的政策,让民营经济真正愿意到实业当中来投资。最近国内一些地方暴露的民营经济人士因负债而"跳楼"、"跑路"这些事,从一个侧面说明,我们的政策环境应当能够引导生产要素合理流动,给民间创业资源打开正确的出路,要把他们的金融资源、创业资源、技术资源引到规范化的制度上去,引到符合实体经济发展的道路上去,而不应去搞股市楼市投机甚至违规的地下金融等。

最后再提一个建议。国务院 2 号文件公布以后,贵州仍然需要把原有适用于西部开发、老少边穷地区、资源型地区的政策好好梳理梳理,与 2 号文件结合起来,真正把这些政策用足,形成更多的资金来源、更多的项目来源,我觉得这值得挖掘。

(2012年2月在贵州省委、省政府贯彻落实
国发2号文件专家座谈会上的发言)

37. 中原经济区：区域经济发展新探索

改革开放以来，我国区域经济格局变动经历了两个阶段：前二十年，实施区域非均衡发展战略，东部沿海地区突飞猛进；后十年，实施区域协调发展战略，推进西部大开发、东北振兴、中部崛起。新时期，我国区域经济发展进入深化布局阶段，国家依托沿海一线的经济高地，根据加快转变经济发展方式、实现科学发展的需要，集中批复了二十多个区域规划，使其上升为国家战略。

新时期我国区域经济发展的深化布局按照两条线索展开：一条线索是对沿海地区进行整体布局、分区规划；第二条线索是在转变发展方式、实现科学发展这一主题下，围绕一些关乎全局的重大问题，在一些重点地区进行探索。如成渝试验区是针对如何实现城乡一体化发展这样的世界性难题展开的，鄱阳湖和黄河三角洲地区是就生态经济发展展开的，武汉城市圈和长株潭城市群是围绕如何建设"两型社会"（资源节约型和环境友好型）、实现可持续发展展开的。在全国经济布局中，以河南省为主体的中原地区具有两个特点：一是粮食生产基地，在保障国家粮食安全中占据重要位置；二是工业化、城镇化水平低，需要加快发展。河南粮食核心区建设固然受到国家的重视，取得了很大成效，但随着粮食生产能力的不断提高，河南省的省域竞争能力不仅没有提升，反而呈现相对下降趋势，保粮食和促发展之间产生了明显的冲突。

正是在这个背景下，2010年以来，河南省委、省政府在谋划"十二五"时期经济社会发展的过程中，遵循区域经济发展规律，提出了以河南为主体，建设中原经济区，加快中原崛起和河南振兴的战略构想，要探索出一条不以牺牲农业和粮食、生态和环境为代价，走新型工业化、城镇化和农业现代化的崛起之路。这是发达国家和我国发达地区在发展过程中都没有走过的道路,是一项全新的探索,一项全新的实践。这一战略构想提出以后,引起了河南乃至周边相关地区的热烈反响,得到了中央及国家有关部委、兄弟省市的大力支持。

目前,中原经济区建设已经被正式确立为河南"十二五"时期经济社会发展的总战略。2011年3月,中原经济区建设又被纳入全国"十二五"规划纲要,上升为国家战略[①]。可以说建设中原经济区的大幕已经拉开,这一区域发展战略涉及河南及周边省份经济社会发展的各个领域,既需要积极运作,努力实践,更需要超前搞好理论研究,为建设中原经济区提供坚实的理论支撑。

在研究论证过程中,河南省联合周边省份,特别是借助国家级研究机构的力量,做了大量深入的理论和政策研究,形成了许多研究成果。国务院发展研究中心也组成课题组,进行过前期专题研究。这些研究成果为中原经济区规划的问世提供了重要智力支持。中原蓝皮书《中原经济区发展报告(2011)》是又一部新的研究成果。这本书以科学发展观为指导,依据区域经济发展理论,对中原经济区的内涵特征、发展定位、发展目标、空间布局等进行了系统研究,同时对建设粮食核心区、加快新型工业化、推进新型城镇化、发展开放型经济、发展现代服务业等具体实践也进行了专题探讨。书中有很多思路、观点和对策、建议和意见,不仅对广大理论和实际工作者研究中原经济区的发展具有重要的参考价值,而且对进一步推进中原经济区的建设也具有重要的实践

---

① 本文发表于2011年4月8日,是中原经济区规划论证过程的成果之一。2012年11月17日国务院批复、国家发改委正式发布《中原经济区规划》(2012—2020年)。包括河南全省,延及周边山东、山西、河北、安徽4省共30个省辖市和3个县(区);面积28.9万平方公里,2011年末总人口1.79亿,地区生产总值4.2万亿元,分别占全国的3%、13.3%和9%。这是迄今国务院已批复的覆盖面最大的一个国家级区域规划,它是中部崛起的最重要支点。其定位明确为:国家重要的粮食生产和现代农业基地,全国"三化"协调发展示范区,全国重要的经济增长板块,全国区域协调发展的战略支点和重要的现代综合交通枢纽,华夏历史文明传承创新区。

价值。

　　这个蓝皮书的最大特点就是它以理论研究、政策研究成果为主要内容,也可以说是宣传造势先行的一本蓝皮书。河南在推进中原经济区建设方面,做了大量的先行理论研究和舆论宣传工作,在这个基础上出版的蓝皮书《中原经济区发展报告》,并不是中原经济区被正式批准以后运行一年的实践总结,而是展示和解说中原经济区从构想提出到上升为河南"十二五"时期经济社会发展总战略、进而被纳入全国"十二五"规划和全国主体功能区规划这样一个过程。所以这本蓝皮书不是通常的对上年的回顾和对下年的展望,而是对前一阶段各项准备工作的归纳和今后较长时期中原经济区建设的谋划。正是从这个意义上说,该书不仅是我们了解河南、了解中原经济区、了解其如何上升为国家战略的窗口,更重要的是为中原经济区的发展提出了建设性的意见,为中原经济区建设的前景建立了一个很好的预期。

　　目前,中原经济区建设的研究和实践只是刚刚破题,还有许多问题值得我们研究。中原经济区是以全国主体功能区规划明确的重点开发区域为基础、中原城市群为支撑、涵盖河南全省、延及周边地区的经济区域,地理位置重要,粮食优势突出,工业发展迅速,市场潜力巨大,文化底蕴深厚,在全国改革发展大局中具有重要的战略地位。我们相信,中原经济区有深厚的基础,有明确的战略定位,经过河南全省和周边人民的共同努力,加快发展和经济转型,一定会有光明的前景。预祝中原经济区焕发出新的生机,谱写出更美好的篇章。

(原载《中国经济时报》2011年4月8日)

38. 城乡一体化的"济源样板"

济源是我的老家。父母早年从济源思礼村和南石村参加革命,随刘邓大军转战南北,解放后调入武汉和北京。虽然我在外地长大,但我的根在济源。从十来岁第一次回老家,到最近十几年多次返乡,我作为一个"游子",对家乡翻天覆地的发展和变化,感受尤为强烈。记得2005年我带着家人回济源,孩子们看到眼前的一切,特别是看到"卢仝故里"的碑刻,摸着明代卢氏先祖的墓碑,深有感触地说:"这回可找到我们的根了!没想到老家这么好,完全不是我们想象中的农村县城,真可以说是一座现代化的小城市。"如果他们有机会再回欣欣向荣的济源,一定会有更多感慨吧!

前两年,我的一位同事告诉我,刚刚到济源做了城镇化的调查,看到你的老家发展得真是不错。最近又有几位同事到济源,专程调研农村集体土地制度改革、城乡一体化发展的做法和成效。看来,老家多方面的改革发展经验已经名声在外,作为济源人,自然有一种亲切、自豪之感。这次,家乡来的同志找到我,带来这本名为《城乡一体化深入发展的路径与创新》的书,邀请我为之作序,我便欣然从命。拜读全书,我深深地为家乡人民自力更生、艰苦创业的精神而震撼、骄傲;同时也很受启发,觉得济源推进城乡一体化的实践探索,符合党的十八大精神和十八届三中全会的改革要求,取得的成效令人刮目相看。我当尽绵薄之力,把这本书推荐给更多的读者参考和借鉴。

当前,我国社会经济结构正在经历一场前所未有的深刻变革,城乡二元的发展格局、体制构架和政策体系,已经无法适应新型工业化、信息化、城镇化和农业现代化同步发展的要求。党的十八大和十八届三中全会指出,城乡发展一体化是解决"三农"问题的根本途径,城乡二元结构是制约城乡发展一体化的主要障碍。必须深化改革,形成以工促农、以城带乡、工农互惠、城乡一体的新型工农城乡关系,让广大农民平等参与现代化进程、共同分享现代化成果。加快构建新型农业经营体系,赋予农民更多财产权利,推进城乡要素平等交换和公共资源均衡配置,引导城镇化健康发展。

加快城乡一体化、实现城乡统筹协调发展,是我国加快经济发展方式转变、实现持续健康发展的必然选择。坚持以新型城镇化为引领,推进城乡一体化向深入发展,其主要标志可以概括为城乡基础设施的同质化、基本公共服务均等化,以及城乡居民政治权利、财产权利的同权化,其核心是建立城乡资源要素有序自由流动、高效合理分配的体制和机制。

在这些方面,济源无疑是一个很值得研究和推介的样板。从2005年被确定为河南省城乡一体化试点市以来,济源认真践行"以工促农、以城带乡,逐步破除二元体制"的发展理念,强化改革创新,加大政策支持力度,大力提高统筹城乡发展水平。经过八年的持续探索,济源市城乡发展一体化取得了显著成效。

第一,农业现代化达到较高水平。一些关键指标可以反映济源市这方面的变化:2012年农业产值占GDP的比重下降到4.4%,畜牧业占农业产值一半以上,有效灌溉面积占耕地总面积59%,农业机械化综合作业水平达88.9%——这一指标高于2011年江苏省农业综合机械化水平(74%),接近20世纪70年代日本和台湾地区基本实现农业现代化的机械化程度(90%左右)。

第二,城乡经济结构不断优化。2012年济源市的城镇化率为53.4%,比河南省高11个百分点。农民人均纯收入增长持续快于城镇居民,城乡居民收入差距不断缩小,两者收入之比由2005年的2.32:1缩小为2012年的1.99:1,明显低于全国(3.1:1)和全省的平均水平。

第三，经济实力增强，农村民生明显改善。2012年济源人均生产总值突破9000美元，比全国高出3000美元。农村信息化程度提高，实现了广播通讯、有线电视、宽带"户户通"。率先在全省实现养老保险全覆盖，全市城乡居民养老保险人员参保率达到99.26%，新型农村合作医疗覆盖率达98.5%。初步建立起统筹城乡的教育、医疗、就业和社会保障体系，改革发展成果更加普遍地惠及城乡居民。

第四，在深化农村户籍制度改革、产权制度改革、金融创新等方面先行先试、大胆探索，走在了河南省和中原经济区的前列。济源市积极推进农村土地（承包地、宅基地和集体建设用地）、林地（林改时没有确权到农户的部分）和小水利设施等确权工作，现在此项工作已全面铺开，在河南省18个地市中属先行先试者。

第五，科学规划城乡功能布局，构建新型城镇体系。济源按照"全域布局、一体发展"的理念，根据不同区域发展定位，规划了"1+5"功能布局，即一个中心城区综合功能区，加上虎岭转型发展功能区、玉川循环经济功能区、小浪底北岸黄河风景旅游区、南太行生态文化旅游区和东部高效农业示范区五个功能分区。经过多年实践，在全市范围内形成了"中心城区＋城市组团＋小城镇"，可以说是一种既有明确分工又相互协调互动的新型城镇体系。

当然，从横向比较和不断发展的眼光看，济源市城乡发展一体化也还存在一些不足，面临一些问题。济源市城乡发展一体化水平大概属于江苏苏北城市的水平，尚有较大的提高空间。

一是城镇化率偏低，服务业发展不足。济源市城镇化率与较高的人均GDP水平不够相称，2012年其城镇化率与江苏省苏北地区的盐城市、连云港市差不多，比江苏省平均水平低10个百分点。同年济源服务业比重只有19.4%，远低于江苏省42.6%以及全国43.1%的水平。服务业发展缓慢,导致济源的人口城镇化慢于城市建设速度。

二是农业劳动力占比过高,影响农民增收。2012年济源市农业劳动力占比高达25.2%(大概相当于江苏省2009年水平),农民人均纯收入低于2012年江苏省的12202元。

三是集体经济实力偏弱。2012年济源村均集体经济收入35.3万元,村均集体债务49万元。而在2010年江苏省村级集体经营性收入村均就已达到107万元,其中苏南地区村均收入296万元,苏中地区70.3万元,苏北地区29.5万元。可见济源市集体经济实力只略微高于苏北地区。

城乡一体化是一个宏大的历史命题,近年来,国内外很多专家学者都在做这方面的研究,一些地方在推进城乡一体化方面也进行着不懈探索。济源市投入巨大精力组织编纂的《城乡一体化深入发展的路径与创新》一书,努力把对城乡一体化的理性思考与实践探索有机融合起来,我觉得有几点尤其难能可贵:

首先是视野开阔,站位全局。作者并没有局限于济源一地的发展,而是用历史的眼光、世界的眼光、发展的眼光,把城乡一体化放在区域经济一体化的发展大格局中来认识和思考。

其次是勤于钻研,善于提炼。注重从不同地域、不同时期推进城乡一体化的实践探索中总结经验、发现规律。全书分为探索、意义、任务、策略、路径、体制、实践七大部分,既有对城乡一体化概念、内涵的深刻理解,又有对存在问题、面临挑战的清醒认识,更有制度机制层面的创新思考,内容翔实、深入浅出,可以作为各级党员干部和社会大众系统理解城乡一体化的入门教材。

第三是面向实践,探寻路径。通过大量的现实事例和数据对比,对如何推进城乡一体化进行了深入剖析和充分论证。特别是在城乡一体化的路径选择上注重理清思路,注重可操作性,善于发现问题、寻找对策。不仅从规划布局、产业发展、基础设施、公共服务、生态环境、要素配置、社会管理等方面进行了梳理,而且对如何解决户籍、劳动力、土地、资金等方面的难题作了深入探讨。最后一章专门阐述济源的实践探索,如实介绍了济源的困惑和展望,对其他地方推动城乡一体化深入发展也具有较为普遍的借鉴意义。

济源是愚公移山精神的发祥地,"愚公移山、敢为人先"是济源的城市精神,从上个世纪五六十年代闻名全国的"五小工业",到修建可与红旗渠相媲美的"人工天河"——引沁济蟒渠(我的哥哥卢中南当年回乡时也参加了修渠劳动,如今他已是全国著名书法家,他的书法据说也得益于对修渠时挖掘出的古代碑帖的揣摩);从率先在河南省全面完成国有企业改制,到实现从县到县级市再到省辖市的体制跨越,济源的每一点发展和进步都是主动改革、敢为人先、先行先试、创新创造的结果。

在加快产业转型升级、城市转型发展的关键历史时期,济源响亮地提出要建设城乡发展一体化示范区,这是一个创举,充分显示了市委、市政府推进城乡一体化深入发展的坚定决心和科学态度。而且,济源是河南省唯一的市级直管镇(街道)的省辖市,行政层级的扁平化,使城乡一体化的相关政策能够更快地在基层发挥作用,改革创新的效果能够更快地反映在基层。这也是济源推进城乡一体化的一大优势。因此,我们有理由对这座年轻而富有活力的城市充满信心、充满期待。

(《城乡一体化深入发展的路径与创新》序言,2013年11月20日)

39. 变化的步伐
——重回北大荒观感

　　今日的北大荒是几代人坚守、传承、奋斗的果实。我1969年8月到黑龙江军垦1师6团，即今日的二龙山农场，阔别35年后第一次回垦区。我和清华大学胡鞍钢教授都是当年6团2营的知青，他在11连，我在13连。这次回来看到，11连因在场部边上，农场要统筹开发，暂时还没有拆，所以能看到过去的影子；而我所在的13连搬迁以后全部复垦了，只能站在那个山坡上回忆往事。我深有感触，在11连能看到过去的影子，在13连能看到变化的步子，相信农场很快能使过去的影子赶上变化的步子，变成崭新的模样。

　　农场现代化水平确实很高，到九三管理局看到，连甜菜的栽种都全部是机械化，整个机械化作业场面十分壮观，甚至可以说非常豪迈，现代化大农业的概念今天才完全体会到。上世纪50年代的老机械和现在作对比，感到变化之大，真是令人震撼。现代化大农业不仅体现了大规模生产，而且在这样大的范围内改变了粗放经营，实现了集约化、精准的耕作和田间管理，垦区农业的科技含量非常高。黑龙江农垦的生产经营方式、组织方式发生了巨大的变化，要不是亲眼所见，真是不敢想象。价格高达几百万元的现代化进口农业机械居然是一个个分散的农户单独买下的，一次能付一百万元现金，再用信贷支付余款，四五年即可还清。农户生产通过大农场的农机管理、技术服务、机械维修，组织大兵团作战，机械是农户的，但作业是有组织的，与周边农村的分散农户相比，农垦的组织化经营更好地发挥了规模化的优势，耕作水平、管理水平、技术含量明显更高。生产经营组织化又是建立在个体经营的基础上，这样规模的大农业和美国、加拿大、澳大利亚农场主个人经营的大农场又不一样。我觉得我们垦区有优势，优势就是通过组织化实现大规模经营，而追溯产权又可以追溯到个人的头上，对收益、成本、风险的估算又能落到个人的身上，充分调动个人的积极性和活力，农垦的家庭农场确实是很大的创新。

九三管理局在以下两个方面是有贡献的，而且正在继续坚持和推进。一是在非转基因大豆方面扛起民族大旗。政策上的难题可多向上面反映，争取支持和补贴。自身也还要通过加强科研和壮大经济实力，来固守和进一步扩大这个基地。二是"场县共建"上的突破非常有意义。为了发展大农业，从耕地的整合、生态的保护、食品安全的角度出发，场县共建是非常重要的，也取得了明显的成效。例如有的农场复垦耕地18亩，城镇用地仅增加1亩，总局范围内这一比例也达到8∶1，确实了不起，说明黑龙江农垦有推动全省农业现代化的能力。

北大荒应当有自己的产品质量标准体系。这就要求我们搞清楚：农产品质量安全的国家标准是什么？我们有没有自己的标准？在国际上的竞争力如何？没有这个质量标准体系，就只能是接受别人的检疫、检验。我国绝大多数的农产品没有自己的标准，非常吃亏，出口产品的卫生检疫、安全、质量别人说了算，说中国农产品的农药、化肥超标就超标，因为我们自己没有标准。所以，我们的绿色食品基地必须实现质量安全标准化。我们的标准是什么？是省级标准还是国家级标准，还是国际先进标准？这是很要紧的事情。

欧盟说中国的"十二五"规划很好、很酷，因为我们的理念很先进，措施也很具体。但是欧盟正联手美国准备在几个方面打压中国，其中一个手段就是用知识产权和绿色标准防范中国进入他们的市场。他们会用绿色标准制约我们，那么我们怎么办？如果我们的标准已经达到世界标准、欧盟标准，借助这一点中国就可以到世界贸易组织起诉，就可以用绿色标准突破制约。近几年来垦区大规模标准化生产成效显著,但是一些主要作物一直依赖国外进口的种子,农产品和食品的检验检疫标准被别人垄断,出口受制于人,出口转内销总不是根本解决办法。我们一定要抓住标准,一定要在食品安全上树立可靠的形象!

垦区的现代化大农业规划,需要全面分析农垦面临的机遇和挑战,既要具体写生产方面的条件、设想和举措,更要研究和把握需求方面的现实影响因素和未来前景,尽可能符合国内外市场的变化。农产品的市场划分,有多少是国内市场,多少是国外市场,以及标准体系等,需要重点突出。关于组织创新、管理创新的内容也要细化,例如,打造国际大集团是否有相关的部门、人员,如种子研发、标准制定、国际商务和知识产权保护等等,需要超前地具体设计一些部门,并加紧培养和招聘专业人才。

管理局农牧场的战略规划与总局战略规划的关系一定要清晰,使管理局、农场规划和总局规划相衔接,不能相脱离,自说自话,各行其是。

首先,总局战略规划应当为各管理局和农场的战略规划提供明确的顶层设计蓝图。从我这次短暂粗浅的了解来看,总局的战略规划在关于农业生产方面似乎需要更加重视种子、标准和市场营销三个环节。我们整个垦区的农业生产现代化已经达到国际先进水平,但是在种子、标准和市场营销体系三个关键环节还处于弱势,特别是面临着国际大公司的激烈竞争,甚至是强势挤压。总局规划中应当完善关于这三个环节的长远设想和应对举措,以及各个管理局和农场应当怎样分工,形成专业化的核心竞争力,进而组合成总局的整体竞争优势。总局的战略规划还应当起到市场信息预报的作用,从国内外市场全局的高度作出展望和预测,为各管理局和农场的分工定位提供需求面的指导。

其次,每个管理局、农场要明确其设想在黑龙江省农垦总局中的定位、布局,为实现总局战略规划作出应有贡献。例如北安管理局"高寒旱作现代化农业"这一定位就特别准确,很符合当地条件和总局要求。但北安规划中除了生产之外,还需要突出考虑以下问题,例如,种植业的种子来源如何解决(如玉米种子大部分来源于德国)？我们能不能自己提供种子？调整种植结构,种植大豆面积减少,非转基因大豆优势是否会丧失？质量安全的标准是什么？能不能有自己的质量标准,而不受其他国家的标准左右？还必须研究国内市场变化和销路、研究市场需求的影响因素。对市场状况及其变化心中有数,就会早有策略,也会对我们的定位产生影响。因此规划内容一定要拓展到市场、流通领域,农产品国内外市场营销要具体、清楚,而且要做符合经济规律的计算,如成本、利润和市场占有率的比较和优先顺序等。

(原载《农场经济管理》2011 年第 9 期)

40. 社会治理创新、生活品质与价值观

这次生活品质研讨会的主题是"我们的价值观",我昨天认真看了材料,觉得这个主题反映了杭州在提升生活品质方面有了新的探索,认识上有了新的升华。今年夏天我到杭州对社会治理创新做过实地调研,参观了湖滨晴雨工作室和几个街道办事处,同当地居民进行座谈,有一些收获。开始我以为湖滨晴雨工作室是一个画家的创作室,名字这么富有诗意,原来是西湖边的一个社区公益机构。今天我又利用一些时间参观了以前没有去过的龙井村、章太炎纪念馆和万松书院。参观这些名胜古迹不是为了发思古之幽情,而是通过实地的考察和感受,来体会杭州为什么能提出"生活品质"和"我们的价值观"这样的议题。我参观以后觉得杭州很有文化底蕴,杭州对生活品质的关注体现了人民对生活的细微和雅致的追求。大家看杭州现在的西湖风景,我经常感慨说全国的城市领导都应该到西湖来学习,看看西湖是怎样改造的,怎样使人与自然融合,怎样使现代城市的精神追求、人文的气质与古典的文明、与老天爷赋予我们的自然遗产美妙地融合在一起。

杭州之所以能提出这样一些议题,确实反映了鲜明的江南生活习俗和丰厚的历史人文底蕴。显然,如果让杭州去创造"西北风"、"黄土高坡"风格的生活品质和文化特色,这是不可想象的。同样,如果让甘肃的河西走廊来创造杭州这样精致细腻的生活习俗和审美情趣,也是不可想象的。杭州所创造的这样一种舆论氛围,所提出的这样一些工作目标,使得中央所提出来的大方针、大目标融化到本地具体的日常工作当中,融化到社区和人民生活的日常细节当中。刚才在路上我听到杭州电台的广播里说,一辆急救车遇到堵车,结果私家车主动往左右两边让出道路。杭州人告诉我,在杭州的公共汽车上如果年轻人不让座,

就会有乘客站出来干预。这种良好的社会风气是杭州教育产生的鲜活效果,也是提升生活品质的实际内容。

由此我想,中央提倡的非常高层次的、宏大的东西,在每个地方是怎样落实的,同时这种落实又对理论工作者、决策和咨询部门提出什么新的要求?杭州的做法有什么东西值得大家总结?我总结了八个字或四个词,即"吸取、提炼、沟通、引领",供大家参考。别看这四个词或八个字表面上很简单,但每个词都有丰富的内容和杭州的特点。

第一,关于吸取。核心是从哪儿吸取?我觉得杭州的做法体现了从生活中吸取,从身边吸取,从群众中吸取,从基层吸取。之所以应该首先提到"吸取",是因为杭州有深厚的人文历史底蕴,有极其丰厚的精神营养,有极具人文精神的文化土壤;在改革开放的现代化进程中,杭州还有许多敢为人先的创举,当然更不乏各种新思想、新诉求的碰撞和激荡。早上我问一个专家,关于价值观的讨论似乎应该是哲学领域的事,怎么中央党校文史教研部来做调研?他回答说,对研究价值观而言,文史研究领域的专家资源更多。我为什么要实地看看杭州的人文历史积淀?也是想从参观中得到一些领悟。杭州提出的东西,我觉得切入点是非常有特色的、务实的。党政工作善于抓好切入点,把社会主义核心价值观那么高层次、那么宏大的东西切入到具体的"我们",切入到鲜活的身边生活。在社会管理创新的调研中我体会到了这一点。参加座谈的那些社区居民有的在政府工作过,对政府的政策很熟悉,有的是部队离退休的老领导,还有一些普通市民,虽然工作背景不同,但都是热心社会公益的人,看问题有水平,讲话也有条理,他们在关注、思考这个社区的个人、家庭和大家遇到的问题,反映群众的呼声,提出改进的意见。这种吸取过程又把杭州民间的智慧和关心社会公益的热心人发掘出来。比如,老娘舅、和事佬这样一些群众耳熟能详、觉得比较亲切的社会角色,在调解社会矛盾、密切邻里关系、促进社区和谐等方面发挥了积极作用。这对构建和谐社会、树立和弘扬社会主义核心价值观,都是非常有启发的。

杭州的同志提出,社会主义核心价值观要注重时代化和大众化,要具体体现在杭州的实际工作和人民生活当中,体现在我们身边,怎样使中央提出的大政方针在本地落地生根,这正是我们要下功夫做好的事。这么宏大的东西在这里变成我们身边、与草根的生活和感受息息相关的事情,容易被人民群众理解和接受。更重要的是开阔了下情上达的渠道,使决策者耳聪目明,使决策过程的民主化和科学化逐步完善起来。从深厚的群众基础和社会实践中吸取,从富饶的文化积淀和民间智慧中吸取,而不仅仅是从上到下的灌输,更不是当被动的灭火队,而是主动了解民情,倾听呼声,问计于民,决策层形成的思路和理念才有凝聚力和感召力。我觉得这很有意义,对提升杭州生活品质是非常重要的第一个环节。

第二,提炼。杭州市委市政府在"我们的价值观"的提炼环节是下了很大功夫的。通过组织国内重要的理论教育研究机构、政策咨询机构和大学的专家调研组,把中国哲学社会科学领域的强手基本上都请来,进行调研、总结和提炼。这种提炼是党政牵头、专家主导的,同时又来源于各个行业、各个社区和基层的丰富实践和已有总结。参加调研和进一步提炼的专家学者们涉及的领域很广泛,包括文史界的、哲学界的、政治学界的、经济学界的、社会学界的、心理学界的,以及人力资源研究领域的,这样就可以进行更加有高度和深度的概括总结。这样做的目的,是为了把现有经验提炼升华以后再回到实践,让老百姓看看行不行,我们党政部门提出的东西是不是润物细无声,是不是落地能生根,是不是入脑又入心,而不能满足于一时的轰轰烈烈。在提炼价值观的过程中,我想应该借鉴中华民族传统美德和优秀文化的精髓,做到短小精炼,朗朗上口,容易记住和世代传承。例如过去所谓的"四维八德",春秋时期管仲提倡的"四维",即"礼义廉耻,国之四维,四维不张,国乃灭亡",后来孙中山提倡的"八德",即"忠孝仁爱信义和平",这些传统文化中的理念和规范容易被人们记住和传扬。而现在我们提出的社会主义核心价值观太长,记不住,因此我们要下功夫提炼;否则就入不了脑,也入不了心。当然这跟实践有关,把它变成非常精辟的东西还需要丰富的实践,更需要对新的实践进行新的提炼和概括。杭州在做这样的尝试,例如12个月每个月都有一个主题,根据每个月原有的节假日或纪念活动,突出某个主题,如感恩、爱国等等。这12个月的主题价值观活动,其实也是一种实践和概括密切互动的过程,没准儿就提炼出来杭州价值观的关键词。这12个月的主题词对杭州的市民都很有指导意义,对整个国家的社会主义核心价值体系的概括也会有借鉴作用。我认为杭州在树立正确价值观方面的具体实践是非常有见地和创意的。

第三,沟通。其实沟通在吸取环节应该也是有的,这里所说的沟通是指通过多种平台和渠道,让大家来提意见,来进一步参与生活品质的提升,参与社会主义核心价值的实践和凝练,并使之能够在市民的行为当中得到感悟和升华。例如杭州提出"民主促民生"等提法来指导实践,搭建"我们的圆桌会"等平台,让老百姓通过多种民主渠道促进民生改善。这个沟通和参与过程,对民主制度、政府公共职能的行使与强化、社会主义民主法制的建设,还有中国民主政治的实践和政治理论的提炼,是不是都有启发意义?我认为是有的。在调研中,我建议他们把"民主促民生"改为"民主惠民生"。因为杭州的经验说明,通过社会治理创新,老百姓觉得民主这个东西是直接让他们受益的,他们就容易接受民主的理念,愿意参与民主的实践,实际上也在推动中国特色民主体系的构建。西方的政治学界通常对我们中国这套东西很少研究、很不了解,认为中国是专制的落后的,这种认识与中国的实践相去甚远。一位在西方常年任教的中国政治学者告诉我,西方对中国的"群众路线"完全不了解,它们所讲的民主参与,反映不了我们中国的民主机制。比如说我们中国讲的"从群众中来、到群众中去",英文的"参与"解释不了。因为在英美式的民主体制或政治体制当中,它们的政府领导人或政客热衷于在选举时跟选民握手、作秀、站台,不像中国领导人那样经常深入基层调查研究或解决问题。在我们中国,从中央一直到省、市、区里的党政领导,经常深入到基层进行调研、现场办公或结对帮扶等等,这种"群众路线"的民主实践,从群众中来,到群众中去,在今天也仍然值得重视。杭州就是通过群众参与来解决民生的具体问题,来创造民主的实践条件。要实现社会和谐,就要调解一些具体矛盾,这些都有很实在的内容,而不是高高在上、假大空的东西。我觉得在杭州的实践当中,它找到了合适的载体,找到了人民群众喜闻乐见的平台,创造了民主与民生对接的新形式。

这种沟通体现在杭州的社会管理创新方面,我把他们的做法概括为"民主惠民生,合作建共治,参与促和谐"。杭州现在的提法是突出"自治",我觉得"自治"不太能表达准确的含义,应该改为"共治"。我们不必过分强调自治,如社区自治、基层自治之类,而应强调各个层次密切合作的共同治理,也包括党政机关的领导作用和公共服务,实际上都是共治的组成部分,所以应该叫做"合作建共治"。各个方面通过参与和协商,最后达到"参与促和谐"的状态。这也是民主惠民生的更高层次,要让老百姓从切身利益的改善中明白,民主的目的最终是应该惠及民生的,因此大家应当积极地参与沟通,表达关切,提出建议。经过各种诉求的磨合与平衡,各种利益代表的平等协商,达到和谐状态,并把它维护好。可以说,沟通和参与的过程,实际上构建了民主政治的多种平台、载体和具体机制,对民主政治建设起到实实在在的推动作用。

第四,引领。这样一番磨合为了什么?并不是尾巴主义,而是要引领我们这个社会的价值取向,引领我们生活品质的提升,引领社会的行为规范,引领我们的奋斗目标,最后确立我们中华民族的文化自信与自觉。在新的改革开放形势下,面临新的难题和内外部环境,需要高屋建瓴的总体规划,也需要来自基层的首创精神,用比较新的说法来概括,就是要把"顶层设计"与"基层创造"更好地结合起来,在各地乃至整个国家开创出改革开放和现代化建设的新局面。

(2011年12月3日在杭州第六届生活品质全国研讨会上的演讲)

41. 多一些人文追求，少一些物欲横流

非常荣幸接受嵩山论坛的邀请，参加以"人文精神和生态文明"为主题的论坛。大家看我的名字就知道：我是河南人，我的老家在济源，因此，对嵩山论坛有一种乡亲的感觉，而且，我也特别赞同以"人文精神、人文追求"来立意，并且与当前面临的热点、难点问题，以及国家发展的大动向结合起来加以探讨。

我的研究领域主要是经济发展，包括社会发展，它们总是离不开人文关怀、人文精神、人文追求。比如说：以人为本的科学发展观，强调人与自然和谐相处，构建生态文明，强调经济与社会协调发展，城乡之间和区域之间也要协调发展，强调发展依靠人民、发展为了人民、发展成果由人民共享等，这些发展理念渗透了人文关怀和人文追求的许多内容。无论是侧重谈人文追求，或是侧重谈生态文明建设，都不是我的长项，今天有很多国内外知名的专家可以发挥其专长。但是单独谈经济发展又脱离今天这个论坛主题，因此我想把自己的研究领域和论坛主题对接起来，我的发言题目就叫做《多一些人文追求，少一些物欲横流》。我想讲三个观点。

第一，人文素养对提升领导水平至关重要。对于领导者、规划者或者负责所谓"顶层设计"的人来说，精神追求和人文素养之所以重要，是因为它可以决定这个领导主管的一个地方、一个景区、一个城市、甚至一个省或经济区的发展方向，以及规划的整个面貌。如果主政者不具备人文素养、人文情怀、人文关怀、人文追求，那么，在他的治理下，一片区域可能会出现很多后悔莫及的事情。最近几年，我不断地听到专家、学者、老百姓乃至领导者自己对城市化改造的反思和懊悔。上世纪八十年代那一轮的城市化改造，不少城市大规模破坏了许多非常珍贵的

历史人文遗存,教训尤为沉痛。当大家醒过劲儿来想恢复的时候,发现所需土地已经没有了,即使拆掉一些现有的建筑,腾出一些地皮再建成复制品,已经丢失了原来历史遗存当中最珍贵、也不可复制的东西。现在,全国各地都在复制一些历史文化遗存,想以此来吸引游客,吸引国际上的资金,特别是想吸引国际组织的认可和某种命名等等,但是,原汁原味已经荡然无存。在原汁原味当中蕴含着丰富的人文和历史的积淀,确实很难由现代人来恢复,就算恢复出来往往也是不伦不类的东西,专家不认可,老百姓看着也觉得不舒服。这个教训说明,一个领导者,作为地区主政者和发展方向的设计者,有没有人文素养、人文情怀和人文追求,直接决定了这一地区能不能走上正确的发展道路。

除了教训之外,我也注意到不少地方在积极探索如何把保护与开发更好地结合起来。一些城市的改造和发展,尽量保持了宝贵的人文历史积淀,并努力把原有的历史人文遗存与现代理念结合在一起,把传承和创新有机融合起来,找到一种协调的、和谐的发展改造新路径。我觉得比较成功的范例是杭州的城市改造及西湖的开发保护,它体现了领导者、主政者、设计者、规划者的科学理念、文化品位和人文素养。我经常感慨说,全国的省委书记、省长、市委书记、市长都应该到杭州西湖去看一看,当地怎么样把丰厚的历史人文积淀、优美的自然景观与现代城市文明、与现代人们的美好追求融合在一起。人们倘佯其间,感到一种景白天成的野趣,看起来是不经意的,其实蕴藏着独具匠心的园林设计。这样成功的尝试和范例,我觉得在中西部很多地区也是有的,但总体感觉不够鲜明。在经济欠发达地区,当它急于吸引游客、急于拉动当地 GDP 的时候,经常搞的是适得其反的东西。因此,我觉得对领导者、主政者、设计规划者而言,他们的人文素养应当是极高的,这个要求一点都不过分。

人义素养当然包括很多层面,应当留给专家们去探讨。我想强调的是，那些身居高位、能够决定一方发展方向和路径的人，他们的人文素养、人文情怀应该是丰厚的，人文追求也应该是高标准的，这里面包括如何正确地汲取中国传统文化。例如，不少地方在城市建设中热衷于"看风水"，我觉得风水的理念本身并不能全部排斥，但是，领导者要有去伪存真、去粗取精的辨别能力和鉴赏能力。如果连辨别和鉴赏能力都没有，就把它们全盘接过来，那就会闹出很多笑话，会让人耻笑说这是暴发户，没文化。我看到，有些地方赫然挂着所谓"国家级风水师"的招牌，其实只有一间小平房。如果真是国家级风水师，何至于这么寒酸？你自己都没有发达呢，谁给你命名的"国家级"，你怎么解释呢？对中国传统文化中的优秀成分，要善于吸取，而对糟粕，就应当抛弃。吸取精华的程度，去伪存真、去粗取精的能力，直接取决于我们自己的人文素养和科学精神。如果把两者很好地结合在一起，我们的领导水平就达到了更高的层次。

第二个观点，人文追求应当统领技术工程思维。这涉及更具体一点的内容，就是负责一个地区或某项工程的规划以及技术路线这样的层面。在这一层面，相关人员的人文追求、人文素养也是极其重要的，甚至是第一位的，我觉得比他们的工程技术背景还要关键。这也是中国经济和城市化快速发展以来，值得认真思考的事情。对于中国城市化和城市发展道路的认识，我们在不断学习国际上的一些先进理念，结合自己的国情，进而思考一些问题。比如说，我们的城市千城一面，没有任何特色。现在的主政者也发现这个问题，想恢复以往的历史人文遗存，再造自己城市的特色。这对于城市规划设计人员和工程技术人员来说，就带来了很大的挑战。这一层面的人员也需要有高度的人文素养和人文追求，并落实到对新城的建设和旧城的改造当中去。例如怎样改造棚户区，为低收入群体规划和建设保障房，营造良好的人居环境等，必然要求规划设计蓝图体现对低收入阶层的人文关怀。

在涉及城市的整体面貌这样一个层次,规划者和工程技术人员的人文素养似乎应该更值得重视。现在"大城市病"越来越突出,要解决大城市交通拥堵、停车困难、污染严重等问题,一个很重要的思路和路径就是依靠工程技术思维,借助工程技术手段,包括拓宽马路、修建快速公交道,以及发展智能驾驶系统和智能交通控制等。这样一些城市管理理念和技术手段当然是非常重要的,在一定条件下也是很管用的。问题在于,人们往往忽视了技术手段和工程手段是有边界的、有约束条件的,因而也是有极限的。在目前情况下,要解决"大城市病"之类的问题,工程技术手段并没有给我们提供无限的空间。比如,西部一个省会城市新建了一条快速公交车道,结果造成了从来没有过的拥堵。而原来那条路段是根本不拥堵的,因为它通往一个大学,周边并没有多少住户和商户。这个快速公交道由一个国际组织贷款支持,不要这笔贷款就会花落别家,为此一定要把它建起来。快速公交道建成以后,占了整整两条车道,而没有增加交通客流量,因为快速公交系统需要一定人口规模和交通流量,否则,它的效应不但发挥不出来,甚至还会造成新的难题。又比如,许多大城市的汽车道设计的越来越宽,架了很多天桥,行人根本不上,因为行动不方便,推着自行车上不去。还有些大的火车站,尤其是北京西客站,是个非常失败的设计,汽车必须盘旋几圈才能上去到进站口,根本不考虑旅客的方便,造成更严重的拥堵。这种"以车为本"的城市规划设计理念,没有体现以人为本,非常值得反思。如果人文追求和人文关怀不能引领和观照工程技术思维,后者很可能成为非常失败的手段,反而会加剧已有矛盾。

所谓构建生态文明,我们从工程技术角度去努力,无疑可以取得很大的成效,同时也要清醒认识到,工程技术的边界和极限往往是难以突破的。这就需要以人文关怀、人文素养、人文追求为统领,来缓解人与自然的矛盾;需要用引导和分流需求的办法,来缓解一些越来越突出的生态、环境、资源压力,力求达到人与自然的和谐共处。人文精神与生态意识怎么样高度融合在一起,对规划者、技术人员、建设工程师也提出很高的要求,需要不断加深认识和努力实践。

第三个观点:人文追求也应当体现在我们每个人的身边以及日常生活中。对普通大众是不是也需要提倡人文情怀、人文素养和人文追求呢?我觉得答案应当是肯定的。现在人们的物质生活和消费内容越来越丰富,但是,大家却又看到在日常生活的很多场合,一些人的精神世界真是让人不敢恭维。比如,在不少交通肇事案件中,越是开着豪车的越是违章,以为钱可以摆平一切,甚至双方发生尖锐矛盾,闹出人命案。人们经常感叹:人心不古,世风日下。按照现在说法就是:道德滑坡。当物质财富快速积累、物质生活大幅改善的时候,一部分人的精神世界和人文素养并没有相应提高,反而越来越落后,越来越空虚,越来越贫困。在中国经济社会的深刻转型期,物质的丰富和精神的贫困是一个非常发人深省的矛盾。

邓小平曾经讲过:中国发展起来以后,比不发展时所遇到的问题可能还要多。要解决这些问题,需要我们所有人的努力。说到树立生态意识、构建生态文明,可能有人会说这跟普通老百姓没关系,跟我自己没有关系,那是领导和专家的事儿。其实,党的十七大报告早就指出,构建生态文明,就是要形成有利于节约资源和保护环境的生产方式、产业结构和消费模式,要在全社会树立生态文明的理念;十八大进一步提出建设美丽中国的号召。这些跟我们所有人都有关系,如果每个消费者努力改变一些不利于节约资源和保护环境的消费理念、消费行为和消费习惯,就是实实在在为生态文明作出了自己的贡献。因此,在嵩山论坛这个场合,我觉得还应当深入到第三个层面,即面向所有民众呼吁,如果我们要促进生态意识的树立,也需要重视人文素养的培育、积累、提升。

在嵩山这个地带，就有很多值得现代人吸取并发扬光大的古老文明。比如说，号称布衣奇才和茶仙的唐代诗人卢仝，在这儿有过他的活动，卢仝的煎茶传到日本，演变成日本的茶道，他被尊为日本茶道祖先。卢仝《七碗茶歌》至今仍然非常有影响："一碗喉吻润，两碗破孤闷。三碗搜枯肠，唯有文字五千卷。四碗发轻汗，平生不平事，尽向毛孔散。五碗肌骨清，六碗通仙灵。七碗吃不得也，唯觉两腋习习清风生。"茶是雅俗共赏的东西。卢仝的这种境界，我们每一个人都应该去体味。以程朱理学著称的程氏两兄弟也在嵩山书院著书授业，其中的程颢写过《秋日》，后面四句我觉得非常有意思："道通天地有形外，思入风云变态中。富贵不淫贫贱乐，男儿到此是豪雄。"这种不浸淫于富贵、不自卑于贫贱、超然物外的精神境界，我们现代人能不能从中得到一些启示呢？还有清代学者朱用纯脍炙人口的《朱子家训》："一粥一饭，当思来处不易；半丝半缕，恒念物力维艰。"这种节俭意识和今天提倡的节约资源意识可以说完全契合。引用这些古人经典，决不是提倡今天的人们再回到"新三年、旧三年、缝缝补补又三年"那种贫乏年代的生活方式上去；而是想说，在物质生活不断丰富的情况下，要是我们自己的精神世界也能够越来越富有，那正是当今社会应当努力追求的和谐状态。

我借嵩山论坛抛砖引玉，希望大家能够多一些人文关怀，精神追求，成为精神的富有者，这样一来，物欲横流的影响就会缩小。谢谢大家！

（根据 2013 年 9 月 13 日在嵩山论坛的演讲记录整理）

结　语
立足国情,提炼真知

中国经济持续30多年的高速增长被国外一些人称为神话,赞叹羡慕者有之,冷静观察者有之,怀疑和"唱衰"者有之,恶意攻击者甚至也不乏其人。国内民众和研究界在切身感受祖国日新月异变化的同时,越来越多地议论和分析我们在经济发展过程中所遇到的问题和挑战。其中大多数问题和挑战,在过去我们发展水平很低的时候,一般不会出现,或没有像今天这样严重。经过一段时期的发展,新的问题和挑战还会不断涌现出来。正像邓小平曾经预言的那样,中国发展起来以后,可能比不发展时遇到的问题还要多。

中国经济发展和转型,是在全球化、市场化、工业化、城市化、信息化的背景下展开的。今天,这五大趋势不断深化,对中国经济的影响比改革开放初期要明显得多,深刻得多。我国和平发展的外部环境复杂多变,不确定因素增加;中国经济社会转型所涉及的人口规模和地区范围之巨大、时间之紧迫,在世界历史上绝无仅有;中国经济发展的后发优势(例如可借鉴外国先进经验和技术)和后发劣势(例如受制于历史包袱和外部挤压)紧密交织在一起;资源环境的人口压力明显加大;中国社会转型蕴含的多元利益矛盾空前复杂,公正和谐的诉求和呼声空前高涨,如此等等。这些问题和挑战是中国成长过程中不得不面对的,可以说是成长的烦恼,前进的困惑。

"多歧路,今安在?"中国人不相信什么神话和奇迹,我们更愿意运用自己的头脑和双手,经过一代又一代承前启后、披荆斩棘的努力,扫清前进道路上的障碍,化解面临的各种风险和挑战。我们不仅需要直挂云帆、长风破浪的豪情壮志,更需要慎思、明辨、笃行的严谨务实。对经济研究者来说,我们尤为需要对当前面临的热点问题进行客观冷静的观察,进行视野广阔的对比,进行有前瞻性的研究,最终都是为了增强我们经济社会肌体的免疫力,扩大中国经济和社会应对各种冲击的回旋余地。

商务印书馆出版的《中国经济热点观察丛书》共计四册,反映了四位青年经济学者的研究成果。他们分别对中美产业互补性和贸易、城市化与金融发展、资产价格与通货膨胀、城市品牌与政府信息化等热点问题进行了比较深入的思考和有益的理论探索,为从事经济学研究的同行提供了有价值的研究成果和文献资料。丛书注重利用现实经济素材,特别重视理论与实践相统一,发现问题与解决问题相结合,为解决中国经济发展中存在的现实问题提出了一些有创见的政策思路,让我们感受到青年经济学者对中国经济的敏锐洞见。他们对国家命运的责任感、使命感和与时俱进的实践价值取向,也是令人印象深刻的。

张丽平博士撰写的《中美产业互补性研究》客观分析了中美产业互补关系和贸易对两国带来的积极影响,并尖锐指出这种互补关系客观上也造成"顺差在中国、利益在美国"的双边贸易不平衡,实质上反映了利益分配的不平衡。中国的对外贸易仍以劳动密集型为主,资源环境对出口和经济发展的约束越来越突出,传统的低成本优势正在弱化。作者提出,我们应当抓住全球化、低碳经济、金融危机以及美国国内政策调整等提供的机遇,利用自身的劳动力成本相对低廉、国内市场规模大、制造业能力强等优势,重新塑造中美之间的经济互补关系,化解风险和应对挑战。中国首先应加快外贸转型升级,力争掌握全球价值链未来发展的主动权,摆脱受制于人的局面;其次要保持与美国经贸关系的稳定,尽量避免敌对状态的出现,努力争取更加平等互利的中美产业互补关系。作者多年在国务院发展研究中心对外经济研究部从事政策研究,这本书具有开阔的国际视野,实践依据比较扎实,政策建议思路也有较强的针对性。

赵峥博士撰写的《中国城市化与金融支持》综合运用宏观经济学、

发展经济学、空间经济学、产业经济学和城市经济学等学科的相关理论,对中国城市化进程中的金融支持问题进行了深入探讨。作者结合中国城市化的发展特点,围绕人口、产业和空间布局三大主线,研究了金融支持城市化的内在机理,提出了推动中国城市化进程的金融支持路径,为深化相关研究提供了新的思路。特别值得提到的是,作者设计了城市化指数和金融支持度指数,并构建了相应的评价指标体系。根据作者的测度,金融支持对中国城市化的推动作用非常显著,金融支持水平每提高1个百分点,能促进城市化水平提高0.855个百分点。这在金融支持与城市化的量化研究中具有一定的创新性。作者在北师大学习期间,参与了中国市场化进程的多年连续研究,把相关的数量测度方法运用到金融支持与城市化的研究中,使实证分析有更加鲜明的说服力。这种善于运用多学科方法拓宽研究视野从而深化研究内容的做法,是值得称道的。

国家信息中心的唐斯斯博士在《资产价格与通货膨胀》一书中,分析了资产价格波动影响通货膨胀的传导机制、影响效果,政策应当如何调控等问题。作者阐明资产替代行为是资产价格波动进而影响通货膨胀的微观基础;引入资产价格因素,构建了广义的价格水平指标API,并且证明它能很好地反映居民消费价格CPI的未来走势,也阐明了资产价格的波动对通货膨胀的作用路径。作者计算出能更为合理地调控我国经济波动的规则利率值,认为规则利率应该等于均衡实际利率加上通货膨胀变动率、产出缺口率以及房价变动率的加权值,这样更能及时调控经济的冷热,也更能反映物价的变动情况。大家知道,近些年来人们对物价总水平涨幅的实际感受与CPI统计数字有较大出入,非议较多,一个重要原因在于CPI不包括房价。根据国际通行的统计方法,房价和股价属于资产价格,不宜包括在CPI中。随着我国楼市和股市等资产市场的发展,资产价格与物价总水平、与宏观经济稳定的关系越来越密切，我们需要不断完善和补充更为符合经济运行复杂状况的观察方法和宏观调控依据，作者的研究成果对深化学术探讨和提供政策参考，都是有益的。

中国人民大学钱明辉博士的《城市品牌与政府信息化》一书，通过对中国主要城市政府网站开展实证研究，专门探讨了基于城市品牌的政府网站建设模式和建设策略，把城市品牌的研究与政府信息化建设的研究结合起来，具有一定的前瞻性。这个选题反映了我国城市化进程和政府公共管理方面的某些新动向、新趋势，在可资借鉴的研究成果不多的情况下，作者努力进行实证分析和案例研究，能够取得目前的成果，也是难能可贵的。

总体上看，丛书选题角度新颖，视野开阔，论证条理清晰，资料详实，注重专业性，同时注意运用交叉学科的研究方法；丛书既展现了青年经济学者严谨的治学作风、良好的学术背景和研究能力，也反映了年轻人敏捷活跃的思维和积极探索的精神。当然，中国经济发展中的热点问题相当复杂，一些短期热点问题可能会很快变化，而一些中长期热点问题则可能具有相对稳定性，需要不断跟踪、积累资料和完善研究方法。丛书的选题需要反映这些进程，现有的研究需要深化，观察问题的角度需要深入挖掘，有些观点也还需仔细斟酌。青年学者们最令人羡慕的是拥有活力和未来，最值得期许的是立足现实，心怀天下，砥砺学养，提炼真知。下面，借用郑板桥的《竹石》诗句，与青年经济学者共勉：

咬定青山不放松，立根原在破岩中。

千磨万击还坚劲，任尔东西南北风。

这篇短文本来是应几位青年经济学者之邀，为商务印书馆出版的《中国经济热点观察丛书》所写的一个序言，放在本书最后作为"结语"，乍看似乎不太合适。但是仔细斟酌之下，我觉得还是把它作为本书结语为好。这篇短文的主旨是强调我们如何面对中国经济"成长的烦恼"和"前进的困惑",以及对青年经济学者的期许,作为结语可以说正好切题。加上本书又是在商务印书馆出版,看来有一只无形的手在接续我与商务印书馆的缘分。20多年前当我还是在读硕士研究生的时候,与几个同学合作翻译了英国莱斯特大学讲师苏布拉塔·贾塔克撰写的《发展经济学》,寻求出版。久享盛名的商务印书馆没有嫌弃我们这些名不见经传的年轻人,而是奖掖后学,积极支持我们出版了这本译著。当时我们几个同学甚至都有"受宠若惊"之感。现在,商务印书馆再次慷慨支持我出版自己最新的文集,我把这篇短文作为结语,也借此表示我对商务印书馆由衷的感谢。

最后,记录下我送给中国(海南)改革发展研究院成立20周年的贺联,以明心志:

先辈勇突围,开创改革开放大业;

后学传薪火,再闯转型前进难关。

2011年6月3日原作
2013年5月22日修改